新世纪高等学校教材·物理学系列

U0645779

物理学史简明教程

（第4版）

陈毓芳　邹延肃◎编

WULIXUESHI

JIANMING JIAOCHENG

北京师范大学出版集团
BEIJING NORMAL UNIVERSITY PUBLISHING GROUP
北京师范大学出版社

内容简介

本书是在北京师范大学物理系使用的《物理学史讲义》的基础上编写成的。全书共分三篇十二章，采取了分科编年史的写法，即以物理学的各分支学科的发展为线索，而每一分支学科又按年代顺序编排。在各分支学科史中精选某些重大事件进行了较详细的阐述，从而说明物理概念、定律、理论的形成与社会、历史背景和生产条件之间的关系，以及物理学家个人的作用，并着重说明物理思想发展过程的逻辑性和物理方法的运用；通过对几次重大争论的阐述，说明物理学和哲学的密切关系。

本书内容丰富，尽量搜集了各国有关的原始材料，努力于历史的真实。本书可作为高等师范院校物理系的教材，也可供其他院校有关专业师生和中学物理教师参考。

图书在版编目(CIP)数据

物理学史简明教程/陈毓芳，邹延肃编．—4版．—北京：北京师范大学出版社，2016.8(2024.7 重印)
(新世纪高等学校教材·物理学系列)
ISBN 978-7-303-21076-3

Ⅰ.①物… Ⅱ.①陈… ②邹… Ⅲ.①物理学史－高等学校－教材 Ⅳ.①O4—09

中国版本图书馆 CIP 数据核字(2016)第 183050 号

图 书 意 见 反 馈 gaozhifk@bnupg.com 010-58805079
营 销 中 心 电 话 010-58802181 58805532

出版发行：北京师范大学出版社 www.bnupg.com
　　　　　北京市西城区新街口外大街 12-3 号
　　　　　邮政编码：100088
印　　刷：天津中印联印务有限公司
经　　销：全国新华书店
开　　本：787 mm×1092 mm　1/16
印　　张：11.75
字　　数：248 千字
版　　次：2016 年 8 月第 4 版
印　　次：2024 年 7 月第 9 次印刷
定　　价：29.80 元

策划编辑：梁志国　刘风娟　　责任编辑：范　林　刘风娟
美术编辑：焦　丽　　　　　　装帧设计：焦　丽
责任校对：陈　民　　　　　　责任印制：马　洁　赵　龙

版权所有　侵权必究
反盗版、反侵权举报电话：010-58800697
北京读者服务部电话：010-58808104
外埠邮购电话：010-58808083
本书如有印装质量问题，请与印制管理部联系调换。
印制管理部电话：010-58804922

前　言

　　1981 年，北京师范大学物理系开始开设物理学史课程，并编写了《物理学史讲义》。本书是在此基础上经过修改、补充而成的.

　　在编写过程中，我们充分考虑了物理系学生的需要、特点和兴趣，采取分科编年史的写法，即以物理学的各分支学科的发展为线索，而每一分支学科又按年代顺序编排. 为了培养学生的创造性思维能力和科研能力，在各分支学科史中，精选某些重大事件进行较详细的阐述，从而说明物理概念、定律、理论的形成与社会、历史背景和生产条件之间的关系，以及物理学家个人的作用，并着重说明他们的物理思想的发展过程和物理方法的运用；同时注意了物理学史中几次重大争论的阐述，如关于动能与动量、热的本性、光的本性、对量子力学解释的争论、对热寂说的批判等，用以说明物理学和哲学的密切关系. 为使本书内容丰富，史料确切，我们尽量收集更多的原始材料.

　　全书共分为三篇：古代物理学、经典物理学的建立和现代物理学的兴起，共十二章，其中以经典物理学的建立为重点. 第 1 章～第 6 章由邹延肃、陈毓芳编写，第 7 章～第 12 章由陈毓芳编写，本书适合高等师范院校作为教材，也可供其他院校和中学教师参考.

　　本书在编写过程中，北京师范大学吕烈扬教授、清华大学何成钧教授曾审阅全文，杭州大学王锦光教授审阅了中国古代部分，他们都提出了很多宝贵意见；试用过初稿的一些师生也提出了建设性意见；清华大学郭奕玲教授提供了部分照相底片；同时得到了家人汪端伟和汪普的支持和配合，在此一并表示热诚的感谢.

　　对本书的疏漏之处，欢迎批评指正.

编　者

目　录

1

绪 论

1. 学习和研究物理学史的目的和意义

（1）物理学史是研究物理学的知识、理论和方法的发生与发展规律的历史科学.

研究物理学发展史这门科学，对于物理学本身的发展具有重大意义. 伽利略、牛顿、爱因斯坦等物理学中的伟人，他们正是"站在巨人的臂膀上"，总结并发展了前人的成就，从而做出伟大的贡献. 通过研究历史可以了解过去，认识现在，展望未来.

物理学发展的规律问题，具有广泛的社会意义. 科学的规划与管理部门、哲学家、历史学家、各种自然科学家，都会从中受到启发与教益.

（2）对于物理教师和在校的物理专业学生，研究和学习物理学史有助于了解与概括物理学基础知识发展的全貌及其总体规律，研究与掌握物理思想和研究方法的发展过程. 有利于巩固和加深理解已学的物理知识，便于在教学中抓住来龙去脉，增强学习的主动性与自觉性，提高学习兴趣与教学质量.

（3）物理学史充满了各种哲学思想的斗争，有许多献身于真理的科学家的动人事迹，是培养辩证唯物主义、历史唯物主义观点，鼓舞我们献身四化和科学事业的好教材.

2. 物理学史的研究方法

在辩证唯物主义方法的指导下，物理学史这门历史科学才可以更顺利地发展.

物理学史可以说是一门交叉学科，是文科和理科的结合，它运用历史科学的方法，研究的内容是物理科学的发展规律.

近年来，我国对物理学史的教学和科学研究工作，有很大的发展，有不少人从不同的角度，不同的侧面进行各种研究，但有些问题看来仍需要引起注意.

例如，物理学首先是在生产实践和科学实验的基础上发展的，只有在此基础上，人们才得以日益深刻地认识物质的性质、构造和各种运动形态的规律，因此，在研究和学习物理学史时必须首先注意物理学与生产和科学实验的关系.

其次，数学作为一门基础科学，运用于各门自然科学，首先是天文学和物理学之中，物理理论体系只有用数学语言表述，才更显示出它的唯一性和精确性；实际物理问题的研究和计算，有数学作为工具，就具备了说服力和可靠性，数学作为物理科学的思维方法，它又是那样简明和深刻. 难怪在物理学发展的历史上，不少物理学家同时又是数学家. 因此在学习和研究物理学史时，必须注意物理学和数学的关系.

再次，物理学是在新旧观念、学说和理论之间的不断斗争之中发展起来的，它的发展过程充满着曲折、矛盾和斗争，特别是唯物主义同唯心主义的斗争. 哲学观点包括宇宙观和方法论往往深深地影响着物理学家的研究工作. 因此在学习和研究物理学史时，必须注意物理学和社会背景、历史条件、特别是哲学思潮的关系.

最后，应该把物理学史的研究和物理学的教学和研究工作结合起来，把科学史的专业研究与业余研究结合起来．这样才可能使物理学史的研究工作具有实用价值和生命力，并得到迅速的发展．

3. 物理学史的分期

在现行的有关书籍中，对这一问题的处理各有不同，主要有以下一些方法．

（1）按年代划分．例如以一个世纪或每 50 年为一阶段．弗·卡约里著、戴念祖译的《物理学史》就是采用这种办法．

（2）按人物划分．例如"从罗蒙诺索夫到法拉第时期""从法拉第到门捷列夫时期"等．П. С. Кудрявцев 所著《Кстория Физики》（《物理学史》）一书就有这种倾向．

（3）按社会经济形态分期．物理学的发展从根本上说来决定于社会生产的发展．而注意经济基础对物理学发展的影响，以致按经济形态来划分物理学发展的各时期，是这种分期法的特点．

П. С. Кудрявцев 和 И. Я. Конфедратов 合著的《Пстория Физики и Техники》采取的就是这种方法．

（4）按物理学发展的特点来分期．把物理学的发展分为若干时期，在每一时期中找出一些只有该时期所具有的特殊点．Б. И. Спасский 所著的《История Физнки》的导言中就是这样主张的．

（5）以物理学的各分支为线索，按年代顺序编排，劳厄著《物理学史》就是采用这种方法．

以上几种处理办法，各有自己的特点，但也各自存在一些不同程度的问题．

本书按照物理科学本身发展的规律，结合社会经济各时期的特点，并考虑到不同时期有不同的研究方法，把物理学发展的历史大体分为三个时期．

（1）17 世纪以前（即 1600 年以前）是科学的萌芽时期，也可以叫作经验科学和自然哲学时期．这大体在文艺复兴及资本主义生产关系广泛发展以前，在我国则在明末以前．这时期内我国和古希腊形成两个东西交相辉映的文化中心．经验科学已从生产劳动中逐渐分化出来．这时的主要方法是直觉的观察（包括现象的描述与经验的初步总结）与哲学的猜测性思辨．与生产活动及人们的直接感官有关的天文、力、热、声、光（几何光学）等知识首先得到较多发展，除希腊的静力学外，中国在以上几方面在当时都处在领先地位．

（2）17 世纪到 19 世纪（即 1900 年以前）是经典物理学时期．这时资本主义生产促进了技术与科学的发展，这时期内建立了系统的观察实验与严密的数学推理相结合的方法，形成了比较完整的经典物理学体系；还可以进一步划分为 1600—1800 年经典力学建立与发展阶段和 1800—1900 年经典物理学部门分别发展的阶段．

（3）20 世纪到现在是现代物理学革命时期，相对论与量子力学的建立，导致了探讨物质结构和相互作用的统一理论以及天体物理等新科学的飞速发展，在实验手段、数学工具和逻辑推理方法等方面也都大大前进了一步．物理学还正在向其他学科渗透，交叉科学大量涌现．物理学的规律和方法正在不断扩大其范围．

第1篇 古代物理学

第1章 中国古代物理学

从整个中国古代科学技术的发展来看，应用技术走在前面（如指南针、纸、印刷术、火药、丝绸、瓷器、农业、医药……），而基础科学理论相对来说发展迟缓；其中对有机界的研究又较强，而天文、数学、化学又比物理强. 但是不能想象一个民族没有一定的理论就能在当时有那样高度的物质文明. 对中国古代物理成就的研究，目前国际科学史家极为关心.

我国古代物理学成就中，比较突出的有：物理思想比较活跃（特别是春秋战国时代）. 力、声、磁、光等方面有较多的成就. 从研究方法上看，基于生产技术中的经验和日常生活中的观察而作的定性描述较多；相反，有目的地进行实验或结合数学上的推证和计算来思考则比较少. 社会上没有尊重科学技术（包括实验）之风，所以这些自发的分散的成就被埋没或散失. 从时间分期来看，大体以春秋战国（公元前 8—3 世纪）、两汉（公元前 2 世纪到公元后 2 世纪）、宋明（10—17 世纪）为三个高潮期. 正确对待这份珍贵的遗产，既不妄自菲薄，也不妄自尊大，实事求是地继续探索，这就是我们应有的态度.

为什么我国科学技术 13 世纪以前处在其他国家望尘莫及的领先地位，而近代科学却不是从中国开始发生？这是国际科学史界当前极感兴趣的一个研究课题.

1.1 中国古代物理思想的探索

原始人类总是用神话和宗教来解释大自然的威力. 随着生产的发展（从石器时代、青铜时代到铁器时代），人们在制造和利用工具来征服自然方面，逐渐积累了不少对物质世界运动的直觉经验. 当思想家和圣哲把群众的实践经验与自己的直觉观察作出条理性或哲理性的解释、并逐渐摆脱神的观念时，科学就开始萌芽了. 这种初期的自然哲理又往往与人间祸福交织在一起构成了人们对自然与社会的总体认识. 这些自然哲理显著地影响着后代对自然的认识和斗争，成为物理学概念的最早起源. 人们常常从中发掘珍贵的物理思想火花，从而对当前物理学发展中的疑难问题有所启示. 在物理学正在向生命科学等领域渗透的今天，中国古代物理思想正是这样一个历史宝库.

1.1.1 中国古代自然哲学中的物质观

我国古代人民对物质本原的认识，有五行说、阴阳说、原子说与元气说. 五行说与阴阳说回答了世界是由什么物质（几种元素）组成以及它们如何按阴阳消长而运动变化的问题．原子说与元气说则对物质的最终构成是否连续的问题表述了不同观点．特别是元气说，是我国古代的一份独特的珍贵遗产．

1. 五行说

古代人们把生活中常见的几种物质状态或运动形式作出初步归纳分类，这是物性学概念的最初萌芽．因此，把万物归于几种基本元素的这类朴素观点，古代各国都是共同的，如希腊的"火、气、水、土"，印度的"水、地、火、风"等．中国的五行说产生的时代较早（殷末周初，约公元前 10 世纪前）．在我国最早的一部商周史料汇编《书经》即《尚书》的《大传篇》中记载："水火者，百姓之所饮食也；金木者，百姓之所兴作也；土者，万物之所滋生，是为人用．"值得注意的是我国对"金"元素的重视，反映我国古代冶炼业的发展有了相当高的水平（如商代已有重 875 千克、含锡铅达 14.43% 的青铜器，公元前 6 世纪在齐晋已使用铸铁工具等）．"木"元素的提出反映了我国建筑业和手工业的发达．

《国语·周语》记载：周幽王九年（公元前 773）太史伯见郑桓公曰："以它平它谓之和，故能丰长而物生之，若以同裨同，尽乃弃矣！故先王以土与金、木、水、火杂，以成百物．"注意这里已不是单纯的分类，而是有异质交杂而生万物的思想；如果完全纯，就不能成自然界．

在五行中还有没有更根本的东西？在我国提出这一问题的首推管仲（卒于公元前 645），他认为"水者，地之血气也……集于天地，可藏于万物．……人，水也……水也，万物之本原也"（《管子·水地篇》）．这是认为水为万物之本．

2. 阴阳说

这是我国古代由巫术占卜发展起来并在我国古代哲学乃至科学理论（包括医学）中起了重要作用的一种哲学思想．古代氏族首领与奴隶主在决定大事时常设卜、史、巫、祝等文职预测吉凶，龟壳或占草的正反面即阳阴面，一卜为"爻"（音尧），三爻为"卦"，爻的正反组合（$2^3=8$）为八卦乃至六十四卦（"重卦"）等．在殷周之际（公元前 1100—前 900 年左右）逐渐形成的《周易》就是："爻辞"与"卦辞"汇编，它集中反映了关于天文气象、阴阳交变的朴素观点并用以比拟人间祸福，形成了原始的宇宙生成观和对立统一观点："易有太极，是生两仪"（"阴阳"或"天地"），"两仪生四象"（四季），"四象生八卦"（天、地、风、雷、水、火、山、泽），由八卦而生万物；还有"无平不陂，无往不复"（《泰卦九三爻辞》），深刻表达了辩证观点．《老子道德经》中提出"万物负阴而抱阳"，即万物本身都有正反、腹背、阴阳，思想十分鲜明．阴阳说还广泛地用来解释各种现象．如周幽王二年（公元前 780），大夫伯阳文以"阳伏而不能出，阴迫而不能蒸"即阴阳失调来解释地震（《国语·周语》），《淮南子·说山训》解释月食，"月望，日夺其光，阴不可以乘阳也，"高诱注曰："月十五日与日相望东西，中绳则月食，故夺月光也，差则亏，至晦则尽，故曰阴不可以乘阳也．"从这类解释来看，由于缺乏充分的事实根据，孤立的阴阳说只能导致直觉加玄想的哲学思辨，但因此而完全否定其中的某些科学思想价值也不妥当．例如，《易经》由二演化出万物的方法对于德国科学家 Leibniz（1646—1716）首先提出的二进位计数法起过重要影响，他曾从传教士 F.J. Bouveout 处得到过六十四卦次序图和圆圆方位图,并承认在发明二元算术法中确实受到中国《易经》的重大影响,有关书信和材料现仍保存在汉诺威图书馆.

阴阳说后来的发展分两个方向. 一个与元气说结合(详见后),成为我国独特的科学思想体系;一个与五行说结合而成阴阳五行说. 从战国末年阴阳家邹衍(公元前305—前240)开始,鼓吹五行相生相克,循环不已,并推广到社会与历史,牵附于万物,以五方、五畜、五色、五脏、五福……杂凑为"五",使科学走向迷信,并为以后封建迷信及儒家董仲舒等利用,实际上起着阻碍科学发展的作用.

反对这种学说的是墨经:"五行毋常胜."《经说》:"火炼金,火多也,金靡炭,金多也."并提出"木合水、土、火;火离木,燃",即:

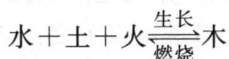

$$水 + 土 + 火 \underset{燃烧}{\overset{生长}{\rightleftharpoons}} 木$$

这已孕育了可逆反应的思想.

3. 原子说

它在中国发展较少,立论不多.

(1)墨翟(约公元前 468—前 382)其著作《墨经》及弟子逐条注释的《经说》共 179 条 5700 字. 各分上下篇,逻辑严密,注意实验,包括数学、物理逻辑等内容,是我国最早的比较完整的科学文献.

《墨经》:"端,体之无厚而最前者也."端,古字为"米",表示"芽",它们在物体中既然是无厚的,"前"就应理解为最本源的发端. "端,是无间也"(《经说》),进一步说端是无空隙的最小原始单位.《墨经》还提出用机械分割法最终总可以找到"端"的思想,认为不论用何法分割(一半一半地分割或者"前后取"四分之一),都可以遇到"弗薪"(音浊)即不能再分的"非半":"中无为半,犹端也,""前后取,端中也."此外还提出:物质中间有空隙,即"盈""虚"(或"中")、"有""无";两组原子之间有三种组合方式:①"撄"(互相重合);②"仳"(部分重合);③"次"(连接而不重合),这是我国关于物质结构的最早图像.

(2)以惠施为代表的名家.

惠施(约公元前 370—公元前 318),战国中期名家(主张研究"名"即概念和"实"即事物的关系)的突出代表,是值得进一步研究的自然哲学家. 他是当时齐国稷下学派中吸引天下"辩者"(名家的别名)的中心人物. 惠施多方,其书五车,可惜他的许多实际本领(被称为"方术")随其著作一起失传了. 庄子痛惜他的去世,并在《庄子·天下篇》记载了他的"历物十事"和"二十一辩",其中有关"原子论"和物质连续可分的两条:"至大无外,谓之大一,至小无内,谓之小一"把"大一"(宇宙)与"小一"(原子)加以对比,这是很了不起的思想萌芽;"一尺之捶,日取其半,万世不竭"(物质无限可分). 这两种观点今天看来截然相反. 应该注意当时的"小一""无内""不竭"等的概念都是比较模糊的,即使理解为"原子",也没有十分具体的模型. 反映了名家(包括公孙龙)这些辩者思想的活跃.

中国古代对"原子"的叫法有"端""毫""微""几""邻虚"等. 特别是"邻虚"有近于零的意思,概念十分准确. 由于缺乏实验的基础,我国原子论始终停留在比较原始的阶段.

4. 元气说

从《易经》的"太极"到《老子道德经》的"道"，以荀子为代表的"气"以及种种"太一""太虚""精气"等等，是我国古代自然哲学史上占主导地位的物质运动论，值得进一步探索和研究.《易经》已如前述.

(1)《老子》.

李耳，楚国苦县(今河南归德)人. 成书于战国的《老子》分为《道经》《德经》81 条，5000 余字. 老子继承了易经的思想，并将"太极"明确发展为"道"，以"道"而不是以"天""神"为万物的本源："有物混成，先天地生，寂兮寥兮，独立不改，周行而不殆，可以为天下母，吾不知其名，字之曰道，强为之，名曰大."又说："道生一，一生二，二生三，三生万物. 万物负阴抱阳，冲气以为和"(阴阳中和叫"冲气"). 注意这里说由阴、阳、中三者而生万物，这是何等的预见性！老子的"道"除认为是"有物混成"的物外，有时还指规律，如："天之道，其犹张弓欤？高者仰之，下者举之，有余者损之，不足者补之."从以上看，不论对老子整个学说的评价如何争论，他的自然哲学部分至少应说含有某些原始的唯物主义成分.

老子的思想充满辩证法. 如关于"有"和"无"的关系. 他曾举车毂为例："三十辐共一毂，当其无，有车之用，"(只因毂中间有空洞，车才有作用)．"凿户牖以为室，当其无，有室之用"，有了室中的空间，才有运动活动的可能场所"室".

(2)尹文、宋钘及以后的发展.

老子的弟子尹文、宋钘(齐"稷下之学"的主持者)将"道"发展为"气". 经考证，《管子》书中《内生》等篇很可能出于其手，其中认为："凡物之精，此则为生，下生五谷，上为列星，流于天地之间，谓之鬼神，藏于胸中，谓之圣人，是故名气.""凡道，无根无茎，无叶无果，万物以生，命之曰道……精也者，气之精者也. 气，道乃生，生乃思，思乃知，知乃止."在反映杂家主要是儒道思想的《吕氏春秋·大乐》载："太一出两仪，两仪出阴阳，阴阳变化，一上一下，合而成章. 浑浑沌沌，离则复合，合则复离，是谓天常……万物所出，造于太一，化于阴阳，萌芽始震，凝寒以刑(形)，形体有处，莫不有声."这就是把气分为"精气"与"形气"的开始.《列子·天瑞》说得更清楚："太初者，气之始也，太始者，形之始也，太素者，质之始也."此后，各派哲学家从老、庄等学说中各取所需，长期论战. 唯心主义方面有先秦、两汉的"天命论""天人感应论"，两晋玄学家王弼把"无"与佛教"空""寂"结合，两宋时有所谓"理在气先""理生万物"，朱熹、周敦颐提出"无极生太极"、"太极生阴阳"等. 唯物主义的自然哲学家们主要认为"元气"是自然的物质本源，下面是他们的论点举例.

①荀况：(公元前 313—前 238).

"水火有气而无生，草木有生而无知，禽兽有知而无义，人有气有生有知且有义，故最为天下先也."这里明确提出无机物中的"气"，生物中的"生"，动物的"知"，社会的"义"等几个层次，水火、植物、动物、社会都是气的不同发展阶段中的表现形式.

②王充(东汉，公元 27—97).

"天地，含气之自然也."他反对"天造万物"之说："如谓天地为之，为之宜用手，

天地安得用千千万万手，并为万万千千之物乎！"(《论衡·自然篇》)

他用物理现象来解释"气"，如热的传播："夫近水则寒，近火则热，远之渐微．何则？气之所加，远近有差也．"(《论衡·寒温》)

(3)气的本质．

我国古代自然哲学家对气的本质有过许多讨论，共同点是：①气是宇宙万物的本源，所谓"最为天下先"．王充命之曰"元气"("俱禀元气，或独为人，或为禽兽"，见《论衡·幸偶》)，三国时的嵇康(公元 223—263)称为"太素"．宋朝张载(1020—1077)、明朝王夫之(1619—1692)称为"太虚"．②气的变化运动规律是阴阳分合，"精""形"交变，如："浩浩太素，阳曜阴凝，二仪陶化，人伦肇兴"(嵇康《太师箴》)；"阴与阳者，气而游乎其间者也"(柳宗元《非国语上·三川震》)．"一气之中，二端既肇，摩之荡之而变化无穷"，"阴阳二殊，故以异相感"，"聚而成形，散而归之太虚"，"气之散于太虚，犹冰凝释于水"(王夫之：《张子正蒙注·太和篇》)．除以上两点外，对"气"有各种了解．柳宗元认为元气本身在运动："自动自体，自峙自流……自斗自竭，自崩自缺"(《非国语上·山川震》)．王夫之认为是相感而动："盖阴阳者气之二体，动静者气之二几，体同而用异则相感而动，动而成象则静"(《张子正蒙注·太和篇》)．他们还认为："阴阳二气充满太虚，此外更无他物，并无间隙"(同书)，因此是充满于整个世界的连续性物质，"天之象，地之形，皆其所范围也．"至于气本身的运动规律，讨论不多，如三国时的嵇康把声音的传播与气的传播相比拟："音声之作，其犹臭味在于天地之间"(《声无哀乐论》)，即与波动方式相近．总之，中国自然哲学中的"气"，大致可归纳为是一种充斥于天、地、人、万物内外的、有生命力的(即自动运行的)、连续不绝的、变化无穷的物之本原，它比西方的"以太"(只传递光波或构成天上物体)、"能量"(从属于物质)、"流体"(物质的一种特定形态)、"波"(运动形式)、"场"(依赖于场源的物质形态)都要广泛，或者说是以上几种概念的总和．可惜对"气"缺乏一种综合的系统的说明，并且始终停留在经验(如医疗或"气功")和哲学解释的阶段．

(4)守恒原理．

唯一比较系统阐述的是由"气"导出的守恒原理．

王夫之重视实践，曾深入手工作坊考察制墨烧汞过程，得出"生非创有，死非消灭"的重要结论．他还运用气的概念导出守恒原理，在《张子正蒙注·太和篇》中提出："散亦吾体，聚亦吾体，其本体不为之损益．"他还举出三个例子说明这种守恒，包括"气"与"形"的总和在内．

①"车薪之火，一烈而尽，而为焰，为烟，为烬，木者仍归木，水者仍归水，土者仍归土，特希微而人不见尔！"

②"一甑之炊，湿热之气，蓬蓬勃勃，必有所归，若盦(音"安")盖严密，则郁而不散．"

③"汞见火则飞，不知所往，而究归于地．"他还总结说："有形者且然，况其氤氲不可象者乎？"他还驳斥那种唯心主义的生灭之说，批判佛教和程颐、程灏的理学谬论："故曰往来，曰曲伸，曰幽明，而不曰生灭，生灭者，释氏陋说也．""倘如散尽无余之说……则此太虚之内，亦何得此无尽之储，从终古趋于灭而不匮邪？"(《二程遗书》)

（5）对元气论的初步评价．

对我国元气论的探索与研究近年来已引起国际上的注意，包括对元气论的评价．

①元气论（或"道—气"学说）是我国从公元前 10 世纪（《易经》）开始形成、流传两千多年、至今还具有一定价值的关于世界统一图景的学说，因此它是世界上最古老而仍具影响的一种一元自然观．它包括了天与地、阴与阳（事物的正反面）、无机与有机、物质与能量、有形与无形、连续与断续、微观与宏观、局部与整体等的统一．用以解释一切自然作用（包括重力即所谓"清""浊"、电磁吸引、潮汐、化合与分解、有机与生命乃至人类的生老病死等）．这种朴素的一元化理论不但显示了我国古代自然哲学的高度智慧和开阔眼界，而且对当前物理学发展也可能提供某些启发："东方神秘主义将提供一个能够适应物理世界最新理论的一致而又漂亮的哲学框架".[①]

②"元气论"完全不同于西欧近代科学的发展模式．后者是从物体在空间的机械运动开始，发现力和场、振动和波，扩展到场的变化，在波动中发现粒子特性，即波与粒子的统一，弱相互作用与电磁作用的统一．换句话说，是从个别的定量研究中导致着普遍的理论，从个别到一般地认识自然界的辩证规律．中国的"元气阴阳论"则从一开始起就坚持：a. 物质的统一性，b. 每一事物的矛盾性，c. 基元物质（"元气"）的连续性分布与运动，d. 守恒原理等根本规律，由此出发去考察各种具体规律与作用．我国较长期地发展这种从一般到个别的模式，是使具体科学部门发展缓慢的原因之一，但事物总是一分为二的，这种模式在认识历程中完全不涉及什么"超距作用""近距作用"或"自然害怕真空"等。并且跨越了整个无机界的具体作用直接进入有机世界和生命现象这些较深的认识层次．在有些方面（例如中医，某些物理思想等）可能有独到之处．这种从总体、辩证、综合和动态观点统一去观察世界各种大小系统的认识路线，在目前科技发展中具有新的重要意义，它和系统论的观点是相通的．元气论的主要研究价值盖源于此．

③元气论在应用上特别是在生物物理方面有不少实际的研究价值．人体中的"内气"与"外气"问题，生物场的仪器探测，"外气"的信息传递作用与人体特异功能，"气功"的奥秘与理论，用非平衡态理论研究人体这一开放性系统等问题都已提出来．[②] 有大量的发掘、整理、研究工作可以做．

④元气论作为自然哲学派别在开辟认识自然的道路上有一定作用，但几千年来这一学说本身发展甚为缓慢，长期停留在定性观察、推测、玄想阶段，缺乏科学记述、实验、数学处理等方法的配合，在相当程度上没有完全脱离方家道士之类宗教玄学影响．

1.1.2　中国古代自然哲学中的时空观与运动观

1. 关于时空与宇宙的概念

战国时尸佼（公元前 390—前 330，《尸子》则成书于汉代）说："四方上下曰宇，往

---

①　Fritjof Cepra. The tao of physics[M]. Shambhala Publicaions, Inc. , 1975.

②　钱学森. 开展人体科学的基础研究[J]. 自然杂志，1981，4(7)：483－488.

古今来曰宙．". 西方"universe"意思是地域广大．我国的"宇宙"一词往往包括了空间和时间的统一性与无限性．

《墨经》："宇，弥异所也"（包括不同地点），《经说》："宇、蒙东西南北"．"久（宙），弥异时也"，"久，合古今旦莫（暮）"．

2. 运动中的时空相关性

《墨经》："动，域徙也"（地点的变动）；"俱止，动"（物体上各处作同样运动，平动）；"偏，际徙"（边沿的移动，转动）．"宇域徙，说在长宇久"（空间的位置变动，发生在一定间隔的空间和时间内）．《经说下》解释说："长宇，徙而又处，宇南宇北，在旦又在莫（暮），宇徙久（宙）"（在一定的空间内的运动和静止，产生了南北等方向和时间的早晚．即：空间的运动引起时间的变化）．明朝方以智（1611—1671）在《物理小识》卷二中提出："宙轮于宇，则宇中有宙，宙中有宇．"这是很深刻的，从直观观察中看到时空的统一，看到时空与运动的紧密联系．

3. 时空（宇宙）无限的观点

张衡："宙之端无穷．"《灵宪》

王充："天去人高远，其气苍芒无端末."（《论衡》）

柳宗元："无中无旁，乌际乎天则?"（没有中心也没有旁侧，哪有什么天的边呢?《天对》）

南宋邓牧："天地大也，其在虚空不过一粟耳!""谓天地之外无复天地，岂通论耶?"（《伯牙琴·超然观记》）

元《琅玡记》："天地亦物也，天地之外更有天地."

4. 惠施对直觉的时空观的非难

要建立科学的时空观，必须敢于怀疑通常建立在直觉经验上的时空观与运动观，惠施的非难应该是使这一认识深化的起点，闪烁着我国古代人民智慧的光辉，其"历物十事"和"二十一辩"除前述两条和个别条之外，可以按性质作如下排列．

（1）关于空间．

①"无厚不可积也，其大千里"（二维平面）；

②"天与地卑，山与泽平"（从宇空看地球）；.

③"距不方，规不可以为圆"（无理想的线条）；

④"南方无穷而有穷"（地可能为球形）；

⑤"我不知天下之中央，燕之北越之南是也"（地可能为球形）．

（2）关于时间．

"今日适越而昔来"（没有绝对的"同时性"）．

（3）关于物质及其变化．

①"指不至，物不绝"（人眼之外，物质连绵不绝）；

②"日方中方睨，物方生方死"（太阳刚到中心又偏了，万物也是生死不断）．

（4）关于运动的非难．

①"飞鸟之景（影），未尝动也."

②"镞矢之疾，而有不行不止之时"（飞矢既在一处又不在一处）．这与西方芝诺（见第 2 章）的佯谬有异曲同工之妙．

（5）关于非常状态．

①"火不热"（对高温而言）；

②"目不见"（有不可见的光）；

③"山出口"（地震）；

④"轮不辗地"（飞轮之类，无须辗地）．

这些都是很光辉的思想，惠施自认为要"散于万物而不厌，逐万物而不反"，愿意具体研究事物的道理，多而不厌，乐而不知反．可惜却没有留传下来．不少儒家学士认为"荒诞不经"，扼杀了物理思想的讨论与发展．

另外，当时的名家公孙龙还与惠施有"石坚白"之争，但不只是物理问题而是哲学问题了．

国外目前有一些学者对我国古代物理思想颇感兴趣．例如汤川秀树在 1974 年日本召开的第十四届国际科学史代表大会上"日本科学一百年"的讲话中谈到《老子》《庄子》思想对他的影响①．我们应该大力发掘和深入研究．

1.2 我国古代物理学各分支的主要成就

1.2.1 我国古代力学的成就

我国古代力学的发展中，应用方面有很高的技术水平，有的堪称"绝技"，在力学的基本理论方面有相当完整的概念体系，可惜在表述方面却很不精密（如对运动学方面的描述），不能把分散的精湛技术经验用文字或数学符号记录保存下来并推广提高，以致许多宝贵技术在家族或师徒的口头传授或定性描述中流失．现在只能根据有限的文字材料进行分析．

1. 基本测量

（1）长度．

除与其他国家基本相似的长度单位（取人的身体某部分单位如《家语》载"布指知寸，布手知尺，舒肘知寻"等）外，我国还有"以蚕吐丝为忽"（《说文》），"十马尾为分"（《易纬·通挂验》）．据《虞书》载，还以音律来定长短，以小米重量为合、升、斗等．

（2）时间的计量与计时器．

我国古代设官专司天文历算，因此在时间的计量与测时仪器方面在 14 世纪欧洲出现机械时钟前一直有很高水平．

"土圭……以致四时四月"（《周礼·春官》）．

---

① 中国科学院自然科学史研究所．科学史译丛（1980 年第 1 期）[M]．呼和浩特：内蒙古人民出版社，1980：52．

"挈壶氏（司刻漏的官）……悬壶……以水火守之，分以日夜"《周礼·夏官》). "《周礼》挈壶氏，其法总以百刻，分以昼夜，冬至昼漏四十刻，夜漏六十刻，夏至昼漏六十刻，夜漏四十刻，春秋二分，昼夜各五十刻"《隋志》). 周汉时代，我国已开始用等分一昼夜为百刻（或十二时辰）的办法来计时，但欧洲古代（14 世纪前）钟点的长短却随白昼长短而变. 我国用干支纪日可从商甲骨卜辞中发现①，有史可考的是从东周时开始以干支纪年与纪日，历几千年不断.

"漏刻之制，盖始于黄帝，其后因以命官"《隋志》). 漏壶的式样很多，如图 1-1 右侧是当时作为《周礼》挈壶氏一节的插图，壶中水滴入有箭杆浮子标记的受水壶中，左侧是宋代王普（图中的"王氏"）《官术刻漏图》中描写的"莲花漏"（受水壶的顶部作佛门莲花装饰而得名），水由给水壶（"天仙壶"）经两重"平水壶"漫流入莲漏，漏上的刻箭上升到最高位置时可以自动使流水经过的管口堵塞，其余"运水斛""退水斛""咸（减）水桶"为附属装置②.

公元前 104 年，司马迁曾建议召开历算家会议（所谓"博士共议"）落下闳等参加，制成"太初历".《前汉书·卷 21 上》记载说："乃定东西，立晷仪，下漏刻，以追二十八宿相距于四方，举终以定朔晦、分至、躔离、弦望"（朔晦：一月的始日与终日；躔，天体的运行). 日晷不仅可以根据杆影测定每天的时刻，而且在天文历算中当时与漏刻、星象等综合进行测算以立历法、测天高、测子午线长（唐僧一行，南宫说等）③等. 汉代桓谭（公元前 23—公元 56）："余前为郎（官名），典漏刻，燥、湿、寒、温辙异度"（发现刻度随气温明显变化，现知：水的黏滞系

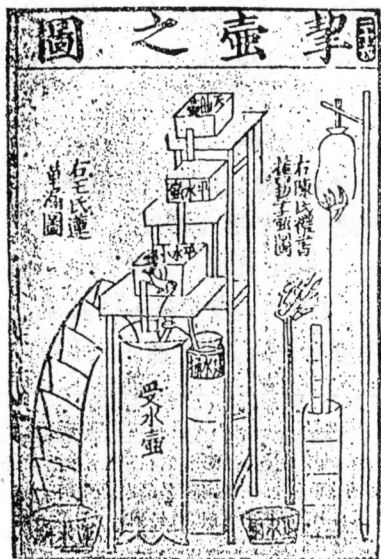

有关刻漏的最古老的木版画
《挈壶之图》

图 1-1

数在 100 ℃ 与 0 ℃ 间变化六倍以上），故有昏、明、昼、夜，昼日参以晷景（影），夜分参以星宿，则得其正.《全上古三代秦汉三国六朝文·全后汉文》)

在北京故宫等处还保留有古代日晷，晷面与赤道面平行，表针指向天极，形成太阳计时器. 元代郭守敬（1231—1316）在河南登封建立的观星台，表高 40 尺，圭长 128 尺，重 18 吨，使日影长度读数可准到 0.1 毫米④.

此外，还有沙漏、火钟（如古代盘香、"长明油灯"）等. 例如元末杨瑀《山居新语》(1360) 载有青塔寺"影堂长明灯，每灯一盏，岁用油……总计三百五十一斤……年余五

---

① 李约瑟. 中国科学技术史：第四卷[M]. 香港：中华书局，1975—1978：335，538.

② 同上书，见 336 页"刻漏"一节.

③ 《新唐书·天文志》载，公元 724—726 年，张遂（僧一行）、南宫说等人实测了河南等地的日影长度，得出子午线 1°长 351 里 80 步，合现代值 153.07 千米，现代实测为 110.94 千米.

④ 详见本章"我国古代的光学成就"部分，或参阅潘鼐，向英. 郭守敬[M]. 上海：上海人民出版社，1980：41，58.

十二斤，则日晷之差明短矣". 总之，我国在昼夜时刻等时制、干支纪年纪日法及计时仪表方面，当时都是很先进的.

东汉张衡(公元78—139)的"水运浑天仪"及北宋苏颂(1020—1101)的水运仪象台，用水力机械装置自动报时，是世界最早的机械计时器(北京大学编《中国古代科学技术大事记》41页及112页). 水运仪象台高12米，宽7米，十分壮观，反映了当时很高的科技水平.

(3)重量.

1954年湖南长沙左家公山战国楚墓出土的我国最早的天平及砝码，木杠长27 cm，离杆端0.7 cm处有二盘，盘直径4 cm，以两为单位的砝码系列有：4.00，1.78，1.00，0.495，0.25，0.15，0.062，0.043，0.026. 可见在半两范围内还是比较准确的，并成1/2等比序列.

(4)容积.

秦始皇公元前221年统一中国时，采用统一度量衡制度，采用商鞅方升为标准量具之一，其制作精度在1%以内.

(5)比重.

《汉书·食货志》："黄金方寸，其重一斤，白金方寸，重一十四两……"，按其叙述可列表如下(16两＝1斤).

比重	方寸						
	黄金	白金	玉	铜	铅	铁	石
d(两)	16	14	12	7.5	9.5	6	3

液体比重：古代制盐工人(如台州，11世纪)用十枚莲子、测盐卤(十粒有三粒以上直立浮起便是浓卤，二粒以下且有水平浮起的是稀薄液)，以蛋或桃仁也可(《菽园杂记》). 原理近似于近代的浮笔式比重计.

(6)其他技术测量.

最早的科技书《考工记》(成书于公元前700—前400)汇集有春秋末齐国的手工业生产与科技知识，可惜散失不少，有的只留下名目，被汉代以后的人拿去补《周礼》一书《冬官》一篇的缺. 它包括了车、船、弓、箭、兵器、乐器、建筑等. 其中如《轮人》等篇记载了一些基本技术测量手续，如测轮子"平沉之均"(利用浮力测物质分布)，测弓的拉力，弦的弯曲程度与各部分受力形状是否平均等. 在《粟氏》中记载了"煎金锡"时"权之然后准(量长度)之，准之然后量(量容积)之"等.

2. 运动学

(1)运动与静止的相对性.

汉代特别是后汉盛行的一种纬书，除大批神怪图谶之说外，也有少数天文历算及自然哲学方面古杂书的汇编. 其中宋均(卒于公元76年)注的《尚书纬·考灵曜》(收入明代孙瑴《古微书》卷一)有"地有四游"之说，很像一种摆动("冬至，地上行北而西三万里，夏至，地下行南而东亦三万里，春秋二分，其中矣.")，在这种猜测中提出了以下著名论断:"地恒动而不止,而人不知,譬人在巨舟中闭牖而坐,舟行而不觉也."这一观点,比哥白尼、伽利略早了大约 1500 年! 晋人葛洪(公元 283—363)①《抱朴子》还指出过:"云游西行,而谓月之东驰."

(2)快慢与速率.

《考工记》对羽毛影响箭行速度的描写是:"后弱则翔,……中强则扬,羽丰则迟."

王充《论衡·说心篇》:"日昼行千里,夜行千里,麒麟昼日亦行千里. 然则日行舒疾,与麒麟相类似也,""月行十三度(每月按 27 天计算),十度二万里,三度六千里,月一昼夜行二万六千里,与晨凫(音扶)飞相类似也. 天行三百六十五度积凡七十三万里也. 其行甚疾,无以为验,当与陶钧(制陶器之盘)之运,弩矢之流. 相类似乎."把日、月、天、飞鸟、麒麟、弩矢的速率都看作"类似"的.

"翔""迟""疾"是定性对比,王充的数字只是一种猜测. 唐代《观象玩占》记风速:"动叶十里,鸣条百里,摇枝二百里,拔大根三千里,"这种分类法比较科学,但也只是"平均速率"概念.

(3)斜抛.

《考工记·轮人》谈到水在从伞形车盖边沿飞洒时说:"上尊而宇卑,则吐水疾而雷远."但缺乏几何图形的研究.

(4)刚性球的滚动.

《墨经》:"正而不可憺(安),说在搏(团),"这是说球正放在水平面上随遇而安的状况.

(5)转动速度.

苏颂《新仪象法要》描述的水运仪象台机构中有许多关于转动的叙述,如"钟鼓轮"部分描述一种称为"拨牙机轮"的运动:"拨牙机轮随天柱中轮转动……直径六尺七寸,下施六百牙距,以待中轮动作. 每中轮动机轮六牙距为一刻,五十牙距为一时,六百牙距为十二时",即每转一周恰好是一昼夜十二时辰. 这明显地记述了中轮与机轮的转速.② 由于我国历代重视天文观测与历法,因此对于日月星辰的周年或周日运转时刻与位置十分重视,即研究转动速度要比研究线速度重视得多. 例如《考工记》:"昼参诸日中之景(影),夜考之极星,以正朝夕";张衡在《浑仪注》中还把圆周分为 $365\frac{1}{4}°$:"周天三百六十五度又四分度之一,又中分之,……北极乃天之中也,在正北出地上三十六度……天转如车毂之运也."这是很宝贵的定量描述.

3. 动力学

(1)惯性.

《考工记·轮人》:"马力既竭,辀(辕)犹能一取也."这比几乎同时代的亚里士多德"运动要靠力维持"的直觉结论要高明得多.

---

① 葛洪:号抱朴子,对炼丹与医学有很大成就,主要著作有《抱朴子》等.

② 刘仙洲. 中国在传动机件方面的发明[J]. 机械工程学报,1954,2(1):1—38.

(2)力的定义.

《墨经》："力，刑之所以奋也"，刑（形）是指受力物体还是施力者（人体），还有争论．注意这里"奋"字是指由静到动，由慢到快，明确含有加速度的意思，可见墨家观察之细，用词之恰当．《墨经》又说："力，重之谓，下举，重奋也."把重归于力的范畴．而这里的"奋"字，还包含施力者使物体由下而上的抵抗重力的作用过程.

(3)力与运动的关系.

王充《论衡·效力篇》："凿所以入木者，槌叩之也，……诸锋刃之器所以能割削者，手能把持之也，力能推引之也"，说明物体间由于相互作用（或"力"，但多少有人力的意思）而运动．他还清楚地阐明同样的力使轻物运动快而重物却难以加速："金铁在地，焱(yán)风不能动，毛芥在其间，飞扬千里"；"车行于陆，船行于沟，其满而重者行迟，空而轻者行疾"．他的解释是："任重，其取进疾速，难矣！"（《论衡·状留篇》）．这比牛顿早 1500 年，尽管只是定性的.

(4)功的概念.

《淮南子·谬称训》（公元前 200 年）："物之功，动而有益，则损随之.""功"的概念，在这里明确地和"动"相联系，又和"损"与"益"联系起来，值得注意.

公元前 81 年桓宽《盐铁论·力耕第二》："自古及今，不施而得报，不劳而有功，未之有也."

王充《论衡》："且田与宅惧人所治，兴功用力，劳佚均等……必铨功之小大，立远近之步数，假令起三尺之功，食一步之内，起十丈之役，食一里之外．功有小大."这开始有了"功"与"劳"，得与失，工程之高度与附属劳务的范围在量上的大小比较.

(5)力的平衡.

我国古代在建筑、桥梁、造船乃至风筝制造等方面都实际应用了力的平衡原理．如北宋李诚(1103)《营造法式》有我国建筑经验 3555 条．河北冀州市木塔一千多年经两次八级地震考验．隋代李春在公元 605 年建造的赵州洨河大石拱桥，跨度达 37.02 米，主拱旁背又用了空腔结构，南北桥基深达 5 米，1300 多年来下沉水平差只有 5 厘米（图1-2）．真是"奇巧固护，甲于天下"（《赵州志》）.

图 1-2　赵州桥

公元 3 世纪万震《南州异物志》："随舟大小或作四帆，其四帆不正前向，皆可邪移"（帆的方向均与舟成一定角度并可斜移）．这类在生产技术中的力学知识十分丰富、珍贵，但却整理得很不够。

（6）内力与外力.

王充《论衡·效力篇》："力重不能自称，须人乃举"，"古之多力者，身能负荷千钧，手能决角伸钩，使之自举. 不能离地."

（7）运动的储存与转换.

战国时普遍用弩，弩是靠弹性及机械工具延迟发射. 还有一种抛石机："(范蠡)兵法，飞石重十二斤，为机发，三百步"（《汉书·甘延寿传》）. 三国马钧①为曹操设计轮转式抛石机利用人力转盘快速旋转大挂石，突然一松连绳打出，能飞数百步.

4．刚体力学

（1）杠杆及杠杆原理.

《农政全书》："汤旱. 伊尹教民田头凿井并以溉田，今之桔槔是也."这一传说的时代是在公元前 18 世纪. 在春秋末，已出现天平、秤、剪、铡、手钳、脚踏碓等.《物原》："史佚(周官名)作辘轳"，其他如斜面、滑轮的应用都很早.

中国秤何时出现？有所谓黄帝令臣伶伦造秤之说. 杠杆原理已总结在《墨经》中："相衡，则本短标长"，"两加焉，重相若，则标必下，标得权也"（图 1-3）提出本、标、权、重等概念.《墨经》还描述了战争中用的"车梯"或"云梯"，它是利用多重杠杆的巧妙组合，与阿基米德的机械装置相似(见第 2 章).

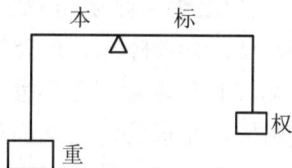

図 1-3　《墨经》中的杠杆原理

（2）应力.

《墨经》："负：衡木加重焉而不挠(弯曲)，极(内部)胜重也，若校(绞)交绳，无加焉而挠，极不胜重."极表示内应力. 衡木加重而不挠，绳不加重就下垂，这是重力与应力谁占上风的问题.

《经说下》："均：发均县(悬)，轻而发绝，不均也；均，其绝也莫绝."古以头发作绳，均匀受力可以不断，否则难胜轻物. 这里已有了实验观察的记载.

公孙龙(公元前 320—前 250)："发引千钧"(1 钧=3000 斤). 公子牟："发引千钧，势至等也."这里提出的"势"，从现代观点来看是应力. 发，应理解为发绳.

（3）回转效应.

陀螺：西汉末(1 世纪初)巧匠丁缓"被中香炉"："为机转运四周而炉体常平，可置之被褥."1500 年左右达·芬奇(1452—1519)才提出类似万用支架的设计.

5．机械与技术成就中利用力学原理的一些例子

（1）杜诗(公元 31 年)的"水排"(王桢《农书》)，将转动变为往复运动，利用水力鼓风.

（2）龙骨水车("翻车"，《后汉书，七十八卷》)为毕岚所作，原理类似唧筒.

（3）西汉刘歆《西京杂记》载"记里鼓车"，使用齿轮传动系统.

---

① 马钧，三国时魏人，字德衡，陕西扶风人，生卒年不可考，曾创翻车，造指南车等.

(4)指南车(机械方法,利用差动齿轮维持原方向),三国马钧、南北朝祖冲之、宋燕肃等多次重制过,又多次失传.

(5)水运浑天仪(117年).

"浑天仪"确切应名"浑象",是用以演示天象的天球仪.它不同于测定天体方位的"浑仪".《晋书·天文志》:"张衡制浑象,具内外规,南北极,黄赤道,列二十四气,二十八宿,中外星官及日月五纬.以漏水转之于殿上,室内星中出没与天相应……又转瑞轮蓂荚于阶下,随月盈虚,依历开合……".浑象的管理者"闭户而唱之",与灵台(观象台)的观测完全相符,蔡邕观后叹服,说:"愿终生卧于浑天象中!"这个仪器集中体现了我国天文学、时间测量、机械轮系与水力推动系统、冶金[浑天仪为铜制,同一《晋书》上有"张平子(即张衡)既作铜浑天仪……"等记载]等方面的成就.

(6)候风地动仪(132年).

"相风铜鸟,遇风乃动",候风是预报风向及风灾的仪器.

地动仪(图1-4)利用其中"都柱"的惯性,在地震时使龙张口吐出铜丸落于蟾蜍口中.《后汉书·张衡传》89卷1909页:"阳嘉元年,复造候风地动仪,以精铜制成,圆径八尺,含盖隆起,形似酒尊……中有都柱,傍行八道,施关发机.外有八龙,首衔铜丸,下有蟾蜍,张口承之,其牙机巧制,皆隐在尊中,复盖周密无际.如有地动,尊则振,龙机发,吐丸而蟾蜍衔之,振声激扬,伺者因此觉知,虽一龙发机而七首不动,寻其方向,乃知震之所在也."同书接着描写记录公元138年3月10日甘肃大地震的情况:"尝一龙机发而地不觉动,京都学者咸怪其无征.后数日驿至,果地震陇西,于是皆服其妙,自此以后,乃令史官记地动所方起."

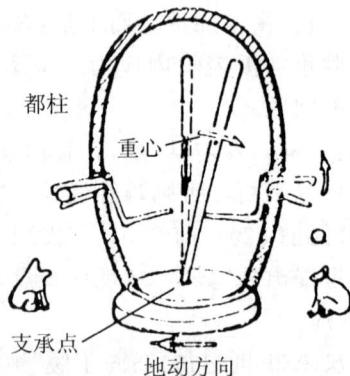

(a)地动仪复原模型　　　　(b)地动仪内部机构推测图(据王振铎同志)
图1-4　地动仪及内部机构推测图

张衡(公元78—139,图1-5),河南南阳人,少时学习刻苦,"如川之逝,不舍昼夜."曾任太史令14年,他反对图谶,因上"请禁绝图谶疏"被免职.他说:"欲巧笑以千媚兮,非余心之所赏"(《思重赋》),"君子不患位之不尊,而患德之不崇,不耻禄之不伙,而耻知之不博"(《应闲》).1956年重修张衡墓时郭沫若题词说:"如此全面发展之人物,在世界史中亦所罕见."

(7)元郭守敬的简仪、仰仪、定时仪、日月食仪等十几种天文仪器,在结构、设计、精度等方面，都有新的创造，达到当时的高水平.

李约瑟在比较欧洲从其他各国及中国传入的机械技术时，举出埃及的锁，印度的筒车，波斯的风磨，中国从 1—18 世纪就有龙骨水车、活塞风箱、独轮车、风筝、竹蜻蜓、走马灯、弧形拱桥、铁索吊桥、闸门、造船技术等(还不包括指南针等几大发明).

6. 流体力学

(1)欹器(手提系绳尖底吸水陶罐).

在西安半坡村仰韶文化遗址发现(图 1-6)，利用重心较高陶罐处于不稳平衡之特点. "虚则欹(偏)，中则正，满则复，"欹器作为历代朝廷奇物，到三国而绝，东汉杜预在公元 260 年左右又造出，同时代数学家刘徽著有《鲁史欹器图》但又散失，以后南北朝祖冲之及隋唐陆续有人制造. 这是我国古代不重视保存、整理科技资料的典型例子.

图 1-5　张衡　　　　　图 1-6　陕西西安半坡村出土的汲水陶罐

(2)关于沉浮条件.

墨经："形之大，其沉：浅也，说在具(衡)". "沉，形之具也. 则沉浅，非形浅也，若易五之一". 大的物体吃水浅的原因在于平衡(具). 吃水浅与物体的深浅不是一回事，浮在水上的物高与吃水线交替处的比似近于 5∶1(虽不准确，但有初步数字观念，甚为可贵).

晋杨泉《物理论》："鸿毛一羽，在水而没者，无势也，黄金万钧，在舟而浮者，依舟之势."将沉浮原因不归于重而归于"势"，与前"发引千钧"的道理相似，殊堪注意，可惜没有进一步发展.

(3)浮力的利用.

"鸿毛之囊，可以渡江"《淮南万毕术》. 曹冲称象. 宋治平三年(1066)，僧怀丙以浮船打捞万斤铁牛："以二大舟实土，夹牛维之，用大木为权衡状，钩牛，徐去其土，舟浮牛出"《宋史》. 唐僧"惠远以山中不知更漏，乃取铜叶制器，状如莲花，置盆水之上，底孔漏水，半之则沉，每一昼夜，十二沉"《唐语林》等.

(4)在国民经济的应用方面，除水利(如李冰父子修筑都江堰等)外，还有造船业.

17

中国造船业在秦汉、唐宋及明代为三次发展高潮，如秦有 50 万大军运粮船队，隋炀帝龙舟高 40 尺，宽 50 尺，长 200 尺．明郑和"宝船"60 多艘，每船长 44 丈，阔 18 丈，重 7000～8000 吨，可容千人，储粮一年有余，"舟为巨室，帆若垂天之云"，30 多年访问了东非、波斯等 30 多个国家，比哥伦布早一个世纪，可惜未能对我国社会、经济的发展起到应有作用．中国船形方而底浅，行进安全不易搁浅，与国外尖顶快速船相比，是另一种船形模式．我国的高效动力帆、船尾舵、指南针，这几项航海上的关键发明有力地促进了欧洲航海事业．

（5）元气说对大气压强的解释．

我国元气论将各种物理运动形式均归之为"气"，如"力气""热气""电气""磁气"等，此外还有"天气"（气象），"地气"（湿度、地震），"日月之气"（光）等．对"空气"或"大气"压强现象也有自己的解释，如：南北朝《关尹子》："瓶存二窍（孔），以水实之，倒泄；闭一则水不下"，他解释说："盖（气）不升则（水）不降．"还举出另一例子："井虽千刃，汲之水上，盖（气）不降则水不升．"唐朝王冰《素问注》："虚管溉（装水）满，捻（倒转）上悬之，水固不泄，为无升气而不能降也；空瓶小口，顿（快速）溉不入，为气不出而不能入也．"宋代愈琰《席上腐谈》解释拔火罐的原因为"火气使然也"①．这些解释的优点是统一用"气"的观点，缺点是缺乏明晰性，带有几分猜测成分，但可贵的是已经有一些实验或观察事实作基础．

（6）液面表面张力．

明："水面坐膜．绣针投之则浮．"②这一观察实际已涉及液体分子作用的宏观表现．

（7）竹蜻蜓和风筝．

晋代《抱朴子·杂应》："用枣木心为飞车，以牛革结环剑以引其机……上升四十里．"18 世纪传入欧洲．《墨子·鲁问》有关于鲁班木鹊的记载，南朝梁都金陵被围（547—549），萧纲作纸鸽飞外告急（唐代李元《独异志》，马总《通历》卷七）．

7. 研究方法

《墨经》中提出了很好的理论结合实践的方法："闻（知），说（知），亲（知），名实合，为．"三知的方法可以达到名实相符并且实用的程度．可惜秦汉以后，罢黜百家，独尊儒学，致使我国力学停留在实用技术及自然哲学水平，埋没了不少英才．

如王充《自记》："仕路隔绝，志穷无为，贫无供养，志不娱快．"他 60 岁时写成的《论衡》被视为异端邪说一千多年，许多宝贵思想被长期埋没．

1.2.2 我国古代声学的成就

1. 声的发生(乐器、声源与音律)

（1）乐器．

殷商出土文物和典籍中，有频率固定的打击乐器：鼓、磬、钟；调频弦乐器：琴、

---

① 戴念祖. 中国物理学史略[J]. 物理，1981，10(10)：632－639.
② 王锦光，洪震寰. 中国古代物理学史话[M]. 石家庄：河北人民出版社，1981：13－14.

瑟，管乐器：箫、笛、笙及簧乐器等，见于《诗经》的就有 29 种，出土乐器中有：

1935 年安阳出土的殷代玉制编磬；

1978 年陕西扶风的西周青铜编钟；

1979 年湖北随县的战国初曾侯乙(公元前 475—前 433)墓的编钟等共 124 件，说明了我国在音乐及冶金上的成就.

《汉书·律历志》；载有用各种材料制作的乐器名称："土曰埙，匏曰笙，皮曰鼓，竹曰管，石曰磬，金曰钟，木曰祝，丝曰瑟."

(2)发声原理.

《考工记》："凫氏为钟……薄厚之所震动，清浊之所由生."《意林卷一·韩子》记载匡清对齐宣王(公元前 350—前 301)说："瑟者小弦大声，大弦小声"，即弦声与弦粗细成反比.

王充在《论衡·论死篇》中分析人的讲话是"气括口喉之中，动摇其舌"，犹如吹箫笙时"气若不括，手无所弄，则不成音". 因此，"箫笙之管犹人之动舌也".

张载、王夫之：发展了气、形相冲突而发声的观点：

"声者，形气相轧而成，……两气者，谷响雷声之类……两形者，桴鼓所击之类……形轧气，羽扇敲矢之类，……气轧形，人声笙箫之类."《张子正蒙注》)并将两形、两气、形气、气形等加以区分，这种"气形发声论"很有价值.

明宋应星(1587—1666)在《论气·气声》中把发声原理讲得十分透彻："气而后有声，冲之有声，飞矢是也……振之有声，弹弦是也，"还有挥鞭、鼓掌、裂帛、挥锥……"但声之生，不在矢、不在鞭、不在弦、不在帛，"而在于"以形破气""气之一动"，且须"急冲急破，其声方起".

以上几种用"气"对发声原理的说明都是比较深刻的，值得注意.

(3)响度.

《考工记·凫氏篇》《辁人篇》对钟、鼓都说过："大而短，则其声疾而短闻，小而长则其声舒而远闻". 即振幅大，响度大，能量多，传声远.

(4)音色(同一频率下不同的谐音).

《礼记·乐记》："钟者铿，石声磬，鼓鼙之声"，记载了几种不同的音色.

(5)音律(频率).

我国古代声学也是一部音乐声学或数理声学.

《通典》："自殷以前，但有五声"(宫、商、角、徵、羽)公元前六百多年已有 12 律的名称(如黄钟……夹钟、大钟、应钟、大吕、仲吕、南吕等).

我们知道，弦、管等发声时产生驻波，按弦振动方程

$$N_a = \frac{n}{2l}\sqrt{\frac{T}{\rho}}$$

式中，N 为频率，l 为管(弦)长，T 为张力，ρ 为线密度，n 为任意正整数. 开管时 N_a

$= \frac{n}{2l}\sqrt{\frac{T}{\rho}}$，成 $\frac{1}{2}$，$\frac{2}{2}$，$\frac{3}{2}$，…序列.

闭管时 $N_a = \frac{2n-1}{2l}\sqrt{\frac{T}{\rho}}$，成 $\frac{1}{4}$，$\frac{3}{4}$，$\frac{5}{4}$，…序列.

《管子·地员篇》记载了最早的定音法"三分损益法"(前一音律乘$\frac{3\pm1}{3}$)即得：

黄钟(宫)C调1，令弦长为$3^4 = 81$

> 徵　5　　$81 \times \frac{4}{3} = 108$
>
> 商　2　　$108 \times \frac{2}{3} = 72$
>
> 羽　6　　$72 \times \frac{4}{3} = 96$
>
> 角　3　　$96 \times \frac{2}{3} = 64$

得音阶频率序列成整数比．但这种方法得出的高八度音律只能约为原八度音的两倍，存在一个差数，对调弦及乐器制作带来不少困难．

为了解决准确定音问题，中国音乐家们摸索了两千多年．如汉代京房、南北朝的钱乐之、沈重等，有的企图变为 60 或 360 律，有的企图简单地以十二均分，均不合用．明朱载堉(1536—1611)[①]专门研究数学和音乐，著近百卷的《乐律全书》．他在1584年提出"十二平均律"，即以$\sqrt[12]{2}$为公比的等比级数形成十二音律，他还算出$\sqrt{2} = 1.4142135623730950488016889$．1606 年他献于明神宗，却被置于冷宫："入史馆以备稽考．"

他提出这一发明在声学史上有重大意义．他比欧洲 Marin Mersenne(1588—1648)1639 年提出的十二平均律早 52 年．传入西欧后，受到 H. L. Helmholtz(1821—1894)等人的高度评价，但在我国，他的发明除在明代打入冷宫不予施行外，清乾隆十年(1745)时，御制《律吕正义后编·乐间》竟斥责朱载堉"非有义理也，特借勾股之名以欺人耳"，并撕毁"上神宗表"．朱载堉这一发明，也是我国古代物理学史中唯一定量计算且精达二十五位数字的重要发明，却遭封建御用文人以"盗用数学欺人"的可笑罪名横加摧残，令人痛心．

2．声的传播

(1)声速．

魏《水经注》：4 世纪时(公元 512—518)，陈遵造江陵金堤，利用高处鼓声与低处听到的时间，相当准确地算出某高地的高度，这已利用了声速乘时间等于距离的关系，虽未直接测出声速，但方法是妙巧的．法国人 Merseune 1636 年才作出空气中声速的测量．

(2)波．

《尸子》："海水三岁一周流，波相薄，故地动．"第一次提出(海水)波动(造成地动的)论点．

---

①　朱载堉．父朱厚烷(郑王)因直言犯明世宗坐．载堉"筑土室宫门外，席藁独处十九年"，勤习天文数学，"斗酒纵观廿一史，炉香静对十三经"，新君穆宗即位大赦后才回王宫，父死后上疏恳辞爵位，"让国自称道人"，潜心于声律学研究．

汉王充《论衡·变虚篇》在驳斥"天闻人言"的谬论时指出："天之去人，高数万里，使耳附天，听数万里之言，弗能闻也．人坐楼台之上，察地之蝼蚁，尚不见其体，安能闻其声？何则？蝼蚁之体细，不若人形大，声音孔气不能达也……鱼长一尺，动于水中，振旁侧之水不过数尺，大若不过与人同，所振汤者个过百步，而一里之外，澹然沉静，离之远也．"即声音传播范围与声源振动大小有关．又说："令人操行，变气远近，宜与鱼等，气应而变，宜与水均．"人与鱼的动作改变了气的远近，气又相应而变，和水波一样．波动思想何等清晰！

明宋应星[①]《论气·气声》："物之冲气也，如其激水然，""以石投水……其文浪以次而开，并纵横寻丈而犹未歇，其荡气也亦犹是焉，特微妙而不得闻耳"，生动地说明水波与"气"的振"荡"相同，只是后者"微妙"而不得"闻"，这里的"冲气""荡气"比"空气"的含义更广．

（3）空穴效应．

墨子《备穴篇》载有探测敌军所挖地道方向之法："穿井，城五步一井"，在墙根附近挖到地下水位三尺，将巨形陶罐放入，上紧盖薄草，"使聪耳者伏而听之"，一井有二，即可"审知敌穴之所在"．

宋沈括(1030—1094)记载：士兵夜枕空牛皮箭囊，"虚能纳声"．

古代建筑中用陶瓮（口向内）砌墙可起吸音作用，琴室和戏台下常埋几口大缸，增加混声回响效应．

（4）共振现象事例．

①汉洗与鱼洗（或龙洗），涉及固体与液体的受迫共振问题．在杭州西湖等地至今中外游人仍叹若观止．

②《汉书·东方朔传》："汉武帝未央钟无故自鸣三日，东方朔曰：山恐有崩者，三日，郡南报山崩．"

③沈括利用纸人作共振试验调弦："今曲中有声者，须依此而用之，欲知其应者，先调诸弦令声和，乃剪纸人加弦上，鼓其应弦，则纸人跃，他弦即不动，声律高下苟同，虽在他琴鼓之，应弦亦震，此之谓正声．"并作出结论："声同即应，此常理也，此声学之至要妙处也．"（《梦溪笔谈选注·补笔谈卷一》）．但沈括未能进一步确定声波的频率、波长、共振等之间的定量关系，到"至要妙处"即止．

（5）声的反射．

北京天坛的回音壁，三音石和圜丘，其声学原理，参见《物理通报》1953 年第二期汤定元："天坛中几个建筑的声学问题．"（或"中国古代科技成就"，162～164 页，中国青年出版社）

1.2.3　中国古代热学的成就

我国古代的钻木取火，高温冶炼技术的发达，石油天然气的应用，炼丹术中关于

---

① 　宋应星(1587—1666)，《天工开物》这一明代科技百科全书的作者，他在该书序言中说："此书与功名进取毫不相关也."竟然流失三百年后，即 1926 年才从日本找回翻印本．

蒸馏、升华、煅烧、掌握火候、调节稻田中的水温、熏烟防冻,特别是火药、爆炸的发明等,在生产实践中积累了不少经验,但从物理基础理论方面目前看到的记载还不多,只就几方面简述于后.

(1)公元前256—前251年,李冰父子在都江堰工程中,有"积薪烧之",利用热胀冷缩开山劈岭的记载(《华阳园志·蜀志》).

(2)王充在《论衡·寒温篇》中对热的辐射及大气现象提出精辟的看法. 他用气来解释"近水则寒,近火则温",认为是"气之所加,近远有差","远之则微",这是认为热传递与距离有关,是"气"在起着"温"、"热"的物质媒介作用,而且有远近之差,观察比较细微. 他还用自然规律来解释气象变化.

"云雾,雨之征也,夏则为露,冬则为霜,温则为雨,寒则为雪,雨露冻凝者,皆由地发,不从天降也."(《论衡·说日篇》). 在《感虚篇》中他还驳斥"雨从天降"的看法:"夫云雨出于丘山,降散则为雨矣. 人见其从上而坠,则谓之天雨水也. 夏日则雨水,冬日天寒则雨凝而为雪,皆由云气发于丘山,不从天上降集于地,明矣!"他还认为降霜与释冰所需寒热要有一个积累过程,即要有相当的量才行:"倚一尺之冰,置庖厨中,终夜不能寒也,何则? 微小之感,不能动大巨也……寒不累时则霜不降,温不兼日则冰不释"(《论衡·感应篇》). 这是很精辟的见地. 明方以智(1611—1671)《物理小识》中还进一步观察到冰的融化不但要有一定量的热,而且与隔热条件有关:"冰在暑时以厚絮裹之,虽置日不化,惟见风始化."

(3)"温度"概念在我国只有"火候"的经验指标. 如《考工记》:"凡铸金之状,金与锡,黑浊之气竭,黄白次之,黄白之气竭,青白次之,青白之气竭,青气次之,然后可铸也"(这里在黄白之前的暗红色阶段约550 ℃,而白色约1000 ℃).

(4)对于热的本质,我国"五行说"中一向有木属火,"木性藏火"(北齐刘昼《刘子·崇学》)之类直觉经验加五行生克一类伪科学之说,有碍于探讨热之本质. 南北朝成书的《关尹子》注意到:"瓦石之类,置之火则热,置之水则寒,呵之即温,吹之即凉,特因外物有去有来,而彼瓦石实无去来."唐柳宗元《天对》把"外物"认为是"惟元气存","呴炎吹冷,交错而功",元气活动缓慢时就炎热,迅速吹动时就寒冷,冷热交替地发生. 王充也认为:"火之在炉,水之在沟,气之在躯,其实一也.""阳气温故温气应之……阴气寒故寒气应之."(《论衡·寒温篇》)这是用阴阳之气论解释冷热,但他随即在篇末又举出"且(将)雨气温、且(将)阳气寒",而与"寒者阴而温者阳"的一般情况不相应,因而存疑不定. 说明王充实事求是的治学态度.

(5)利用燃气推动观赏灯或信号灯(松脂灯、孔明灯、走马灯)转动,是利用了冷热空气的对流,这和欧洲1550年以后出现的烤肉自转器的原理相同.

(6)火箭.

三国时诸葛亮进攻郝昭时,"昭以火箭逆射云梯"(《魏略辑本》),那时因为尚无火药,只是在箭头上绑上易燃物. 唐末宋初发明火药后,唐代《武林旧事》载:"烟火起轮,走线流星","流星"或"起火"就是利用了火药产生的喷射推进力. 公元1000年,唐福等曾把所制火药火球送给宋真宗.《武经总要》载:"放火药箭……以火药五两贯族(镞)后,燔而发之",蒙古兵进攻欧洲时,阿拉伯人称之为"中国箭".

明朝发展为"火龙出水"，是二级火箭式装置（《武备志》卷 133）. 还有一种"飞空击贼震天雷炮"或"神火飞鸦"，则有导弹雏形的意义.

1.2.4　我国古代的电磁学成就

1. 雷电现象的描述

《淮南子·坠形训》："阴阳相薄为雷，激扬为电"，"电，激气也".

王充《论衡·雷虚》："夫雷之发动，一气一声也."他反对"雷为天怒"之说，"试以一斗水灌冶铸之火，气激襞裂，若雷之音矣！或近之，必灼人体."

《南齐书·五行志》载：490 年，会稽保林寺为雷击时"电火烧塔下佛面，而窗户不异也"（佛面有金粉）.

沈括《梦溪笔谈》记载："一家遭雷后，宝刀银器等熔流于地，而草木无一毁者". "雷火烙宝剑而鞘不焚".

明代刘基："阳气闭于阴，必迫，迫极而进，进而声如雷，光为电，犹火之出炮也，而物之当之者，柔为穿，刚必碎，非天之主以此物激人，而人之死者适逢之也."[1] 这一段解释比较全面，但所谓"阳气""闭于阴"，只是一种哲学猜测，这是中国阴阳元气说的最大的缺点，缺乏充分的立论根据.

2. 静电与静磁现象及其应用

王充《论衡·乱龙篇》首先把二者并列："顿牟玳瑁（海龟类的壳）掇芥，磁石引针皆以其真是，不假他类，他类肖似，不能掇取者何也，气性异殊，不能相感动也."东晋郭璞解释说："气有潜感，数有冥会，"（《山海经·图赞·北三经第三》），用"气""数"来解释此类电磁"相感"现象.

《三国志·吴书》载，吴人虞翻已懂得："琥珀不取腐芥，磁石不受曲针"（非铁金属针），南北朝陶弘景《名医别录》："琥珀，唯以手心摩热者拾芥为真."这些讨论，说明我国很早就有不少人注意对此进行观察和解释.

还有另一类静电现象，如《汉书·西域传》："元始中（公元 3 年）……矛端生火."

西晋张华（232—300）《博物志》："今人梳头脱著衣时，有随梳解结有光者，也有咤声"（西方 1738 年 Boyle 才发现）[2]唐段成式《酉阳杂俎·续集卷八》："猫黑者，暗中逆循其毛，即著火星."

《管子·地数篇》："山中有磁石者，其下有铜金"（磁石以 Fe_3O_4 为主要成分）.《吕氏春秋》《鬼谷子》《淮南子》《山海经》均有"慈石吸铁"的记载，如《淮南子》："若以慈石之能连铁也，而求其引瓦则难矣"，"及其于铜则不通."

《水经注》载：秦始皇阿房宫北阙门用磁石建成，以防刺客.

陶弘景《名医别录》记有强磁铁可连接串吸十根以上铁针，甚至吸住一二斤重铁刀.

生产瓷器的釉水经磁石过滤后把铁屑吸出可使瓷洁白. 我国传统医学的磁疗法则

---

① 王锦光，洪震寰. 中国古代物理学史话[M]. 石家庄：河北人民出版社，1981：132.
② 卡约里. 物理学史[M]. 戴念祖，译. 呼和浩特：内蒙古人民出版社，1982：101－102.

用磁石代替某种常用药方，晋葛洪(281—361)记载用枣核大的磁石吸出小儿误吞的针．磁化过的水可以治疗某种疾病等．

3. 指南针及其发展

磁石指南，是我国人民的重大贡献．

(1)天然磁石制成的司南．

战国时《鬼谷子·谋篇》："郑采玉者以司南指路．"

《韩非子·有度》"先王立司南，以端朝夕"(正四方)．

王充《论衡·是应篇》："司南之杓，投之于地(地盘)，其柢(音止，根部，或与"抵"通)指南．"司南由天盘演化而来，地盘包括 24 个方向．王振铎先生根据史籍及朝鲜乐浪汉墓，将司南复原(如一般教科书上图)．

(2)指南鱼、指南龟、指南针．

1044 年北宋曾公亮《武经总要》介绍指南鱼做法：以薄铁叶成鱼形，烧红后顺地南北向在水盘中冷却，尾部并稍为下沉几分长(磁倾角)，以密器收之(保存磁性的磁屏障)，用时置水碗于无风处，鱼首常向南(德纽伦堡工匠 George Hartmaun 1544 年发现磁倾角，1600 年在 Gilbert《磁石》中记载红热铁棒在地磁场方向冷却磁化)．

宋陈元靓(1100—1160)《事林广记·神仙幻术》用"木刻龟子"一个，内放磁针一枚，用竹钉安于龟腹内穴上，即成指南龟．

沈括(1031—1095)对指南针作了深入研究，他把"方家以磁石摩针锋"而得的人工磁化针用来作各种试验，在《梦溪笔谈·卷二四·杂志一》中提出四种磁针安装法加以比较：①水浮法(灯芯穿磁针浮于水上)，"水浮多荡摇"；②碗沿旋定法(架在碗沿上)；③指甲旋定法(架在指甲上)；"指爪及碗唇上……转运尤速，但坚滑易坠"；④悬单丝法(以新蚕单丝，用少许芥子大小蜡加在针腰上，于无风处悬之)，对四种方法沈括分别加以评论并指出第四种方法"最善"．为此后仪表针的悬丝结构开辟了道路，并且树立了我国实验方法的楷模：简单易行，合乎物理原理，认真细致．例如"独丝""粘蜡"可避免丝的扭转，蚕丝圆实，优于棉毛纤维，"新"丝弹性及韧性均强匀而无屈绕．这是从多次试验中总结出来的．[①]

同时，沈括还发现了地磁偏角，他在上述试验中说："针……常微偏东，不全南也"，磁偏角随地而异，不易观察到(800 年前在长江流域 $3° \sim 4°$)，哥伦布 1492 年才在发现新大陆时注意到．

磁针指南的原因，沈括说："针常指南，而其中有磨而指北者"，"莫可明其理"．宋陈显微在《古文参同契笺注集解》中说："阻碍相通"，俞璞则说是"神与气合"．

(3)罗盘．

磁针加上方位盘后合称"罗盘"或"罗经盘"，有水旱两种，通用于我国航海事业．英牛津大学图书馆藏有我国的《指南正法》《顺风相送》等海道罗盘经记录书籍．

---

① 蔡宾牟，袁运开. 物理学史讲义——中国古代部分[M]. 北京：高等教育出版社，1985.

1.2.5　我国古代的光学成就

1. 几何光学的基本原理

(1)墨经中有关光学的记载八条(详见《物理通报》1951 年第 3 期，钱临照："论墨经中关于形学、力学和光学的知识"). 例如，

①影之生成与定义.《经》："景(影)不徙，说在改为"，《说》："景：光至，景亡，若在，尽古息". 光至则影失，物静止，影就"古息"(不动)，物"徙"，影不一定徙，而是"改为"(不断生成其他影子).

②影和半影.《经》："景二，说在重"，《说》："景，二光夹一光，一光者，景也". 有两个光源的情况：二光均有时，无影，有一光时为半影，二光皆无为本影(图 1-7).

③小孔成像.《经》："景倒，在午有端"，《说》："景，光之人，煦若射，下者之人也高，高者之人也下，足蔽下光，故成景于上，首蔽上光，故成景于下". 这里"煦"反映了光照人成漫射的情景，这是光的直线传播定律的最早记载和最好证明.

④光源(火)，物(木)和影的大小、偏正、远近的关系："景之大小，说在杝(斜)正，远近."

《墨经》在光学史上占有重要地位，它是世界上最早的比较完整的几何光学著作. 比墨子晚一百多年的欧几里得(公元前 330—前 275)在他的《反射光学》(*Catoptrics*)一书中还曾这样说："我们假想光是直线进行的，在线与线之间还留出一些空隙来. 光线自物体到人眼成为一个锥体，锥顶在人眼，锥底在物体，只有被光线碰上的东西，才能被我们看见，没有碰上的就看不见了". 比较"假想是直线进行"和"煦若射"；"空隙"论与本影、半影，针孔成像(阿拉伯人 11 世纪才发现)的现象及其理论解释；光的"人眼流出论"(毕达哥拉斯、德谟克里特等人)与"光之人"等，可见《墨经》的价值，缺点是没有定量的反射定律之类叙述.

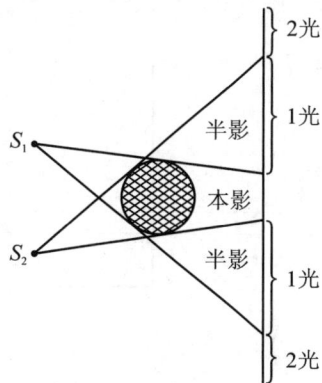

图 1-7　二光夹一光

(2)小孔成像原理的应用与实验.

沈括《梦溪笔谈·卷三辩证一》："若鸢飞空中，其影随鸢而移，或中间为窗隙所束，则影与鸢遂相违，鸢东则影西，鸢西则影东，又如窗隙中楼塔之影，中间为窗所束，亦皆倒垂."又说："本末相格，迭成摇橹之势. 故举手则影愈下，下手则影愈上，此其可见."

元代赵友钦(1279—1368)《革象新书》有一段"小罅(音"夏")光景"的大型实验. 在墙上凿孔(由阳光透入)，或在屋底挖两井，井底放千支蜡烛，成为密排光源，进行小孔成像实验(时在伽利略前 200 年)，结论是："小(孔)景随光(源)之形，大景随空(孔)之像". 板上孔小时，千蜡成像，如"鱼鳞相依". 一片接一片彼此重叠，大孔时(口或△形)千蜡光整齐排列，如整堆纸"重叠不散"，给出孔形，以此证明光的直线进行和小孔成像原理，并定性地分析了光源与影像的距离、孔的大小及影的明暗关系，可以说从定性方面初步研究了照度定律，比朗伯(Lambert，1728—1777)早 400 年.

元郭守敬(1231—1316)巧妙地用"景符"(取影器)解决了历来圭表读数不准的问题. 图 1-8 表示,一般圭表读数因太阳上下边缘投影在影端生成半影,因此比较模糊,若使"表短,则分寸短促,尺寸之下,所谓分、秒、太、半、少之数,未易分别""表长,则分寸稍长,所不便者,影虚而淡,难得实影."(《元史·卷四十八》). 郭守敬在建河南登封观星台时做了两项重要改进:一是在水平的 128 尺圭面上刻两条水平沟,用水流使圭面保持水平;另一是设计了一个"景符"(图 1-9)以约宽 2 寸的铜叶中穿一窍(孔)而成,斜放在一方盒上,用一"楮(zhī,斜撑)杆"调节景符的倾斜度,使其垂直于日光. 这个取影器放在圭面上的表影末端. 又在表的顶部左右各装饰一龙,二龙各用龙爪擎起一根标记用的横梁,横梁通过景符上的针孔,就在圭面上见到"窍(孔)达日光,仅如米许,隐然见横梁于其中",这一细如发丝的横梁针孔像,就成了读数依据. 圭面读数

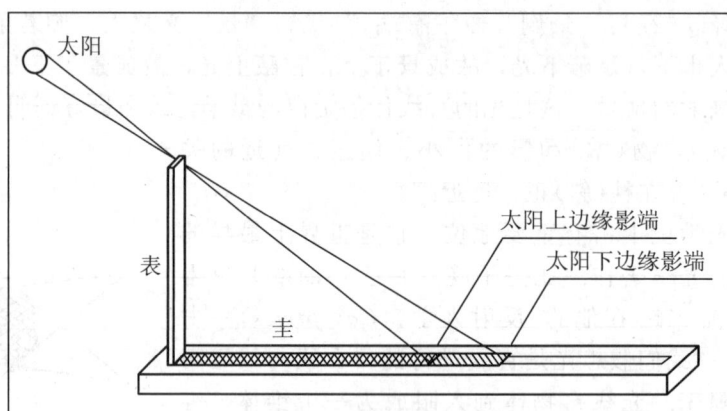

图 1-8 一般圭表读数不准

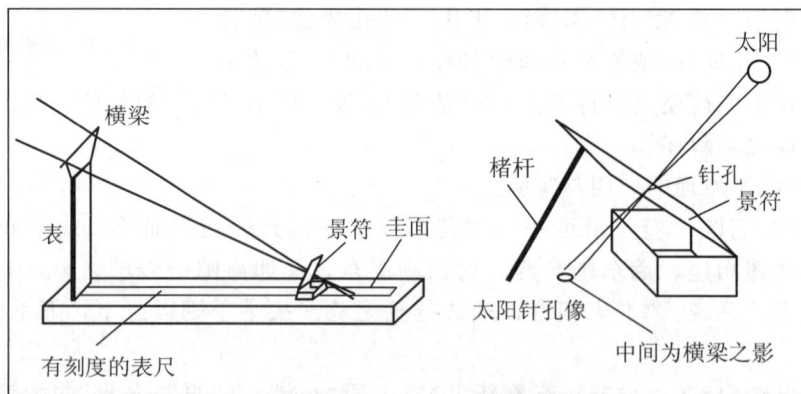

图 1-9 郭守敬加景符后的读数精确到 0.1 mm

最小单位为五毫(0.166 毫米),当景符前后移动约 1.5 毫米时横梁影即不在日象中心,因此误差可到 0.1 毫米. 郭守敬用此法于 1279 年 5 月 30 日,测得夏至影长为 12.3695 尺,同年 12 月 11 日冬至影长为 67.7400 尺. 对这一结果,P. S. Laplace 说:这些"公元 1277—1280 年的观测之所以重要,是由于它们的高度精确性,也由于它们明确地证

实了地球轨道倾角和轨道偏心率自那时起到今天缩小了多少."①可惜郭守敬本人的著作，竟没有一本保留下来.

2. 镜及光学仪器

(1)镜.

"監"，"鑑"或"鉴"，象形字为 🜀，表示人弯腰睁眼看水盆.《考工记·辀人》："金锡半，谓之鉴燧之齐"，这是指镜的成分是铜锡合金. 郑玄注曰："金燧，取火于日月之器也."燧，即凹面镜，《礼记·内则》："左佩金燧，右佩木燧."《内则疏》："晴则以金燧取火于日，阴则以木燧钻火也."这是凹面铜镜用于取火.

冰透镜：《淮南万毕术》："削冰令圆，举而向日，以艾承其影则火生."清代郑复光(1780—1854)反复验证，"亲试而验"，他的《镜镜詅痴》(1835)收集了各种制镜技术并探讨了成像原理，其卷四记有以厚冰放在直径 5 寸以上的大锡壶内，中心做成焦距约一尺七八寸的凹面，在晴天可迅速得火.

(2)平面镜与球面镜成像规律.

墨经光学八条中后三条是：

①平面镜反射成像：《经》："临鉴而立，景倒".

②凹面镜："鉴洼，景一小而易倒，一大而正，说在中之外内"，"中"是焦点和球心的混称. 由于物在焦点内外不同而得虚、实像.

③凸面镜：《经》："鉴团，景一". 人面的像总是正立缩小虚像. (可参考：科学史集刊第四期洪震寰"墨经八条厘说")

王充发现，除阳燧外，"以刀剑之钩，摩拭朗白，仰以向日，亦得火焉".

沈括对阳燧面洼的焦点进一步详细研究，形象地比喻为"腰鼓最细处"或船桨支点的"碍"；"阳燧照物皆倒，中间有碍故也"，"阳燧面洼，以一指迫而照之则正，渐远而无所见，过此遂倒". 他还对焦点作了数量上的大致测定，说它"大如麻菽，离镜一二寸，着物则火发".

(3)潜望镜.

《淮南万毕术》："取大镜高悬，置水盆于下，则见四邻矣！"

(4)西汉"魔镜"——"应声镜"与"透光镜".

西汉冶金和制镜技术水平很高，可以由现已发现的两种"魔镜"佐证.

隋代王度《古镜记》："举而扣之，清音徐引，竟日方绝."沈括《梦溪笔谈》："以手循之，当其中心，则摘然如灼龟之声."这种应声镜是利用两片铜镜焊成的夹镜，中间的空气层形成共鸣器，焊工技术已是天衣无缝，这是将光学、声学、冶金技术综合而成的艺术珍品.

日本、巴黎及我国上海博物馆各有一面西汉"透光镜".《古镜记》形容过："承日照之，则背上文画，墨入影内，纤毫无失". 历代及各国科学家纷纷猜测其中奥秘. 1974年复旦大学等单位用激光、X 光及各种无损探测法测试及模拟浇铸，结果证明，这是

---

① Laplace P S. Expisition du Systeme du monde[M] 6th ed. Paris：Imprimerie Royale，1846：389.

铸成后经过抛光、淬火、去除氧化层、再抛光等办法，利用铸造压力与研磨压力的交替作用，在镜面造成微观曲率变化所致. 这种微观曲率与背面文字图画相应，但肉眼却观察不出这种图案. 我国古代劳动人民的精湛技艺水平之高于此可见，并且实际上已巧妙地掌握和应用了反射与漫反射等光学原理，失传之后，竟成绝密！

(5)玻璃及其他光学仪器.

我国是否很早就有(水晶)玻璃镜出现还是"琉璃"，各种说法不一，晋张华说过："用珠(玻璃)取火，多有说者，此未试."南唐谭峭《化书》："小人常有四镜，一名圭，一名珠，一名砥，一名盂，圭视者大，珠视者小，砥视者正，盂视者倒."这四者正是双凹、双凸、平凹、平凸四种透镜. 但我国玻璃中含铅(钡)较多，呈暗红色，与西方钾钠玻璃不同. 因此作为光学仪器的较少，有时用水晶代替. 明清以后，西方眼镜传入. 我国清代出现黄履庄、孙云球、邹伯奇、郑复光等一批光学仪器制造家与光学家. 详见袁运开等编《物理学史讲义(中国古代部分)》.

3. 大气中的光学现象

(1)色散.

虹霓(古代作蜺)，殷人认为是雨后龙，敦煌石窟发现的石刻两头蛇图案就是虹. 对虹的解释最早有《庄子》："阳灸阴为虹"，阳(太阳)阴(水滴). 孔颖达(574—648)《礼记·注疏》："若云薄漏日，日照雨滴则虹生"，比13世纪R.培根的发现早600年. 唐张志和《玄真子》(772年前)载："背日喷水成虹霓之状". 宋沈括作了实地观察后说："虹乃雨中日影也，日照雨见有之."最值得注意的解释见于南宋的程大昌《演繁露》："凡雨初霁或露之未晞，其余点缀于草木枝叶之末，欲坠不坠，则皆聚为圆点，光荧可喜，日光入之，五色皆足，闪烁不定，是乃日之光品着色于水. 而非雨露有此五色耳！"并指出结晶体的色散(菩萨石)："非因峨嵋有佛所致也"，"此之五色，无日不能自见"，皆是"日之光品着色"而生. "光品"的概念殊堪注意.

明方以智(1611—1671)《物理小识》："凡宝石面凸则光成一条，有数棱者，则必一面五色. 如峨嵋放光石，六面也，水晶压纸，三面也，烧料三面水晶亦五色，峡日射飞泉成五色，人于回墙间向日喷水，亦成五色，故知虹霓之彩，星月之景，五色之云，皆同此理."

(2)北极光、地光.

对北极光，我国从公元前1世纪到10世纪，历史上记载170次(包括时日、形状、色彩范围、走向). 是现存世界上最完整的记载. "地光"的记录也很丰富. 国外曾多次利用我国极光记录即磁偏角迁移记录，指出地球磁场960年由东向西转动一周.

总之我国古代光学停留在一般描述及实用艺术上，对于反射、折射等光学现象几乎没有定量讨论. 对光的本性及光与物质作用等也很少涉及. 保存下来的史料也不多. 但有几项成就是很有意义的.

小　结

　　我国古代物理学是一个有待发掘的宝藏，从已经有的资料看，我国古代在物理思想方面（以"元气说"为代表）和在物理知识的应用方面都很突出，在力学（如运动的相对性，"气""形"守恒、时间的测量等），声学（如气声说、十二平均律、声速的测量、建筑声学、共鸣、声的发生原因等），电磁学（指南针与罗盘、雷电解释），光学（几何光学原理、针孔原理的实验及应用、色散），热学（大气现象、火箭）等方面，当时都曾处于世界的领先地位．但是，从 16—17 世纪即明末清初以来，我国的科学技术包括物理学在内，在欧洲近代科学诞生发展的同时，却一直处于停滞落后状态，为什么近代科学没有在中国产生？这仍是目前国内外科学史界要研究的重大课题，其中有许多经验教训很值得我们总结和吸取．

第2章　西方古代及中世纪的物理学

2.1　古希腊的自然哲学

2.1.1　历史背景

1．东方和西方

古代文化中心除中国（黄河、长江平原）外，还有尼罗河畔的埃及，中亚美索不达尼亚平原的巴比伦，印度河畔的印度等东方的河域文化．巴比伦的历法、水钟，埃及的几何学丈量和金字塔建筑，印度的数字等，这些自然科学萌芽都是首先与天文、数学、占卜等相关的．

西方的古希腊，地处亚非之交的海岛与半岛，在奴隶制、航海和比较自由的生活的基础上，产生了古希腊文化．它的特点之一是注重知识，酒浆般的蓝色海水把全世界的知识和商品带到希腊．科学（science）古意就是知识，而哲学（philosophy）古语就是自然科学之意，当时就是关于整个世界统一的思辨性的学说．希腊的地理位置与航海、贸易等，使"自由民"有条件在自由争辩中认识世界，因此形成了与中国东西辉映的古希腊文化，或叫希腊罗马文化，产生了不少著名的"智者""圣贤"或自然哲学家．

2．希腊罗马文化的分期

（1）早期希腊（公元前5世纪以前），或以爱琴海的一个海岸命名为爱奥尼亚（Ionia）时期，奴隶制开始形成．

（2）古典希腊（公元前5—4世纪），文化高涨时期，有希腊和斯巴达两种奴隶制度．

（3）希腊化时期（公元前3世纪—公元30年，希腊被罗马占领），以埃及亚历山大城为中心希腊文化影响埃及、中亚各国．

（4）罗马帝国时期（30—476年，罗马灭亡），奴隶制度的崩溃时期，希腊文化衰落，罗马的应用技术、宗教代替了科学．

3．早期希腊的最早学派

（1）泰勒斯（Thales，约公元前640—前546）．

他对于几何学的基本定理有所贡献，预言过公元前585的一次日蚀．在物理上，他首先发现摩擦过的琥珀可以吸纸片，elektron希文原意就是琥珀．

（2）毕达哥拉斯（Pythagoras，约公元前584—前497）学派，建立了宗教科学哲学团体，主张一切产生于数．

这两个学派的发展与演化，产生了数学、天文学、原子论，亚里士多德（Aristotle，公元前384—前322）和阿基米德（Archimedes，公元前287—前212）的物理学，也产生了柏拉图(Plato，约公元前 428—前 348)的唯理主义哲学．恩格斯对于希腊哲学的历史意义作了如下的评价："在希腊哲学的多种多样的形式中，差不多可以找到以后各种世界观的胚胎、萌芽．因此，如果理论自然科学想要追溯自己今天的一般命题发生和发展的历史，它也不得不回到希腊人那里去．"①

2.1.2　古希腊的自然哲学观

1．物质观

(1)物质的本源问题．

泰勒斯认为"水是万物的本源"，抛弃了造物主．阿那克西曼德(Anaximander，约公元前 611—前 547)认为物质本源是无处不在的"无限"；"无限"变为水、火、鱼、人，又复归为"无限"．Anaximenes(公元前 585—前 528)则认为万物的本源是空气，空气散而为火，凝而为风、水、土、石．毕氏学派则认为：一切产生于数．从完满的 1 和不定的 2 产生各种数，数生点，点生线，线生面，面生体，体生出水火土气四种元素．一切事物都是对称的，一与多，奇与偶，正方与立方，左与右……对称性是万物的原型．他们是以唯心的形式反映出客观事物之间在数量与形态上的某些辩证关系．

赫拉克利特(Heraclides，约公元前 530—前 470)认为"火变万物，万物变火，正如百货换金，金换万物"．

亚里士多德总其成．认为地上物体是由土、火、水、气四元素构成，天上物体(星球)则由"以太"(ether)这种纯粹物质构成．

(2)物质结构的连续问题．

①赫拉克利特认为万物来自"永生的火"，火既是有机界又是灵魂的本质，可以连续进行性质转化，是无限不可分割的基质．"一切皆流，一切皆变"，"太阳每天都是新的"，"人不能两次跨入同一条河流"，"停滞就是灭亡"，"生与死，梦与醒，老与少是互相变化的"，"在圆周上，起点和终点是重合的"，等．列宁赞为"辩证法的奠基人之一"②．这一派在希腊较少发展．

②原子论．

原子(a-tomos)古语就不可分割之意，留基伯(Leucippus，约公元前 500—前 440)、德谟克利特(Democritus，公元前 460—前 370)认为存在原子与虚空，原子之间有形状、次序、位置三种不同．原子的碰撞、分离与联合形成万物，每个原子是实在的，没有内部空隙．原子本身就一直运动．在石头与铁中，原子只能振动与颤动，而在空气与水中，它们就能在较大的距离上跳舞！

后来伊壁鸠鲁(Epicurus，约公元前 342—前 270)和卢克莱修(Lucritius，约公元前 95—前 55)认为原子在重量上各不相同，原子有直线运动与自动的偏斜运动．马克思在他的博士论文中认为有了这种自动的偏斜运动，"才能找到物质内部运动的动力"．

比较一下这几个人的原子观点，德谟克利特认为原子是数学上和逻辑上不可分，

---

① 恩格斯．自然辩证法[M]．北京：人民出版社，1971：30—31．

② 列宁．哲学笔记[M]．北京：人民出版社，1956：390．

伊壁鸠鲁以为是物理上不可分,即在我们条件下不可分,而卢克莱修在《物性论》长诗中还提出了"由三个最小限度的部分,构成'原初种子'"的看法:

"譬如说,假定是三个最小限度的部分,

(如果愿意也可多加几部分)构成原初种子,

现在,当把这一个物体的这些部分排放

在顶上、底下、左右换来换去的时候,

你就会在每种轮流变换中看到

它整个躯体的形貌是怎样."

后来在物质构成问题上的各种学术派别,往往都可以在古代哲学观点中找到渊源.

2. 运动观和时空观

(1)芝诺(Zeno)出生于大约公元前495—公元前430年的奥尼亚(Elea),是巴门尼德(Parmenids)这一唯心主义学派的弟子. 他对运动的几条著名疑难(佯谬)推动了对运动的研究.

①二分法问题.

运动物体要达到某段路线的终点,必须先达到这路程的一半. 但有限时间内不可能通过无穷多的不连续点(不连续空间), 如 B_1、B_2、B_3(图2-1),所以运动不可能发生.

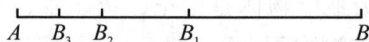

图 2-1

②快腿 Achilles 追不上乌龟.

设乌龟的速度为 U,快腿的速度 V. 当乌龟从 A 点走到 B 点时,快腿从 A 点发追赶,追赶者必须首先跑至被追者出发的点(B、B_1、B_2、…),如图2-2.

则 $t_1 = \dfrac{a}{V} = \dfrac{a_1}{U}$,

$t_2 = \dfrac{a_1}{V} = \dfrac{a_2}{U}$

所以 $a_1 = \dfrac{U}{V}a$,$a_2 = \dfrac{U}{V}a_1 = \left(\dfrac{U}{V}\right)^2 a$

得 $t = t_1 + t_2 + \cdots = \dfrac{a}{V}\left[1 + \dfrac{U}{V} + \dfrac{U^2}{V^2} + \cdots\right]$

$= \dfrac{a}{V-U}$.

图 2-2

对这一无穷级数的和,芝诺认为是 ∞,这一佯谬是由于芝诺只承认时空的间断性,不承认时空有连续性而引起的.

③飞矢不动.

"如果一件东西在某一瞬间,占据一个与它自身相等的空间,它就是静止的."

芝诺不懂得物体在一瞬间既在这个位置又不在这一位置,这就是运动.

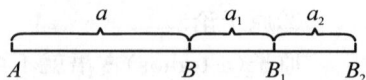

④纵列问题.

设有 A、B、C 三队列，B 队向左，C 队向右，它们相对于 A 队都是 $\frac{1}{2}$ 队列经过（图 2-3），这时 B 相对于 C 或 C 相对于 B 则为全队列经过，所以 $\frac{1}{2}=1$.

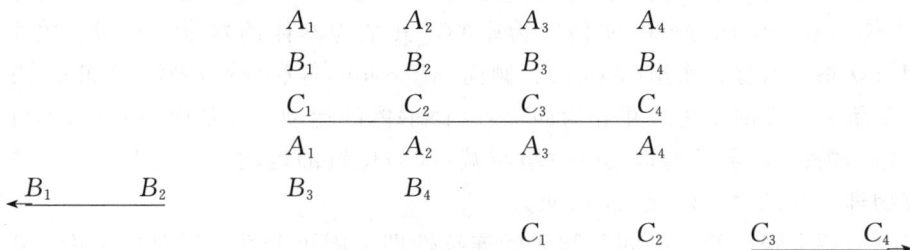

$$
\begin{array}{cccc}
A_1 & A_2 & A_3 & A_4 \\
B_1 & B_2 & B_3 & B_4 \\
C_1 & C_2 & C_3 & C_4 \\
A_1 & A_2 & A_3 & A_4 \\
\end{array}
$$

$\xleftarrow{\quad B_1 \qquad B_2 \quad}$　　B_3　B_4

　　　　　　　　　C_1　　C_2　　C_3　$\xrightarrow{\quad C_4 \quad}$

图 2-3

这实质上是相对速度或参照系问题.

芝诺还有其他佯谬如："一和多问题"（"多"不存在，因为："多"必不止一个，它们肯定不同，但既是"多"，它们肯定又相同. 然而相同的不可能不同，不同的不可能相同，因此"多"不存在）."位置无穷多"（如某物存在，它在何处？如它在某一位置上，则这一位置又在何处？必然又要用另一位置来说明这一位置，依此类推，所以位置无穷多）.

芝诺佯谬与惠施之辩内容与方法相似，但芝诺的问题引起了许多学者的讨论. 例如亚里士多德就在他的《物理学》第六卷第九章中用时间与空间的连续性精辟地驳斥了芝诺. 他说："当龟在前头的时候，Achilles 不能超过，这是真的；但是如果允许越过限制它的界线，就可以超过！"[①]

芝诺对运动、时空、一与多、有限与无限等问题的佯谬，从反面推动了古代辩证法的研究，并且一开始就使自然哲学思辨与定量的数学讨论紧密相连，引起了广泛的兴趣，这点在东西方迥然不同.

（2）亚里士多德（Aristotle，公元前 384—前 322，图 2-4）是古希腊百科知识的集大成者，在哲学、逻辑学、科学分类学、生物学等方面贡献尤多. 他提出了一系列理论自然科学的根本问题，包括物质、空间、时间、运动及其相互关系等. 他认为："没有什么在事物之外（over and above）的运动"（《物理学》第三卷一章 200b页），"离开事物而独立存在的运动是没有的"（《形而上学》第十一卷九章 1065b 页）. 他把物体的位置（空间）定义为某物体"周围的物体静力边界的最深处"（《物理学》第四卷第四章 212a 页），即用周围物体去定义空间位置，亦即位置变化必须以存在两个物体为

图 2-4　亚里士多德

[①]　Robert Maynard Hutchins，Mortimer Jerome Adler. The works of Aristotle：Volume1[M]. Encyclopaedia Britannica，1952.

前提. 他认为"如果没有运动的存在, 又怎能有时间"? 所以"时间是运动的数目, 或者本身是一种运动"(《物理学》第八卷第一章 251b 页).

总之, 这种物质、空间、时间、运动彼此紧密联系的思想是很有价值的. 在他以前, 人们往往把各种主观和客观的"存在"混在一起, 认为一切都可归结为"数""奇与偶""热与冷""有限与无限""爱与憎"或者"理念"等. 亚里士多德则把"存在"分为十大范畴, 以"本体"(substance 或译"实体")为中心, 其余为本体的数量、质量、关系、地点、时间、状态、所有、作用(action)、倾向(affection)等(见《范畴篇》第四章 1b 页). 他把运动了解为广义的变化. 并分为四类: (1)本体的运动——如生与死; (2)性质的运动——白与黑; (3)数量的运动——增与减; (4)位置的运动——向下和向上或重和轻(参见《物理学》第三卷第一章 201a 页).

亚里士多德主张空间、时间与物质的连续性即无限可分性, 反对原子论. 亚里士多德的哲学体系是在唯物主义和唯心主义之间动摇的. 例如: 一方面, 他认为世界和物质是真实存在的, 必须通过观察对事物进行分门别类的研究. 另一方面, 他认为既然时间是计算运动的数目, 因此需要计数的"灵魂".

2.2　古希腊的物理学

古希腊的物理学成就, 主要表现在天文学、力学和光学方面. 光学部分我们将在以后单章介绍. 从研究方法看, 有亚里士多德物理学和阿基米德物理学两种体系. 前者从归纳日常生活的直觉观察经验出发加上哲学的思辨, 后来发展为经院哲学, 成为自然科学革命的障碍; 后者以实验和观察、生产实践为基础, 发展了静力学与流体力学, 成为后来对伽利略的重要启示.

2.2.1　以亚里士多德为代表的天文学与物理学

1. 天文学

古代人类要掌握农事季节、辨方向, 处处离不开对日、月、星辰的观察, 天体的运动也是人们最经常碰到的机械运动. 古希腊人已经观察到, 天上的太阳、月亮和行星("游荡者")的运动不像整个天球和无数恒星那样始终自东向西匀速旋转, 周日来看都是自东向西, 但周年来看则有快有慢. 而且是自西向东. 行星有时还有逆行. 为了解释这一现象, 柏拉图还提出一个问题, 如何将诸天体的视运动看作匀速圆周运动的数学组合?

事实上, 将一种运动分解为简单运动的组合, 是可以有多种数学方法的, 正如把一个力分解为若干分力, 将一个数分解为各数之和一样. 古希腊天文学家们大都采用以地为中心, 对每个行星设立了若干小圆("本轮")围绕大圆("均轮")旋转, 还有什么偏心轮、偏心等距点等, 各个行星及太阳又组成绕地球的同心大球. 这些分解的圆周, 在 Eudoxus(公元前 408—前 355)时是 26 个, 到亚里士多德时达到 48 个, 托勒密(Claudius Ptolemy, 公元 90—约 168)已达 70～80 个十分复杂.

　　亚里士多德总结了古希腊的地心说并把它纳入整个宇宙论体系．亚里士多德宇宙观的核心是：地心与宇宙中心重合论，（如《天论》第二卷，十四章）天地有别论，［从《天论》全卷的标题可以看出，如"第五元素（即"以太"）的运动是圆"，"天是完善的圆形"，"各元素不同运动类别的解释"等］．他的宇宙是有限的、球状的和同心的，在此之外没有任何物体、位置、真空与时间（参见《天论》第一卷第九章）．亚里士多德-托勒密的地心体系，当时与日常经验相合，便于航海实际应用并符合圣经教义，所以成了统治的学说．

　　古希腊的另一派"日心说"也是值得注意的．"日心说"的起源可以追溯到毕氏学派的成员（Philolaus，公元前 500），他猜测太阳、地、月、五大行星、银河等都围绕"中心火"旋转．为了使天体凑满"十"个，设想有一个人们永远看不到的"对地星"，亚历山大城的阿利斯塔克（Aristarchus，约公元前 315—前 230）大胆地提出："行星与地球沿以太阳为中心的圆周绕太阳运动，而恒星所在的天球的中心与太阳中心相重合"（据阿基米德《沙数计算》中引述的观点），阿里斯塔克被保存下来的著作《日月的大小与距离》中，他利用月的上下弦时刻地球对日、月所张的角为 87°，估算出 $d_{月地}:d_{日地}=1:19$[①]，又利用日、月食时月影、日影、地影的比例估计太阳与地球直径之比大于 19：3，小于 43：6，这些数值虽然不准确，但认识到太阳比地球大得多这一点，有力地支持了他的日心论点（是小物绕大物转而不是大物绕小物转）．但当时支持他的人很少，一个叫 Kleonthes 的人控告他犯了把上帝圣城（地球）推出中心的"亵神罪"．

　　有一个例子可以反映希腊科学的成就，亚历山大城的图书馆长埃拉托色尼（Eratosthenes，公元前 273—前 192）测定地球大小的方法．

　　他假定：（1）地为球形，（2）太阳光平行，（3）A，S 为两个地面观测点（代表亚历山大和 Syene 城），位于一条南北线上，（4）Syene 正好位于北回归线上，即夏日正午太阳在正上方（图 2-5）．

　　令 C 为地球球心，d 为 AS 距离，L 为大圆周长，

则 $\dfrac{d}{L}\approx\dfrac{\theta}{360°}$

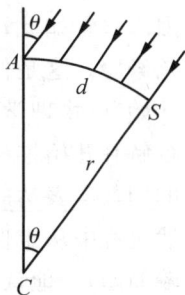

图 2-5

　　测出夏日正午太阳的偏角 $\theta=7.2°$

　　两地距离 $d=5000$ 希腊里

　　所以 $L=250.000$ 希腊里

　　1 希腊里≈158.5 m　得 $L=39625$ km

　　即地球半径 $r\approx6300$ km，与现代值只差 1%～2%．

2．亚里士多德的物理学

　　"僧侣主义扼杀了亚里士多德学说中活的东西，而使僵死的东西永世长存"[②]亚里士多德对物理学有以下贡献．

---

　　① 月上弦或下弦时，月地连线与日光射往月球的侧向垂直．又可量出地球对日和月所夹的张角，因此可算出日、地、月三者距离之比．

　　② 列宁．哲学笔记［M］．北京：人民出版社，1956：415．

（1）他首先把"自然"作为客观存在对象加以科学的研究与分类，并把科学分为理论科学（"即数学、物理学和我们可称之为神学的那门科学"），实务科学（政治学、伦理学、修辞学、战略学等）以及生产科学（"制造性"的知识），认为物理学"以本身包含运动和静止的根源的那种本体为对象"，研究"那些容许被推动的东西"①即一切无生命界的组成和运动。但他的物理学实际上只是研究物质抽象的组成（所谓"本体"与"形式"），并且首先着重去探索运动的原因和各种现象的目的，因而这种"物理学"只能是在日常观察和经验基础上着重推理的自然哲学。φυσικ（"物理学"）源于φυσζ（"自然"），可以说是他或他的弟子最早命名的，他与物理学有关的著作有《物理学》《后物理学》（即形而上学，metaphysics，编于《物理学》一书之后），《天论》《分析后篇》《起源和衰灭》《气象学》等，还有一本《力学问题》，据考证是他弟子的伪作。无论如何，在物理学由其他科学中逐步分立出来方面，他走了最早的一步。

（2）在物理学的研究方法上，他强调了逻辑学与数学的作用，他本来就是形式逻辑学（归纳、演绎、三段论法等）的创始人，对于科学来说，他特别强调了在观察物质世界的基础上以数学为模型建立严格的逻辑证明体系，因此他是科学证明法在历史上的第一个提倡者。柏拉图学园特别注意辩证法（即论辩）和数学，但是把数学放在第二位，作为是预备及附属性的。亚里士多德则把次序颠倒，他认为数学对于任何一种成体系的科学都是可用的模式；任何科学的模式都应该是一种公理体系，即由少数几个公设、公理推出一系列命题或原理、定理，而科学的目的，正是要认识事实所依赖的必然原因。尽管如此，他的科学方法论的基础当时却只限于对物质世界日常的粗浅观察或直觉经验，这是他的根本弱点。他强调建立物理理论的原则是"必须从我们最熟悉的事物开始"（《物理学》第一卷第一章184a页）科学一经建立在日常经验上，仿佛就可以从"自行解释开始推论演绎下去，形成独立的科学体系。"据此，亚里士多德引入了几条错误的用数学表达的比例定律，来解释日常的直觉观察，这在当时应该说还是人们认识自然过程中从定性逐步转到定量的一个进步。当然这是极粗糙的（客观原因是当时量具比较简陋）。他认为自然必须服从简单的比例法则，而且数学可以直接解释物理现象。他的主要的两条比例定律是：

①强迫运动定律（《物理学》第七卷第五章250a页）。他对一些无技术经验的听众提出驮马或纤夫拉力的比较结果：设动力为 α，运动物体为 β，经过距离为 γ，发生位移的时间为 δ，则同一动力 α 在同一时间内将使 $\frac{1}{2}\beta$ 移动二倍 γ 距离，或在 $\frac{1}{2}\delta$ 内使 $\frac{1}{2}\beta$ 移动距离 γ，因为这样就可以看到比例定律（for thus the rules of proportion will be observed）。他还加了一个条件：小力不能移动大物，"否则一个人就可以使一条大船启动"，这个定律的推论是力和速度成正比。

值得注意的是，后来有的注释曾辩解说，当时他用的动力"dynamics"（动力）与其他"force"（力）、"power"（功率）、"ability"（能力）、"strength"（强度）等都是同义语，

---

① Robert Maynard Hutchins, Mortimer Jerome Adler. The works of Aristotle：Volume 1[M]. Encyclopaedia Britannica，1952：1025a—1025b.

经常混用，如果把上面的比例定律中的"动力"了解为后来的"功"或"功率"，则上述用习惯方式比较纤夫与驮马力量强度所得的定律就是对的（那时的加速阶段一般可以忽略）．这只能说是事后诸葛亮，并不能掩盖亚里士多德的经验定律缺乏正确科学概念的事实．

②落体定律．伽利略在《关于两大体系的对话》中利用辛普利邱与萨尔瓦蒂的交谈转引了亚里士多德《物理学》第四卷第八章 215a 页上的一段有名的话："我们看见一个已知重物或物体比另一个快有两个原因：或者由于穿过的介质不同（如在水中、土中或气中），或者，其他情况相同，只是由于各种运动物体的重量或轻量不同."（所谓"其他情况相同"在同章中亚里士多德说明"形状不同"即"分开介质的因素相同,"在《天论》第四卷第一章 308a 页则指出"体积相同时，轻者下落速度被超过."）亚里士多德分别把上述论点变为比例定律："物体下落的时间与重量成正比，例如一物重量是另物的两倍，则在同一下落运动中，只用一半时间"（《天论》第一卷第六章 274a 页）."如水二倍密于空气，则同一运动物体在水中运动时要耗费二倍时间"（《物理学》第四卷第八章 215a 页）．写成公式就是

$$V \propto \frac{W}{R} \frac{\text{重量}}{(\text{阻力或介质密度})}$$

这个公式曾使伽利略在最初考察落体定律时对物体密度与介质密度之差作了不少考虑与试验，也引起不少科学家对这一比例定律进行了两千年的争论．在 Cajori 著《物理学史》中文版第 5 页提到，1914 年有人提出亚里士多德所说的下落速度是指在介质中下落时物体的"收尾速度"（这时阻力与重力相等），若设阻力又与速度成正比，显然当两球体积相等时下落的收尾速度与重量成正比，例如雨点冰雹等，牛顿在《原理》第二编中对此也作过研究．但这也挽救不了亚里士多德在比例定律中观察过于肤浅、却企图将结论普遍适用的谬误．

此外，亚里士多德从物质与空间的连续性出发，否认有真空的存在，他在《物理学》第四卷第七、八、九章中分别就"离开物体不可能有真空（虚空）"，"物体占据处不可能有真空"，"物体内不可能有真空"来进行阐述．他还举出了地球是圆形的两类证明，一类是月蚀中的地影和旅游者由北向南看见星座的出现与消失，这是经验式的归纳；另一类是他的演绎证明：地球各部分都因天然运动涌向中心，因此只能是球形（参见《天论》第二卷十四章，297a～298a 页），他还用同法证明水面是球面．他在《气象学》例如第三卷第四章中分析过虹霓与晕，还讲过人的视觉问题．在 Cajori《物理学史》中，记载了亚里士多德观察过露只在晴寂的夜晚形成，研究过管长与声音的关系等．

亚里士多德物理学关于运动或力学的一般结论，还有许多与其哲学论点有关的谬误，如天体运动是圆形的，完善的，无始无终的，地上运动分天然运动与强迫运动．天然运动依赖物的质料（以土水气火为符号）．为寻求天然位置，土多的重物向地心降落快等．对于亚里士多德对物理学发展的历史功过，应该实事求是加以分析．从科学发展的历史长河看，错误的理论比没有任何理论好得多．亚里士多德的历史功绩正是第一次提出一整套以日常观察为基础、带着自然哲学框架、充满错误符号系统的物理学理论，供后人评说．在亚里士多德以后，希洛、阿基米德、托勒密等发展了他未加

重视的经验的实验方法，欧几里得发展了几何学的严密逻辑体系，这就为后来文艺复兴及科学的诞生作了科学内部的某些准备，(这种科学内部的准备，恰好是我国古代所缺乏的)由于僧侣主义对他的吹捧与神化，一度扼杀了西方对物质机械运动的认识进程，这一进程终于在 16、17 世纪得到恢复与发展，根本上纠正了亚里士多德的错误.

2.2.2 阿基米德物理学

古代力学主要研究举高、搬运、简单机械、建筑结构平衡等问题，力学(Mechanice)，古语原意是"巧计"或"机智"，亚里士多德的学生写过一本《力学问题》，亚本人提出过问题："很大的重物怎么被很小的力移动？"

力学的基础不在哲学，而在生产技术. 在公元前 3 世纪到公元后 5 世纪的希腊罗马时期，已经有了水车、弩炮(图 2-6)、自动水钟、灭火唧筒、虹吸管等，造船、建筑和兵器业等已较发达，在上述《力学问题》(共 36 章)中就描写和说明了许多机械装置(如桨、舵、帆、绞车、投石器、桔槔等).

图 2-6　投石器——弩炮(可将 500 千克重石射出 500 米左右)

阿基米德(Archimedes，约公元前 287—前 212，图 2-7)是把技术实践和严密的数学(欧几里得几何)推理结合起来进行静力学系统研究的第一人. 他创造了螺旋提水器(图 2-8)，制造过测量太阳外表直径的仪器(测出值 $33'$，近代值为 $31'52''$)、天球仪，写过《天球仪的制造》《杠杆》等书，均已失传. 他制造过许多兵工器械，协助大败罗马军队，守城两年之久. 他在数学上有许多成就，如算出过 $3\frac{10}{71} < \pi < 3\frac{1}{7}$，找出球面，扇形体积的穷举计算法等. 他还证明正圆柱内所切球体与圆柱体积之比为 $2 : 3$，这成了他墓碑上的图案.

图 2-7　阿基米德

阿基米德在物理学上的主要贡献是从数学上证明了有关静力学方面的基本定律：杠杆定律的数学证明，重心的概念及各种形状物体重心的求法，阿基米德浮体定律. 这些都是与造船、建筑和兵工技术紧密有关的静力学问题. 这实际上是预示了一条科学发展的正确道路.

图 2-8　阿基米德螺旋提水器

1. 杠杆定律的证明

杠杆定律是一条经验定律.《力学问题》中曾经描述如下："被动重物与主动重物（重量）之比，等于臂长的反比，因为凡一物离杠杆支点越远，它就越易运动."[1]阿基米德首先从数学上应用几何学的证明方法对此加以论证.[2] 他先提出七条公理（包括等重重物在等臂处平衡；不同臂时长臂占上风；等重重物平衡后一方附加重物者将占上风；等重及相似物体可用其重心相互代替等）及几条推论（若干物的重心可由一个重心代替等），然后证明下述杠杆定律：

"可通约的两个重量，若反比于它们到支点的距离，将彼此平衡."

他的证明可大致综述如下（图 2-9）.

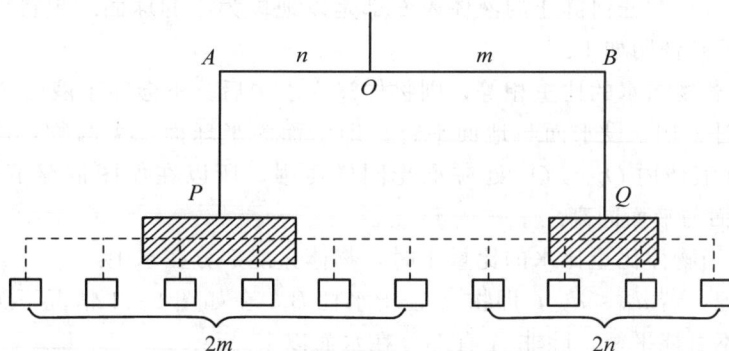

图 2-9

设二重量 P、Q 可通约，即 $P/Q=m/n$（m、n 为正数）

将 P，Q 分为 $2m$ 及 $2n$ 个等分，并等间隔地悬挂在无重量的梁上，根据公理，这时 O 为梁的中点，故应平衡. 将替代物 P 挂在 $2m$ 个小重物部分的重心处，将 Q 挂在 $2n$ 个小物部分的重心处，仍应保持平衡. 这时

---

① 转引自 H. A. Моисеев, Ощерки Развития Механики, Стр. зиз. МГу. 1961. и

② 《Архимел, Сощинения》, Физматтиз, 1962, Б, А, Розенфелъд 译自阿拉伯文，272—276 页,《论平面形状的平衡或平面形状的重心》.

$$OA = n, \quad OB = m$$

所以

$$\frac{OA}{OB} = \frac{n}{m} = \frac{Q}{P}$$

接着他又进一步证明："若两个重量不可相约，它们相互平衡时也准确地位于与重量成反比的臂长处."这是历史上第一次用数学方法给出杠杆定律的精确证明.

2. 重心

他引入了重心的定义[①]，并用于求出各种简单物体、平面及浮体的重心与平衡问题，在他的《论平面形状的平衡或重心》一书中，他论述了三角形、平行四边形、梯形、抛物线截面等的重心求法，特别值得注意的是，他首次利用重心概念将许多二次曲线截面面积问题化为平面直线图形问题加以解决，即利用物理原理解决数学问题.

3. 阿基米德浮体定律

众所周知的传说是阿基米德为国王 Heiro（公元前 308—前 216）鉴定皇冠的纯金成分时，发现浮体排出水重与物体入水后减轻的重量相同. 但应该看到阿基米德当时所在的叙拉古（Syracuse，即今西西里亚）岛是地中海的港口及造船城市，作为工程师、数学家与力学家的阿基米德绝不是仅仅奉命研究黄金、皇冠问题，从他关于浮体定律的文献中看到，他用数学广泛而严格地研究了各种形状物体的浮沉条件和稳定原理，即把许多具体技术问题抽象为物理问题.

阿基米德《论浮体》一开始就把液体特性定义为"位于同一水平的相邻粒子互相挤压，受压较少的粒子被受压较多的粒子挤压，个别粒子受整个液体的垂直挤压". 因而在"命题二"中提出："任何静止的液体表面都是以地球为心的球面."现将他的其余两条命题摘引并介绍其证明如下.[②]

"命题三：若物与水的比重相等，则物体浸入水中后，不会高于液面."

证明：如图 2-10，设水面与地面平行，即水面为半球面，A 为物，B 为液柱，当 $d_{物} = d_{水}$ 时，在液体内 O_x 与 O_p 处应承受同样压强，所以在如图情况下不可能平衡，除非 A 的上表面与液面同高.

"命题四，当物体比重比水的比重小时，物体只能部分在水中."

与上题同理，若 $d_{物} < d_{水}$，即物 A 轻于水柱 B，在如图 2-11 情况下为使 O_x 与 O_p 受同样压强，不可能平衡，除非 A 有部分在水面以上.

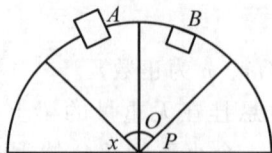

图 2-10

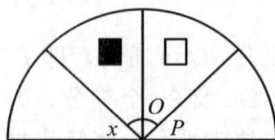

图 2-11

①　参见 П. С. Кудрявчев，《Курс История Физики》1982，《Лросвсщение》，стр. 32.

②　均见《Архмед，Сочинения》，328—330 页.《论浮体》.

　　这些证明很巧妙、严格，也很简单，与亚里士多德"轻者天然向上"相反，主张轻重物体都受重力，后人的证明没有超过他的．

　　阿基米德在"命题六"中提出："用力将比液体轻的物体按入该液体后将受到一个向上的力，其大小等于与该物体同体积的液体超过物体的重量．"在"命题七"中提出："比液体重的物体放入液体时将下沉到底，在液体内所减轻的重量等于同体积的液重．"这就是现代形式的浮体定律．他还在《论浮体》的上下卷各章中严格而详尽地分析了球形、抛物线形体（船形体）等各种物体在液体中的浮沉条件．阿基米德的著作，对后来西欧科学发展的道路起了重要的启示作用．

2.3　西方中世纪简况

　　欧洲大部分地区的封建主义，大体从公元 5—17 世纪为止，主要形式是自然经济为主的各种封建城堡和公国．又可以分为三个阶段．

　　(1)5—11 世纪，中世纪早期，欧洲文明衰退（罗马奴隶制崩溃，北方日耳曼人入侵，基督教及后来演变为西罗马天主教及东希腊正教的统治）．东方各国这时做出重大贡献．

　　(2)11—15 世纪，中世纪后期，欧洲科学文化开始复苏．

　　(3)15—16 世纪，文艺复兴时期，科学革命的开始．（见第 3 章）

　　最早由教会神父们制定的基督教条及其辩护词叫作"教父哲学，"后来在教会学院里讲习基督教哲学，这就是所谓经院哲学．

　　经院哲学用柏拉图、亚里士多德的哲学为基督教义进行论证，加以神化，而以圣徒阿奎那(Thomas Aguinas)集诠释亚里士多德著作之大成．

　　中世纪后期（从 11 世纪末开始），手工业逐渐发展．12 世纪起，西欧开始通过阿拉伯人了解到被埋葬的古希腊文化，大量翻译这些著作．巴黎大学(1160)、牛津大学(1167)、剑桥大学(1209)开始建立起来，尽管其中主要仍是训练僧侣和讲授经院哲学．新的思想及对生产技术的兴趣开始出现．

第2篇 经典物理学的建立

第3章 资本主义萌芽时期的科学革命——建立日心说的斗争

3.1 欧洲近代科学诞生的社会条件

3.1.1 科学革命

从15世纪后半期开始,由于封建社会内部资本主义方式的萌芽与发展,引起了社会的大变动和自然科学的革命.

资本主义萌芽时期的自然科学革命之所以发生在西欧,有它的社会物质条件和精神文明条件.

从中世纪末期即11、12世纪后,欧洲社会生产力开始迅速发展,到15世纪时,农业耕作方法得到改进,水力风力普遍使用,以简单机械为基础的各式水轮起重机、矿井中的抽水机、水力风力发动机、纱车织布机等相继出现,特别是火药、指南针、纸、印刷术、贯轴舵等由中国经蒙古或阿拉伯人传入,促成了野战炮、海船的兴建与文化的复兴普及. 英国哲学家F. 培根曾经盛赞印刷术、火药和指南针的作用说:"这三种东西曾改变了整个世界的面貌和事物的状况,第一种在文学上,第二种在战争中,第三种在航海上. 从那里接着产生了无数的变化,变化是如此之大,以致没有一个帝国,没有一个学派,没有一颗星星能比这三种机械的发明在人类事业中产生更大的力量和影响."哥伦布(1492)发现美洲及麦哲伦(1522)环游世界的成功,证明了地圆说并大大开辟了资本主义的活动场所,资本主义手工业工场迅速兴起. 国王政权依靠农民、工人、资产阶级等,打垮了封建贵族. 建立了实质上以民族为基础的君主国,造成了近代欧洲资本主义和资产阶级国家发展的良机.

生产的发展及资产阶级对生产技术的兴趣,为科学的发展创造了极好的社会物质条件,一方面,生产为科学提供了观察材料和实验手段,"真正有系统的实验科学这时才第一次成为可能";另一方面,社会生产不断提出需要和任务,如航海用的准确星表,战争中的弹道学问题等. 此外,西欧中欧各国相互之间的政治经济联系日益密切.不像过去那样只是在希腊和意大利独立发展. 这些都为文化交流与科学的发展创造了良好的社会物质条件.

从社会精神文明方面看,出现了以文艺复兴和宗教改革为标志的思想解放运动.新生的资产阶级从阿拉伯世界及其他各地找回了中世纪消失了一千多年的希腊罗马古籍抄本,从中发现了古典文化的辉煌成果特别是自由探讨精神,其中有许多可以用来作为反对封建统治和天主教会的武器. 出现了但丁的《神曲》,米开朗琪罗的雕塑,莎士比亚、塞万提斯等伟大的艺术家、文学家,这就是作为从封建社会到资本主义过渡时期的文艺复兴(14—17 世纪). 与此同时,在农民战争的推动下,席卷全欧的宗教改革运动摧毁了教会的精神独裁,人们要求思想自由,科学要求摆脱"神学的婢女"的那种附庸地位,反对迷信和权威. 新生的资产阶级推动整个社会都来关心与尊重科学,所有这些,都为资本主义萌芽时期的科学革命准备了必要的条件.

3.1.2 最初的代表人物

1. 罗吉尔·培根(Roger Bacon,1214—1294)

他本是英国牛津大学僧侣,但却揭竿而起,反对经院哲学. 他认为,进行实验胜过思辨,"证明前人说法的唯一方法只有观察和实验,"他本人就仔细进行实验,发现了反射光引起的球差. 由于公然怀疑旧约全书,他在修道院监狱中度过了 20 多年直到去世.

2. 列奥纳多·达·芬奇(Leonado Da Vinci,1452—1519)

生于意大利工商业文化中心佛罗伦萨附近的芬奇城. 他的现实主义艺术奠基于数学、透视、解剖、光学知识(例如双眼效应、介质透明度对颜色的影响、光照阴影等). 他的名画《蒙娜丽莎》,据说仔细观察可以看到血管里的血在流动. 他用深刻的观察和丰富的想象力探求几乎所有各个知识领域:数学、力学、天文、地质、工程、动植物与人体生理等等. 在传统知识和工程经验的基础上,他坚持运用实验来进行各种力学研究,例如,他第一次企图测定摩擦系数;通过观察金属加工与雕刻,研究"冲击"过程;首先提出"重物是向地球中心下落的,并且落下的道路最近". 在他的笔记中,后人还发现了对杠杆定律的证明,提出运动合成的概念以研究抛射体轨迹,做过种种实验(如鸟尾的作用,染色水的流动,材料强度等),构思过许多机械设计(如飞机、降落伞、坦克、大炮、汽车……),可惜当时他的七千页笔记都没有发表,19 世纪后期才开始整理出版散失在伦敦、巴黎、米兰等地的手稿.

达·芬奇的主要影响是在科学态度和方法方面. 在关于科学方法的注释中,他写道:"在研究一个科学问题时,我首先安排几种实验,我的目的是根据经验来决定问题,然后指出为什么物体在什么原因下会有这样的效应,这是一切从事研究自然界现象所必须遵循的方法."

"实验在任何情况下都是我的老师"."科学是船长,实践是水手,""智慧是经验的女儿","在科学中,凡是用不上任何一种数学的地方,凡是和数学没有联系的地方,都是不确切的".

他对于知识的追求对后人是极大的鼓舞,他曾说:"实际上,伟大的爱产生于对所爱事物的伟大知识."他提倡用意大利语言而不是拉丁文写笔记,并说:"祖国语言中有足够我运用的字,应当抱怨的不是缺乏字,而是缺乏对事物的恰当概念,有了它们就可以更好地表述自己的思想."总之,达·芬奇是最能代表文艺复兴精神的巨人.

3.2　哥白尼和日心体系

3.2.1　哥白尼所面临的问题

古代的天文学,既是人们对天体与地球相对运动现象的系统描述(用以预报季节、气象、方向甚至人间祸福),又是人们对一般运动的认识(运动学和力学)的反映,这两者都受着教会圣经和亚里士多德追随者的严重束缚,不许越雷池一步,谁敢反对圣经和亚里士多德模式的地心体系,谁就是自取灭亡.

托勒密的著作《天文学大全》中专门解释,为什么不能承认地球可以运动.他说:"如果地球在动,它怎能保持地上物体停留在地面上不动呢?地上物体并没有都牢牢固结在地上".亚里士多德说过,任何重物必然力求保持不动.地球一动,地面上物体岂不就会纷纷滑动吗?既然看不到滑动,就只能说明地球不动.

因此,天文学上的行星体系问题,就成了科学摆脱神学而独立形成新的宇宙观体系的关键,也是正确地描述运动现象和建立正确的物理理论所必须首先解决的问题.要找到真理,还要有敢于说出真理的勇士,因而哥白尼的《天体运行论》就成了"自然科学的独立宣言"(恩格斯).

3.2.2　哥白尼生平简介

哥白尼(Nicolaus Copernicus,1473—1543,图 3-1)1473 年生于波兰北部的托洛尼,先在克拉可夫大学后到意大利学习,1513 年回国,任波罗的海弗洛恩堡大教堂的牧师,1515 年写了一篇《浅说》,以后经多次修改于 1543 年临死前才看到《天体运行论》一书的清样,他继承了前人的成果,经过坚持不懈的多年亲自观测与思考和 36 年的修改才写成这本书.

图 3-1　哥白尼

为什么他的书没有遭到立即查禁的厄运?这还是科学史家的讨论题目.据说后来负责出版《天体运行论》的神学家奥西安德尔(A. Osiander)擅自加了一篇未署名的序《关于著作的假说告读者》,声明"这本书不能代表一种科学的事实,只是一种游戏似的幻想".后来到 19 世纪在布拉格一家图书馆中才发现原稿的真相.这可能是教会没有立即采取行动的原因之一.

3.2.3　日心说

1. 天文学的基本问题和东西天文学的不同重点

天文学是观察和记载天象、描述天体运动、探索规律并预测其位置以便于制定历法、辨明方位的一门最早的学科.

在天象的观测与记录方面，任何一个古老的国家与地区都积累了丰富的材料，精确性方面是十分惊人的．（包括日、月、星辰的运行及异常天象如日、月食，太阳黑子、彗星等）．

中国的天文学，重点是由帝王钦订历法，特别注意日月运行、季节与农时、日月食预测等，从黄帝历起到太平天国"天历"一共有 102 种历法，由于地球绕日公转周期是 365.2422 个"平均太阳日"，月绕地一周是 29.53059"平均太阳日"，即年月日都不能用任何循环小数来表示．为了协调年月日的安排与实际的天象季节，古人花了大量心血．与此有关的是中国的数算(代数)、速算法、算盘等得到较大的发展．

古希腊人注重航海，他们更重于通过严密的推理来探究行星运行的几何规律及预测方位．相反对历法不重视．公元 1 世纪罗马凯撒大帝(Julius Caeser)才改订历法称儒略历．如何描述天体的运动，采用何种几何图像加以预测，以利于航海和商业活动，是他们关心的基本问题．我们知道，描述运动同时也是物理学研究物体运动的首要课题．

亚里士多德认为一切运动都是相对于地面而发生的，即地球是绝对静止的．用这种观点来描述行星的运动时，发现地球不在"圆运动"的圆心上，而且行星有无法解释的忽快、忽慢、逆行、停留等现象，这就破坏了天体的"和谐"原则．托勒密学说通过 80 个圆周的复杂组合，提供了以后相当实用的星表(Alphons星表，13 世纪)．

我国古代观察天象是以北极星为轴的天赤道参照系．从现代来讲是一种最好的惯性参照系，但对天地行星的构成图案却不大研究，有所谓"盖天说""浑天说""宣夜说"，认为"日月众星，自然浮生虚空之中，其行其止皆须气焉"(《晋书·天文志》)．但后人没有进一步研究．西晋张华在哥白尼前一千多年提出："大地斡运，天回地游"(《励志诗》)．这种天地相对运动的正确观点可惜没得到进一步发展．

2. 哥白尼创立"日心说"的根据

哥白尼曾经这样描述自己的思考过程："我对传统数学在研究各个天体运动中的可疑之处思索了很长时间以后，对于哲学家们不能对……宇宙机构提出正确的理论而感到气愤，……因此我不辞辛苦重读了我所能得到的哲学著作，看看在各天球运动方面有没有跟数学学派不同的假说……"[1]结果他发现了一些希腊早期的不同著作．（他不敢直接提出受控告的阿利斯塔克著作，而是提到西塞罗、海亚塔斯等人.）"这就启发了我也开始考虑地球的运动."

哥白尼通过长期观测和大量计算，认为地心说过于烦琐复杂．地动日心说可以一举解决许多难题．他的根据可以大体归纳如下．

(1)天体运行是有固定周期的重复现象，"只有圆周与圆周的组合才能使过去重返而得到重复"．

(2)应该把真运动与视运动分开．他说："为什么不承认天穹的周日旋转是一种视运动，实际上是地球运动的反映呢？正如维尔吉尔的史诗中艾尼斯的名言：'我们离港向前航行，陆地和城市后退了.'因为船只静静地驰去，实际上是船动，而船里的人都

---

① 哥白尼. 天体运行论[M]. 北京：科学出版社，1973：4.

觉得自己是静止的,船外的东西好像却在动.由此可以想象,地球运动时,地球上的人也似乎觉得整个宇宙在转动."①

(3)如果整个天穹都在无例外地绕天极旋转,地球是宇宙微小的一个分子,也必然和天穹一起转动,但若真是这样地和天一起运动,就不会观察到昼夜交替和星辰出没,所以唯一的办法是把运动归于地球而不是天空中的万物,不必让庞大的天穹在昼夜绕小小的地球一周.

(4)地球有自转、公转和地轴回转(章动)三种运动,以日为心,使各行星的周日与周年运动都统一自西向东旋转,避免了天象的混乱,数学上大为简化.否则,每个行星都要在自身运动之外再加上这三种运动,形成过去复杂的"偏心轮"和 80 个辅助圆周.现在辅助圆周成为 34 个("均轮"与"本轮"仍部分保留).结果精确度与托勒密地心体系一样,误差在 1% 以内,人们对数学计算的简化能更好地说明"上帝有不多用一个轮子的技巧".

(5)更合理地解释行星的逆行现象.例如图 3-2,从地球 E 看去,金星(P)处在与太阳(S)形成最大的角距离(α)以后,就会看到金星(P)有一段逆行.通过这一办法可以简单而比较准确地测出行星-太阳与地球-太阳的相对距离.例如金星 $\alpha=48°$,水星 $\alpha=28°$ 于是 $SP=SE\sin\alpha$.设 SE 为 1,则 $SP=\sin\alpha$.由此,哥白尼测出下列一系列数值:

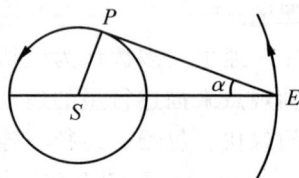

图 3-2

项目	项目	水星	金星	地球	火星	木星	土星
公转周期	哥	88 天	224 天	1 年	687 天	11.80 年	29.5 年
	现代值	87.97 天	224.7 天	1 年	686.98 天	11.80 年	29.46 年
对日距离	哥	0.376 3	0.719 3	1.000 0	1.519	5.219 2	9.174 2
	现代值	0.387 1	0.723 3	1.000 0	1.523 7	5.202 8	9.538 9

这样就组成了一个很好的"不可改变的太阳序列".

3. 哥白尼体系中存在的问题

(1)还缺乏充分的物理根据及新的观测或实验事实.
(2)地球运动时应能观测到恒星有周年视差,但直到当时仍未观测到.
(3)从动力学原理上还不能回答"地球会不会崩裂,鸟儿为什么不落在后面"之类问题.

4. 巨大的影响

哥白尼勇敢地向神学打出了第一枪,虽然还有些犹豫.他在卷首一封致教皇保罗三世的信中表示:"假如有一些无聊的人,尽管他们对数学毫无所知,但却认为有权对这些事情加以评论.并且如果他们胆敢根据自己的目的而歪曲圣经上的某一段来批评我这个学说,我根本不去理会,我将甚至鄙视他们的评论,认为那是愚昧无知的."

---

① 哥白尼.天体运行论[M].北京:科学出版社,1973:24.

　　歌德说："哥白尼学说撼动人类意识之深，自古以来无一种创见、无一种发明可与伦比，当大地是球形被哥伦布证实以后不久，地球为宇宙主宰尊号也被剥夺了，自古以来没有这样天翻地覆地把人类意识倒转来过，如果地球不是宇宙中心，无数古人相信的事将成为一场空事，谁还相信伊甸的乐园、赞美诗的歌颂和宗教的故事呢？"①

　　天主教会一旦惊醒过来就在 1600 年把热烈赞扬哥白尼学说的布诺鲁（Giordano Bruno，1548—1600)烧死在罗马鲜花广场，并把哥白尼的书列为禁书．科学纪元在一场血与火的尖锐斗争中到来了．

3.3　天文学的新成就——开普勒行星运动三定律

3.3.1　科学方法论的探索

　　哥白尼的重大历史功绩是首先冲破了教会神权统治的罗网，开创了人类在宇宙观上的根本变革．人们不再盲从神圣的教条，开始用文艺复兴所复活的自由探索精神去重新认识自然界的一切运动现象．但是，新科学的建立应该走什么道路呢？对此，哲学家从理论上进行着科学方法论的探索，其代表人物是培根（Francis Bacon，1561—1626)和后来的笛卡儿（Rene Descartes，1596—1650）；作为当时科学先驱的天文学家和力学家们，则从实践上作出了光辉的榜样．

　　培根分析了当时存在的两种倾向：①学术传统贫乏，"一旦和培育它成长的经验隔离，哲学就变成僵死的东西"；②工匠传统日积月累，新发明新知识不断涌现，"一旦有经验的人学会读书写字，就可能有更好的东西出现."这两种传统的结合亦即"经验和理性的真正合法的婚配"，"将导致一系列和一大堆的发明."他特别强调实验的作用，认为工匠的操作方法对自然界事物起着主动的作用并具有实验的性质，当它们使自然起变化时，便把自然界隐藏的方面显露出来，"正如在社会中每一个人的能力总是最容易在动荡的情况下……发挥出来一样."所以培根的科学方法实际上是以实验定性和归纳法为主，用归纳方法在事实的百科全书基础上牢固地建立一座科学理论的金字塔．为此，他提出过进行实验操作和建立科学院等建议．

3.3.2　第谷的观测

　　在存在着托勒密和哥白尼两大体系的情况下，出现了天文观测大师第谷·布拉赫（Tyeho Brahe，1546—1601）．他经过 20 多年系统的精密观测，积累了大量的珍贵资料，把过去星表中的各种错误一一纠正过来，他发现和培养了继续进行资料整理分析和数学概括的开普勒．积累、核对和分析资料，这是天文学和一切新兴自然科学开始发展的首要基础．

　　为什么第谷一生乐于进行这样辛勤大量的奠基性工作？首先由于他对于精确观测的强烈爱好，13 岁时作为哥本哈根大学生的第谷，就对 1560 年 8 月 21 日的日食预报

---

　　①　陈自悟．从哥白尼到牛顿[M]．北京：科学普及出版社，1980：38．

如此准确而着迷. 他在钻研托勒密《天文学大全》等的同时, 又曾连续 16 个月观察 1572 年 11 月 11 日在每晚出现的光亮与木星相近的新星(后命名为"第谷星"). 1576 年, 他被聘为皇室天文学家. 丹麦国王腓德热二世拨给他一个霍恩(Huen)小岛. 在那里建立了一个当时最大的乌尼堡(Uraniberg)天文台, 他的观测以精确和系统为特点, 误差一般(还没有望远镜)不超过 0.5 角分(最多的 2 角分), 达到了当时欧洲天文学家肉眼观测的极限(比哥白尼的准确 20 倍). 他十分注意改进仪器和找出误差原因(如确定大气折射对观测引起的改正量). 他说:"我的看法是不必引用权威, 而是靠清晰的判断和正确的结论, 宁可建立在自己的经验上, 而不是建立在某人的权威上."由于后任丹麦国王停止支持, 他又在布拉格王鲁道夫二世(Rudolph Ⅱ)支持下, 在 1599 年在邦拉基堡天文台继续观测工作. 他的观测证明哥白尼的轨道只是大致接近于正圆. 他对彗星及新星的观测打破了恒星行星有固定天层和"天道不变"的滥调. 他的理论体系主张行星绕日, 日绕地, 是调和派.

3.3.3　开普勒生平简介

开普勒(Johanes Kepler, 1571—1630), 德国人, 1589 年在图比根(Tübingen)大学学神学, 受到天文学家马斯特林(Michel Maestlin)的影响, 熟悉了哥白尼体系, 1594 年毕业后任林芝(Linz)区数学教师并在格拉兹(Gratz)的一所教会中学任教. 他开始于研究六大行星轨道半径与五个正多面体的几何模型, 认为土、木、火、地、金、水各星轨道之间是按正 6、4、12、20、8 面体的内接外切关系安排的, 1597 年(26 岁)发表《神秘的宇宙》描述这一结果, 引起了第谷的注意, 1600 年被聘为第谷助手, 开始从确定火星的轨道入手整理第谷的大量资料. 在利用均匀速率及偏心轮体系计算火星轨道时他发现理论计算仍有 8′误差, 他认为第谷的观测精度在 2′以内, 必须忠实于这些大量数据并找出其中隐蔽的数学关系. 后来他说:"就是这 8′误差为改造全部天文学铺平了道路."终于在 1609 年在《探索成因的新天文学或体物理学》一书中发表了第一与第二定律(椭圆轨道定律及等面积定律)1619 年在《宇宙的和谐》中发表了第三定律(周期定律), 1627 年完成鲁道夫星表(1005 颗星的位置), 1604 年 9 月 30 日观察到一颗超新星的爆炸(被称为开普勒新星, 我国《明史》27 卷也有记录), 在天文计算中他还使用了对数.

开普勒一生贫病交加, 又值中欧各国战乱不已, 他做了 30 年教师只领到八个月工资, 最后病死于索债途中. 黑格尔说:"开普勒是被德国饿死的."但他艰苦卓绝的治学精神奠定了日心说胜利的基础, 他的简洁明确的数学形式所表达的物理定律, 为用地上力学来解释天体运动规律亦即经典力学的建立, 立下了不可磨灭的功勋.

3.3.4　开普勒三定律

如何从浩若烟海的数据海洋中发现其数学规律? 这是摆在开普勒面前的难题. 要对行星进行运动学描述, 首先要解决选择最佳参照系以及有关的哲学或神学原则问题. 对此哥白尼已经作了勇敢抉择, 但除使太阳系行星轨道的生成圆由 80 减为 34 个外, 还没有其他明显优越性. 开普勒勇敢地否定了天体"匀速""圆周"运动的传统观念, 并且从头来研究如何从地心观测坐标系转换到日心坐标系的巧妙方法.

1. 第二定律

开普勒在研究火星轨道中发现,因为火星是在地球上观察的,所以必须首先正确地确定地球轨道的形状. 但这时如果以太阳为心,以恒星为背景,只能得出地绕日的角速度变化规律. 开普勒绝妙地选择了某时刻日、地、火星联成的一条直线作为已知基线(这就是现代意义的坐标极轴),由此计算,当火星绕日一周(687 天)回到原位置(以恒星为背景)时,确定这时地球的位置,如此继续下去,就得出地球的精确轨道(几乎是一个圆,太阳稍偏中心).

再根据一年中每天太阳的表观位置可得到地球沿轨道的速率 v(时间表). 可以看出(图 3-3),地球轨道的夏半周为 187 天,冬半周为 178 天,较短,即速率快(冬至在近日点). 若 R 为地日距离,则得

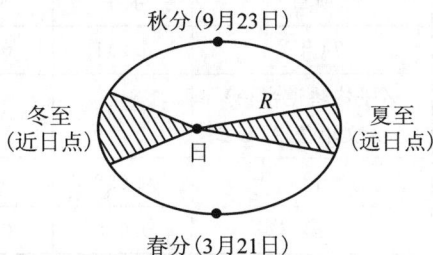

图 3-3　地球轨道

$$v \propto \frac{1}{R}$$

开普勒发现将轨道分为若干小段,则等时间间隔 Δt 内扫过相等的面积.

$$即 \frac{1}{2}(v_\perp \Delta t) \cdot R = \frac{1}{2}(v_\perp' \Delta t) \cdot R'$$

$$或 R_{v_\perp} = R'_{v_\perp'} = K$$

(这其实就是 $r^2 \theta = K$,即角动量守恒定律,表示轨道在一固定平面内). 这样,开普勒就用匀面积速度代替了匀线速度的概念,把这一结果推广到其他行星,就得到开普勒第二定律.

2. 第一定律(椭圆轨道定律)

在求出地球轨道后,他再反过来求火星的精确轨道. 如图 3-4,由于地球与火星 M 公转周期不同,相隔一个火星周年,便有地球的两个不同位置 E_1,E_2,从两个位置上看到的火星后面不同的恒星背景,这两个方向相交就是火星的一个位置. 利用第谷的观测记录,便能画出火星的准确轨道,是一个卵形线.

对于火星的轨道,开普勒用托氏、哥氏和第谷的三种理论去计算圆轨道方程,都没有成功. 他用他发现的上一定律(等面积定律)去计算,即使达到只有 $8'$ 的误差,也难以应用于卵形线,他仍然忠实于第谷的观测数据,继续寻找出路. 经过大量艰苦的

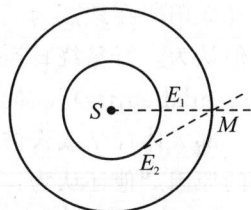

图 3-4　开普勒从地球轨道再求火星轨道的方法

数学计算,他发现,改用椭圆,使太阳为其一焦点,终于得到成功. 由于火星的偏心率为 0.093,是各行星(除水星外)最大的,因此椭圆形状最为明显. 对其他行星这一结论也完全适用.

3. 第三定律(周期定律)

开普勒从年轻时起就确信各行星的轨道与周期间存在着某种联系. 发表第一、第二定律的十年以后, 经过更加艰苦的努力, 开普勒在数字的海洋中提炼出了联系各行星轨道的第三定律.

下面是他得出第三定律的原始数据表.

项目	水星	金星	地球	火星	木星	土星
T(年)	0.241	0.615	1.000	1.881	11.862	29.457
a(平均轨道半径) 天文单位 A.U	0.387	0.723	1.000	1.524	5.203	9.539
T^2	0.058	0.378	1.000	3.54	140.7	867.7
a^3	0.058	0.378	1.000	3.54	140.85	867.98

其实, 如用对数计数, 可立得 $\dfrac{\log T}{\log a} = \dfrac{3}{2}$, 即 $T^2 = a^3$.

开普勒在得出这个结论后写道:"这正是我 16 年以前就强烈希望要探求的东西……为此目的, 我参加了第谷的工作……现在我终于揭露出它的真相, 认识到这一真理, 这是超出我最美好的期望的……我不顾一切热诚满腔为了神圣的理想, 人们原谅我就高兴, 人们发怒我会忍让. 大局已定, 这本书已写好了, 是现代还是后世的人或者 100 年后才有人读, 就像上帝等了 6000 年才有礼赞者一样, 这我就管不着了."

4. 开普勒三定律的意义

开普勒从第谷的准确数据出发, 否定了主观的几何模式和托氏地心体系, 他的第一定律否定了圆形轨道论, 第二定律否定了匀线速运动, 第三定律建立了各行星之间的联系, 他还进一步提出探索行星运动的物理原因问题. 正是因为如此, 使他宁愿选择太阳所在地点为真实焦点, 而抛弃了哥白尼保留下来的假想的空洞无物的本轮中心. 他认为, 行星绕日运动的原因说明"从一个实在的物体发出一种非实在的存在(ensubstantial entity)". 他写道:"我用一部天体哲学或一部天体物理学取代了亚里士多德的一部天体神学或天体形而上学, 从感官所觉察的事物的存在, 去追究事物存在与变化的原因."他还认为:"应当用数字或几何来表达这些物理原因."

开普勒把第谷的庞大数据表转化为一个简单的曲线和数学规律体系, 并且和以后的观测数据在一定的误差范围内很好地符合, 这不但发现了行星的运动学描述规律, 在天文学研究中开辟了新纪元, 而且开辟了物理学中把实验观测数据表达为准确的数学定律的先例.

3.4 伽利略在天文学上的功绩

伽利略的主要功绩之一, 是把哥白尼、开普勒开创的新世界观加以证实和普遍宣传, 并以自己在教廷下的牺牲唤起了人们对日心说的公认.

3.4.1 他为日心学说提供了丰富的天文观测材料

1609 年,他听说荷兰有人制造望远镜的消息后,自制了望远镜,经改进后,垂轴放大率达 32 倍,通过指向天空的观测发现了太阳黑子的周期重复出现(说明太阳自转)、月亮的环形山、金星的周相变化、银河中的无数星星、土星的光环等. 他还发现了木星的卫星(1610 年 1 月 7 日,而我国战国人甘德公元前 364 年已发现过),这是小小的哥氏体系,在他 1610 年出版的《星空信使》一书中详细介绍了这些结果,引起了社会上的极大轰动.

3.4.2 他的《关于托勒密和哥白尼两大世界体系的对话》从理论上论证了日心说的科学基础,给托氏理论以粉碎性的打击

1632 年出版的《关于托勒密和哥白尼两大世界体系的对话》,是以三人辩论形式写出的,伽利略的代言人莎尔维蒂(Salvioti),亚里士多德的注释者辛普利邱(Simplicio),中立而敏锐的沙格列托(Sagredo).

第一天主要证明天体和地球是类似的,批判所谓天地运动自然不同的谬论.

第二天讨论了地球自转会不会引起落体偏西、飞鸟落后、大炮不准、地球散架等现象,因此,伽利略初次阐明惯性定律、运动迭加原理、相对性原理等.

第三天分析地球的周年运动.

第四天是伽利略关于潮汐的理论.

由于伽利略的出色论辩的才能和铁的证据,这场论战席卷了整个社会,不只是天文界和科学界. 教会的残酷镇压使意大利以后两百年没有产生一个大科学家,却使欧洲其他国家的科学随着日心说的胜利和人们思想的解放而蓬蓬勃勃地发展起来.

第 4 章 从伽利略到牛顿—— 经典力学的建立

近代物理学的建立肇始于综合天文学和地上力学两方面的结果,除了前述社会历史条件和这两门科学起源很早、材料较多外,从科学方法上看,还由于这两门科学的研究对象最便于施展人们当时已有的观测、实验、逻辑思维、数学推算等认识手段,从而探索与总结出一整套近代科学方法. 马克思在《资本论》第一版序言中说得好:"物理学是在自然过程表现得最确实、最少受干扰的地方考察自然过程的,或者,如有可能,是在保证过程以其纯粹形态进行的条件下从事实验的."天上的星体正是"最少受干扰"而表现其"纯粹形态"最好的实验室,而地上无机界的位置变动则是物体运动中"最确实"、最简单的形式. 因而经典力学的建立过程,实质上就是实验方法、逻辑思维方法与数学方法的建立和发展的过程.

4.1 伽利略

4.1.1 伽利略以前的物理学成就

伽利略的巨大成就离不开他的前人(包括同时代人)的启发. 一方面是生产中技工或技师的直接经验,例如,意大利冶金工人比林古邱(Biringquecio)1504 年《论火法》,海员诺尔曼(Robert Norman)1581 年《新奇的引力》关于磁的著作. 伽利略自己在《两门新科学》中一开头就叙述威尼斯兵工厂的情境,那里的工匠"一半靠传统的经验,一半靠自己的观察……因为他们不熟悉数学,所以他们不能从理论上发展成果". 伽利略本人对生产仪器和进行表演实验等有很丰富的直接实践经验. 另一方面,他又在前人的学术著作中吸取营养,其中包括阿基米德、吉尔伯特(William Gilbert,1544—1603)《论磁》、F. 培根提倡实验的哲学思想等. 在力学方面,对伽利略有影响的还有以下人物及其工作.

1. 斯蒂文(Simon Stevin,1548—1620)

1587 年他出版《静力学原理》(荷文),突出成就有:

(1)永动机不可能原理和力的平行四边形法则.

他的书上每一篇文章前都画有一张图(图 4-1),一串 14 个相同的圆珠,根据实际经验,应处于平衡状态. 只有在重力有分力的情况下才有"永动"的可能. 既然永动机不可能,类似这图的装置必须平衡,这时去掉下垂的对称部分八颗珠后仍应保持平衡,即得:使两边物体下滑的力不等于重力,二力之比应等于斜面的高与长之比. 他还指出,若三力与一个三角形的对应边平行且成比例,则三力平衡,这就是力的平行四边形法则或三角形法则.

（2）落体实验.

有资料表明，1586 年斯蒂文和德格罗（de Groot）教授在德尔弗（Delft）地方一所二层楼房里做了落体实验，1605 年发表的反对亚里士多德的实验是这样的：让我们拿两个铅球，其中一个比另一个重十倍，把它们从三十呎（英美制长度单位，现今国际统一用英尺表示）的高度同时丢下来，落在一块木板或者什么可以发出清晰响声的东西上面，我们会看出轻铅球并不需要重铅球十倍的时间，而是同时落在木板上，因此它们发出的声音听上去就像一个声音一样.（见梅森著《自然科学史》，141 页）

伽利略可能于 1590 年在比萨斜塔上也做了类似实验，不同的是他作了理论推证.

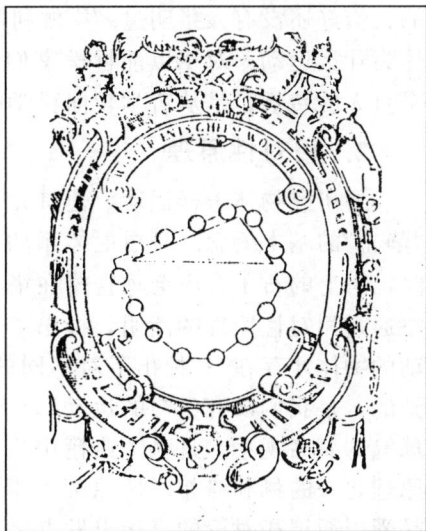

图 4-1　斯蒂文的永动机

2. 塔达格利亚（N. Tartaglia，1506—1557）与班纳得蒂（Benedetti，1350—1590）

前者是自学出身的工程师，后者是帕杜瓦（Padua）大学的教授，在落体实验及抛射体方面对伽利略都有过启发.

正是在前人及同代人实践经验与研究成果的基础上，伽利略对物理学作出了开创性的奠基工作.

4.1.2　伽利略对于经典力学的主要贡献及其科学方法

伽利略对物理学的主要贡献是：①天文学上以望远镜及《两大体系的对话》为代表，给哥白尼体系以决定性的支持；②以《关于力学与位移运动两门新科学的讨论及数学证明》（1638）一书为代表，奠定了经典力学中运动学与动力学的基础；③创建了一整套科学方法，这是无价之宝. 爱因斯坦曾精辟地分析道："常听人说，伽利略之所以成为近代科学之父，是由于他以经验的、实验的方法来代替思维的、演绎的方法. 但我认为，这种理解是经不起严格审查的. ……把经验的态度与演绎的态度截然对立起来，那是错误的，而且也不代表伽利略的思想."[①]也就是说，应该全面认识伽利略所首创的实验、物理思维和数学演绎三者巧妙结合的科学方法.

1. 研究运动从何着手

在《两门新科学》一书的第三章，伽利略通过萨尔维蒂说："现在不是研究自然运动加速的原因的合适时刻，不同的哲学家们对此众说纷纭.""这种加速是怎样发生并扩大

---

① 爱因斯坦. 爱因斯坦文集[M]. 北京：商务印书馆，1976－1979：584－585.

的，恰好还没有人指明过."①伽利略认为，首先要研究物体怎样运动，然后才能研究物体为什么运动. 对于以前哲学家们总是力图首先去从运动的原因着手研究来说，是一个重大的转折，是从哲学转向科学的第一步.

2. 相对性原理

要研究物体怎样运动，他首先遇到的难关是纠正逍遥派弄得混乱不堪的"运动"与"静止"的基本概念. 哥白尼体系的胜利已经把"绝对静止"论打得粉碎，但在地球转动时，塔上的石子会不会垂直落在塔底？向东、西方向射出的炮弹射程是否不同？伽利略通过相对性原理的阐明，提出了运动与静止的相对性："运动只是相对于没有这种运动的物体才存在"；提出了对不同的参照系（物）运动的不同描写问题，"唯一可以观察到的，是我们没有参与的运动"，实际上提出了惯性参照系问题. 他关于大船上苍蝇、球等的著名观察，是科学典籍中生动描述与严格推理相结合的典范. 作为物理学基本原理之一的伽利略相对性原理，不需要任何牛顿式的绝对空间与绝对时间的假设，它是爱因斯坦相对论的直接出发点之一.

3. 对运动的定量描述

伽利略说："自然是一本打开着的大书"，"但是，如果我们不先学会书里的语言，掌握书里的符号，就不能了解它. 这本书是用数学语言写的，符号是三角形、圆形和其他几何图像"，"没有它们，人就只能在黑暗的迷宫里劳而无功地游荡".

伽利略注意了物体性质中可以数量化的可测性质，并把其中的几何量（长短、面积、体积等）发展为物理量.

他第一个用数学方法来分析运动中时间与空间的定量关系. 他定义匀速运动："任意相等的时间间隔内通过相等的距离"，强调"任意"两字，揭露了匀速运动与时间无关的特性，并便于把匀速引申到变速，把平均速度过渡到瞬时速度的概念. 他在《两门新科学》中写道："在每一甚至很小的时间间隔中都包含有大量数目的瞬间，与此相应的是逐渐减小（或增加）的速度的无限多等级."

伽利略对运动学和动力学的突出贡献之一是明确地提出和定义了加速度概念. 他还认为加速运动中最简单的过程是 $v \propto t$ 或 $v \propto s$ 即匀加速运动，因为"自然是教我们在研究各种不同的过程中只去用最一般、最简单、最容易的方法".

取加速度 $\alpha = \frac{\Delta v}{\Delta t}$ 还是 $\frac{\Delta v}{\Delta s}$？在 13、14 世纪，巴黎大学阿勒斯麦（Nicolas Oresme）提出过平均速率定理即 $\bar{v} = \frac{1}{2}(v_0 + v_t)$［他的几何证明如图 4-2 所示］. 他实际上就是用的 v 与 s 的变化来思考的. d_1, d_2 表示末速率，而 $oabcd$ 就表示相等的空间距离. 伽利略先也曾假设 $\alpha = \frac{\Delta v}{\Delta s}$，但随即发现了矛盾：若 $\frac{s_1}{v_1} = t_1$，物体走到 $2s_1$

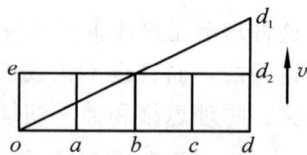

图 4-2 Oresme 平均速度定理

① Galileo. Dialogues concerning two new sciences［M］. Encyclopaedia Britannica，1952：197，202.

时若速度变为 $2v_1$，则 $\dfrac{2s_1}{2v_1}=\dfrac{s_1}{v_1}=t_1$，即 t 丝毫没有增加，这会得出 $t=t_1+t_2$ 时 $t_2=0$ 的荒谬结果[①]！因此他最终选定了 $\alpha=\dfrac{\Delta v}{\Delta t}$.

4. 自由落体定律

伽利略认为自由落体是自然界中匀加速运动的最好典型，后来又把它推广到了斜面、摆、抛射体等．他要"用最新的科学来处理这个很古老的问题"．

他首先精辟地用推理证明了亚里士多德的"落体速度与重量成正比"这一流传了 2000 年的谬论的荒唐；其次假定轻、重物"几乎"同时落地这一观察到的事实，原因是空气阻力有差别．若把阻力认为是可以忽略的次要原因，就找到了研究自然规律最简单易行的理想化方法．从而推证出一系列运动学公式，其中包括便于观察的公式 $s_1:s_2:s_3=t_1^2:t_2^2:t_3^2$．为了在实际观测中便于"冲淡引力"，即延长落地时间，他设计了著名的斜面实验．这个可以精确地重复百次的实验清楚地证明，自由落体与斜面运动确实都是匀加速运动，并证明了他的假设、公式以及理想化方法在实验允许误差范围内是符合实际的、行之有效的．伽利略这种实验方法，不是单纯多做实验验证，而是从明确的物理思想与假设出发，进行数学推证，最后选定典型的实验，以相当的精度来多次进行，最后得出结论．

伽利略总结他的这一方法时说："我先用数字来演算，然后用手和眼来检验，如果得出相同的答案，这个答案一般就是正确的."

康德说："当伽利略让他的一些圆球以他本人选定的重力沿着斜面滚下的时候……对所有科学研究者来说，心中便豁然开朗．只有走向自然，才能受教于自然."这就开辟了一套新的科学方法——实验方法与数学方法结合，即将观察与实验、物理思想和数学工具结合起来的方法，这种方法一直到今天还证明它具有强大的生命力，这是伽利略的伟大功绩．

5. 惯性定律

相对性原理考察了不同参照物之间"运动"与"静止"的关系．同时，他进一步研究了在同一参照系中的情况．

伽利略利用最著名的"理想实验"——使斜面不上升也不下降并无限延伸，这时运动继续下去而不需要力来维持，得出惯性定律的结论，从而批判了逍遥派的观点，明确了只有运动必变时才需要找寻运动改变的原因——外力．

但是伽利略的惯性有着明显的"圆惯性"痕迹．例如他通过萨尔维蒂说："沿地平线的运动，既不向上也不向下，将是环绕一个中心的圆周运动."[②]"由于石子被船带着绕地心沿圆周航行，它不是在运动吗？只要一切外界的阻碍都被排除了，这种运动也就

①　Ernst Mach. The science of mechanics[M]. The Open court publishing co. , 1942：155. 或 Rene Dugas. A history of mechanics[M]. Routledge & Paul, 1957：132.

②　伽利略．关于托勒密和哥白尼两大世界体系的对话[M]．上海：上海人民出版社，1974：32.

不会消失."①直到笛卡儿才予以纠正.

以伽利略为代表的惯性观念的改变,是古代与中世纪自然哲学过渡到经典物理学最重要的标志.

6. 抛射体运动与运动迭加原理

过去,人们以为大炮射出的炮弹路线如图 4-3,这是 1606 年《几何新仪器》作者 Cespedes 所画的抛射线(*PGSV*).亚里士多德认为是 *PG*(强迫运动)＋*GT*(自然运动).即先是冲力(射力)作用,力量耗尽后重力再开始作用. 1546 年塔达格里亚认为冲力与重力同时作用.

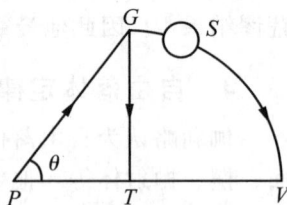

图 4-3

伽利略解决了这一难题,他利用运动迭加原理及路线公式算出各 θ 角时的曲线并证明与实验相合,他还证明 $\theta=45°$ 时射程最大,而 $\theta=45°\pm\alpha$ 时即抛射角互为余角时的射程相同. 他圆满解决了这一弹道学的基本问题并且作出了一整套表格供工程实用.

7. 关于机械能守恒的思想

伽利略利用摆动现象首次提出了小球速度与高度的关系,在不计阻力的情况下,这就是机械能守恒思想的萌芽.

此外,伽利略对于静力学、材料力学、弹道学、温度计、测光速等,也有许多重要贡献.

总之,伽利略的相对性原理、惯性定律和运动迭加原理等为力学理论奠定了基石,他具体研究的自由落体、斜面、斜抛和摆的运动等奠立了运动学和动力学的基础,并提供了解决实际力学问题的第一批范例,特别是他的实验方法、理想化方法、雄辩的推理与严格的数学推证方法等,标志着物理学新纪元的开始.

爱因斯坦说:"伽利略的发现以及他所应用的科学推理方法,是人类思想史上最伟大的成就之一,标志着物理学的开端."②

4.1.3 伽利略(Galileo Galilei,1564—1642,图 4-4)生平简介

1564 年 2 月 15 日生于比萨(Pisa).父为贵族及音乐家,幼时在佛罗伦萨修道院学希腊文、拉丁文和逻辑. 17 岁入比萨大学学医及哲学,但从童年起,他就喜好动手制造机器、水磨等,在听到数学家里斯(Ricc)介绍几何学的讲演后,对数学产生了浓厚兴趣,在 18 岁时注意到教堂大灯摆动的周期与振幅无关,并运用这一原理制造了脉搏计时器. 他仔细读过亚里士多德的著作,嘲笑那些盲目崇拜者是"记诵博士",主张通过观察、实验与独立思考来重新研究自然界,并且勇敢地宣传真理. 1585 年因经济困难停学,1586 年设计测固体比重的天平,发表固体重心论文,因而被聘为比萨大学

图 4-4 伽利略

① 同上书,195 页.
② 爱因斯坦,英费尔德. 物理学的进化[M]. 上海:上海科学技术出版社,1962:3.

数学教授. 1591 年离校去帕杜瓦大学任教直到 1610 年.

伽利略在为哥白尼体系而展开的雄辩中,不得不设法回答涉及若干相对性原理、惯性原理等力学的根本问题,这些在 1632 年元月出版的《两大体系的对话》的第 2 章已经涉及. 当年 8 月被禁止发行,1633 年 6 月受审后,他集中精力写作并于 1638 年出版了系统总结一生力学研究成果的第二本著作《关于力学及运动两种新科学的讨论》. 1637 年失明,失明后仍与学生研究用摆调节钟表、冲击理论及"真空"与大气压等问题. 1642 年 1 月逝世. 从他的一生来看,他敢于反对学术上的权威,然而他对宗教的虔诚使他不得不主张科学真理与宗教真理的二重性. 他的历史局限性也在这里.

4.2 伽利略——牛顿时代的科学家

4.2.1 17 世纪中叶科学活动的特点

1. 实验室和科学家涌现

哥白尼"日心说"几乎被所有的新兴科学家一致接受,教会的迫害反而使真理的声音广为传播. 伽利略的科学方法广泛受到欢迎. 大批实验室和科学家涌现,例如:

法国:笛卡儿(Rene Descartes,1596—1650)

费马(P. Fermat,1601—1665)

帕斯卡(B. Pascal,1623—1662)

马略特(E. Mariotte,1620—1684)

荷兰:惠更斯(Christiaan Huygens,1629—1695)

德国:莱布尼茨(G. W. Leibniz,1646—1716)

格里凯(Otto Guericke,1602—1686)

英国:波义耳(Robert Boyle,1627—1691)

胡克(Robert Hooke,1635—1703)

哈雷(E. Halley,1656—1742)等.

2. 科学团体的出现

如果希腊时代的科学团体是学园、博物院,这一时代的科学团体就是学会或科学院,如 1560 那不勒斯"自然奥秘学院",1660—1662 伦敦"增进自然知识的皇家学会",1663 巴黎皇家科学院. 大学在科学研究的作用也逐渐显露出来.

3. 科学的国际联系加强

1665 年皇家学会出版《哲学学报》,巴黎《学人杂志》(1665);莱比锡《博学者杂志》(1682)等也陆续出刊.

4. 两种方法论,两类科学家

在前述众多的科学家中,当时大体上可以分为两大类. 一类是主要从事实验,崇尚实验归纳方法,例如格里凯、帕斯卡、波义耳、马略特和胡克. 他们大都十分强调实验的意义，从事实验的范围也比较广，但不重视数学和推理．另一类以笛卡儿、费马、莱布尼茨为代表，崇尚理性演绎，在数学上都有相当的成就．而把实验和理论两方面结合较好，同时吸取了培根与笛卡儿两种方法论的优点，因而成就比较突出的，这就是处于伽利略和牛顿之间的惠更斯．下面我们着重介绍笛卡儿、胡克、惠更斯三人的主要成就．

4.2.2　笛卡儿和胡克

在哲学上，笛卡儿主张二元论，一方面认为物质运动是客观存在的；另一方面又认为精神也是实体．他主张普遍怀疑，以便对过去一切知识加以鉴别，但最后发现"我在怀疑"这一事实再也不能怀疑了，于是得出"我思故我在"的著名判断．在自然科学方面，他的机械宇宙观，数学演绎方法和某些物理规律对后来都有较大影响．

在宇宙观方面，在伽利略的动力学和开普勒的行星运动定律之后，笛卡儿提出一种新的自然哲学体系来解释宇宙，这就是 1637 年的《方法谈》和 1644 的《哲学原理》．笛卡儿认为：物质是由微粒这种唯一实体构成的．物质的基本性质是其空间广延性．机械运动即位置变动是物质的唯一运动形式，一切自然现象及其他色、香、热、硬度等性质是物质粒子相互机械作用产生的．"给我物质（广延）和运动，我就能构成世界．"他否认真空存在的可能，认为空间中充满旋涡状运动的微细物质（"以太"），天体间的作用就靠这种旋涡来传播，而不是超距作用．这些观点，包括旋涡说、近距作用和无真空论等，构成机械论宇宙观，是用力学代替神学对宇宙作出统一解释的第一次尝试，对于当时及后来的物理思想的发展起了不小影响．

笛卡儿的方法论对于后来物理学的发展也同样有重要作用．他在古代演绎法的基础上创立了数学演绎法：以唯理主义为根据，从简单自明的直观公理出发，运用数学逻辑推出科学结论．在这种方法的指导下，他把当时占统治地位的几何思维用代数方法加以简化，建立了几何图形与代数方程之间的一一对应关系，把人们过去认为没有意义的 $f(x, y)=0$ 看作是 x, y 两组变数之间的依赖关系，从而创立了解析几何学，其中费马也有过贡献（《平面和空间轨迹导论》）．解析几何学使变数进入了数学，成了数学中的转折点，也给物理学的研究方法带来了直接的便利（如图解法，为纪念笛卡儿而命名的直角坐标系等）．培根的实验归纳法和笛卡儿的数学演绎法，成为近代物理学方法论的两大源泉．此外，笛卡儿善于运用直观模型，提倡假说等，也是值得注意的．

在力学上的主要贡献．①明确地叙述了惯性定律，特别强调了方向性．他在《哲学原理》[①]第 2 章 §37～§39 中以第一自然定律和第二自然定律的形式作了下列表述：只要物体开始运动，就将继续以同一速度并沿同一直线方向运动，直到遇到某种外来原因造成的阻碍或偏离为止．②在同书第 2 章 §36 中首次以如下方式推出动量守恒定律即物质和运动的总量永远保持不变："既然运动不过是运动着的物质的条件，在物质中就会存在一定量的运动，它的总和在世界上永远不会增加也不会消失，尽管其各个分散部分将会改变．这就是说，假定一物体比另一物体小一半但速度快一倍，二者的运

---

① Rene Descartes. Principles of philosophy[M]. D. Reidel Pub. Co.，1983：57—60.

动量是一样的."①注意当时还没有"质量"的明确概念，他是用物体的"大小"来进行比较的. 笛卡儿的动量守恒定律是从哲学上来加以论证的. ③碰撞定律. 由于他没有区分碰撞性质和缺乏动量的矢量概念，在两球大小速率不同相碰的七条结论中只有一条是对的，但他对碰撞(以及离心力)的研究启发了惠更斯. 此外，他用解析几何学方法还给出了光的折射定律的推证(见第 6 章).

笛卡儿的思想体系和贡献适应了当时实验成果分散的情况下作出理论概括的需要，他的学习方法是学习→怀疑(沉思)→实践(游历、研究)→建立自己的理论体系. 他解释自己的普遍怀疑与怀疑派不同，是为了"把浮土和沙子排除，以便找出岩石与黏土来". 他"注意收集各种经验，在命运提供我的那些际遇中考验自己，并且随处对遇见的种种事物注意思考……因为在我看来，在一般人对切身事物所作的那些推理中，比在一个读书人关在书房里思辨所作的那些推理中，可以遇见的真理要多得多".② 在当时以伽利略为代表的新科学与旧教会统治势力激烈斗争时期他成了集中于荷兰的新科学家们的核心人物. 笛卡儿的机械论一直影响到 19 世纪末.

胡克(Robert Hooke，1635—1703)从 1662 年起任皇家学会实验主持人. 1677～1683 任学会秘书. 他是实验物理学家、仪器设计师. 著有《显微图集》(1665). 1678 年，他在讲演集《态势的恢复》中首次公布了他过去以字谜形式表述的固体弹性定律："有多大的伸长量，就有多大的力(at tensio，sic vis)"，后经 1822 年科西(A. L. Canchy)引入"应力""应变"概念及 1837 年格林(G. Green)的改进才成为胡克定律的现代形式，胡克的实验技术精湛，物理思想活跃，涉及面除力、学、热外还有化学、生物、生理、地质、天文观测、地震、海洋、建筑等，范围十分广泛，但又不大重视数学，因而对许多重要问题往往不能贯彻到底，在钟摆、引力、光学、燃烧等问题上与其他人相比往往缺乏深入系统的理论研究. 加上性格怪僻，好与人争优先权，因此多疑寡欢，不善于与人合作共事，影响了才能的充分发挥.

4.2.3　惠更斯

惠更斯(Christian Huygens，1629—1695)在力学、数学、光学和天文学方面，是伽利略与牛顿之间的一位重要科学家. 自幼就表现出很强的动手能力，13 岁时曾自制一台车床. 在阿基米德等著作及笛卡儿等直接影响下，又勤奋地学习力学、天文学、数学. 他的科学活动的特点是善于把实践活动与理论研究结合起来，透彻地解决问题，因此除光的波动理论外，在力学方面对碰撞、钟摆和向心力等问题有突出的成就，对于天文仪器的设计制作也很擅长. 1663 年和 1666 年，他先后被选为英国皇家学会和法国皇家科学院的第一个国外会员和院士. 在体弱多病的情况下他一心致力于科学事业，终生未婚.

他在力学方面的主要工作是碰撞理论、摆和向心力。

① Ernst Mach. The science of mechanics[M]. The Open court publishing co.，1942：361.
② 笛卡儿. 方法谈. 收于北京大学哲学系外国哲学史教研室. 16—18 世纪西欧各国哲学[M]. 北京：商务印书馆，1975：137－155.

1. 碰撞理论

伽利略利用图 4-5 所示装置来研究碰撞中产生的冲击力作用. 天平右端 W 是重物, 左端 A 和 B 是用小管相连的两个小桶, A 的底有活门可以启闭, 先闭活门使两方平衡. 若将活门开启, 水还未达到 B 时, 天平应向哪边偏斜? 伽利略原来认为, 冲击力应使天平向左偏斜, 实际却相反, 伽利略解释不了.

对此笛卡儿等人也研究过. 伦敦皇家学会在 1668—1669 年为了解决对心碰撞问题专门进行了悬赏征文. 结果建筑师雷恩(Christopher Wren, 1632—1723)、数学家沃里斯(John Wallis, 1616—1703)和惠更斯三人分别获奖, 惠更斯的结果最细微和全面, 尽管只限于完全弹性碰撞. 在死后 1703 年发表的《物体在碰撞下的运动》一文中, 他指出笛卡儿的错误, 提出: ①质量相等而方向相反的二物体正碰后交换速度; 在弹性碰撞中同方向的动量保持不变. ②在完全弹性碰撞中 $\sum mv^2$ 守恒, 即 $m_1 v_{10}^2 + m_2 v_{20}^2 = m_1 v_1^2 + m_2 v_2^2$, 这一原理对他自己后来研究摆的理论起了重要作用. ③相对性原理也适用于碰撞现象.

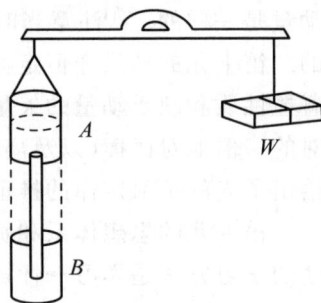

图 4-5

2. 摆的研究

为适应当时天文和航海的发展, 亟须改进老式的重力悬垂齿轮式的时计. 伽利略和笛卡儿等研究过小振幅摆的等时性及复摆的振动中心. 胡克通过测定摆的周期企图比较山顶与深井中的重力差别, 并利用圆锥摆来论证"在引力作用下直线运动变为曲线运动"(1666), 胡克曾将弹簧摆轮引入时钟, 并把刻有"胡克 1658 年发明, 1675 年托平(Tonlpion)制造"字样的钟献给国王. 与此几乎同时, 从 1656 年开始, 惠更斯首先将摆引入时钟, 并在 1657 年、1658 年、1673 年先后取得摆钟专利, 出版了《钟摆》(1658)及《摆式时钟或用于时钟上的摆的运动的几何证明》(1673), 后一本书是他的代表作之一, 体现了他首先从数学物理理论基础上求解, 进而彻底解决技术难题的特点. 首先, 他指出著名的单摆周期公式及单摆的不严格等时; 其次他阐明了摆线(旋轮线)的几何性质, 他证明按摆线振动可以得到准确的等周期. 如图 4-6, 图上 A、B 是两块夹板, 摆锤的悬线总有一部分与 A 或 B 密合, 这时摆锤轨迹就形成摆线 $\overset{\frown}{CDE}$, 惠更斯证明: 沿摆线上升和下落所用的周期 T 与摆锤在摆线上的位置无关, 而 T 与摆锤由该高度沿轴自由下落的时间 t 之比等于过摆线最低点所作圆周 $2\pi R$ 与直径 $2R$ 之比, 即

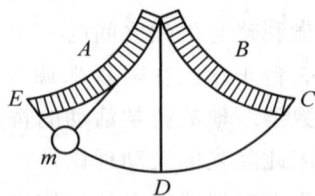

图 4-6

$$\frac{T}{t} = \frac{2\pi R}{2R} = \pi$$

若摆长为 l, 令摆锤在最高点时直接下落, 则

$$2l = \frac{1}{2} g t^2$$

$$\text{所以 } t = \sqrt{\frac{4l}{g}} = \frac{T}{\pi} \qquad \text{所以 } T = 2\pi \sqrt{\frac{l}{g}}$$

在同一本书中，他还提出了复摆的完整理论，并求出与复摆振动中心有关的 17 个问题，这是力学上第一次在给定重力场中求解受约束的质点系问题．在这些理论问题解决以后，他利用摆线及其包络线（面）理论改进了摆钟的结构与设计（包括擒纵器），还设计了弹簧振动（游丝）代替挂摆的怀表，并且收集各种经过航海考验的钟加以比较验证．同时，他还用摆求出重力加速度的准确值，并曾建议用秒摆的长度作为自然长度标准．

3. 向心加速度定律

在这一本书及另一篇《关于运动及离心力》（死后发表）中，他引入了向心加速度概念及向心加速度公式．

设 v 为匀速圆周运动的线速度，a 为向心加速度．

惠更斯证明（如图 4-7）

$AD = BC = vt$

$DB = \delta = AC = \dfrac{1}{2}at^2$

而 $\overline{BC}^2 = \delta \cdot (2R - \delta)$

$\qquad \approx 2R \cdot \delta = (vt)^2$

所以 $(vt)^2 = 2R \cdot \dfrac{1}{2}at^2$

所以 $a = \dfrac{v^2}{R}$

图 4-7

这就为牛顿万有引力定律的推证提供了根据．

惠更斯对于离心力问题还有不少有趣的研究（参阅《知识就是力量》1981 年第 4 期 33 页"趣味物理"），由此可见惠更斯研究问题之深．惠更斯的治学方法和重要成果使他成功地解决了质点力学中最初碰到的几个难题（碰撞、摆、圆周运动）并且展现了理论与实践结合的威力，为牛顿的综合作了最好的准备．

惠更斯其他方面的成就还有：1680 年在巴黎研究"行星机器"，通过齿轮再现出太阳系各行星的周期，这是天文馆的雏形，并由此研究出相当完整的循环小数理论及天文中近似值求法．在天文望远镜上加装测微计以提高精度（1659）等．

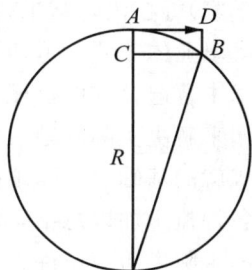

4.3　牛顿的伟大综合

4.3.1　牛顿取得成功的历史条件和个人工作特点

恩格斯谈到牛顿（图 4-8）的成就时说，牛顿"借助于万有引力定律而创造了科学的天文学，借助于对光的分解而创造了科学的光学，借助于二项式定理和无穷级数理论而创立了科学的数学，借助于对力的本性的认识而创造了科学的力学."①这是自然科学史上的第一次大综合.

牛顿取得巨大成功的客观历史条件主要是：(1)17世纪初，英国的新兴资产阶级在与葡、荷、意、西班牙等国航海贸易的激烈竞争中比较重视科学技术的发展. 例如1597年根据资本家格列夏姆(Thomes Gresham)遗赠建立的格列夏姆学院，允许伦敦市民免费自由听讲各种学术课程，成为17世纪上半叶英国科学活动中心. 1660年成立的皇家学会，根据F. 培根的思想，推动一切有用的自然科学技术的研究，普遍搜求民间、古代、近代一切技艺发明，力求建立一个完整的理论体系. 这样造就出一大批科学家，包括哈雷、胡克、雷恩、哈维(W. Harvey 1578—1657，发现血液循环的生理学家)等在内，结果科学中心由衰落的意大利逐渐转到了英国. (2)生产力的发展和航海事业的需要，迫切要求找出太阳系各行星的运动规律及其物理原因，要求对工艺技术中普遍存在的机械运动规律问题(包括打击、碰撞、传动等)统一作出解释，并能应用来解决实际问题. (3)从科学本身发展的形势看，牛顿所面临的问题是，在前人已有成就的基础上，亟须把过去各种零散的实验事实和天文学、数学、力学的许多成就和各种概念加以总结，形成统一的科学体系，但不只是笛卡儿那种"哲学原理"式的体系.

除了历史条件，还有牛顿个人的工作特点.

牛顿诞生的1642年(旧历)正好是伽利略逝世的第二年. 童年时代牛顿就爱动手制作机械模型，也喜欢读书和沉思. 1661年考入剑桥大学三一学院，清寒助学金的地位使他不被富有学生同等看待，他的发奋努力和数学才能受到巴罗(I. Barrow，1630—1677)教授的精心培养. 1664年成为研究生的第二年，他因躲避鼠疫回到家乡，这两年在数学、光的颜色理论、引力问题等方面是他才华横溢、发明兴趣浓厚的高峰年代. 1684年8—10月先后写了《论运动》《论物体在均匀介质中的运动》，1686年4月他把《自然哲学的数学原理》原稿请求皇家学会出版时遇到了秘书胡克的异议和经费困难，所以1687年由哈雷自费出版. 1703年成为皇家学会会长(终身职). 1672年牛顿在《皇家学会哲学会报》中发表了《关于光和色的新理论》，与胡克展开争论，胡克1703年去世后，1704年，牛顿出版了他的《光学》. 晚年从事化学研究和埋头神学著作. 自1693年起担任造币局局长. 1727年去世前他说了一段有名的话："如果我所见到的比笛卡儿要远些，那是因为我站在巨人的肩上."

图4-8 牛顿

牛顿所指的巨人，包括欧几里得的数学、阿基米德的静力学、开普勒的行星运动定律、伽利略的动力理论和实验结果，包括惯性概念、笛卡儿的动量守恒、惠更斯的向心力等；在科学方法上，他以培根的实验归纳方法为基础，又吸收了笛卡儿的数学演绎体系，形成了他的比较全面的科学方法.

(1)重视实验，从归纳入手，这是牛顿科学方法论的基础. 在《自然哲学的数学原

① 恩格斯. 英国的状况，十八世纪. 马克思恩格斯全集：第一卷[M]. 北京：人民出版社，1976：657.

理》一书的第三编中，他归纳出研究自然的几条"哲学中的推理法则"①，可以依次称为：经济原则，因果律，共性原则和归纳法．他曾说过："为了决定什么是真理而去对可以解释现象的各种说法加以推敲，这种做法我认为是行之有效的……探求事物属性的准确方法是从实践中把它们推导出来."②牛顿本人在实验上具有高度的严格性和技巧，在《原理》中他描述了大量实验，例如：为证明质量和重量成正比，用各种同形状、同阻力、同地点、同摆长但不同物质(液体、谷粒)的摆验证惠更斯公式

$$T=2\pi\sqrt{\frac{l}{g}}=2\pi\sqrt{\frac{ml}{mg}}=2\pi\sqrt{\frac{m}{W}}\sqrt{l}$$

结果证明所有这些摆的 T 在 0.1% 误差内都相等，即 $T\propto\sqrt{\frac{m}{W}}$ 或 $W\propto m$．他的实验记录如此认真，以致后来他在某一摆锤实验记录丢失后还能回忆起其中的主要数据．

（2）归纳是否成功，不仅需要大量的可靠资料与广博的知识（这对科学家来说并不特别困难），而且具有清晰的逻辑头脑．这里首先要善于从众多的思考对象中挑选出几个最基本的要素，形成深刻反映事物本质的概念，才能以此为基石找出事物之间的各种联系并导出结论．牛顿在谈到自己的工作方法的奥秘时称为"不断对事物深思"．伽利略和笛卡儿、惠更斯等已经用位移、速度、加速度、动量等一系列科学概念代替了过去亚里士多德模糊不清的自然哲学概念．牛顿的功绩是把它们加以系统化的同时贡献出两个关键性的概念："力"和"质量"，他把"质量"与"重量"区别开来，并分别与惯性和引力相联系．牛顿综合了天上的月亮和地上的自由落体（苹果）的运动规律，形成了深刻的体系．

（3）事物之间的本质联系只有通过数学方能归纳为可进一步测量、应用和检验的公式或定律．牛顿的巨大数学才能帮助他解决了旁人解不开的难题．他把上述一些基本的概念定量化为严格的物理量，并且创造出新的数学工具来研究变量和瞬时关系，简化复杂的计算．没有这种才能，就不可能建立运动三定律和万有引力定律．

此外，他勤奋刻苦的学习精神，勤于思索，耐心试验，年复一年坚持不懈地把自己的精力集中于透彻地系统地解决某一问题的毅力等品质，也成了牛顿取得伟大成就的内在因素．

4.3.2　牛顿的《原理》一书的主要内容

1．数学方法

随着生产与科学实践的发展，原来那些研究静止与平衡图形的数学方法已经不适用了，在笛卡儿与费马发展了解析几何以后，运动和变量开始进入了数学．牛顿是从变速运动的物理模型中抽象出微积分概念的，牛顿把它叫作"流数术"．（所谓"流量"，就是随时间而变化的自变量。例如 x,y,s,v 等，"流数"就是流量改变的速度，牛顿写为 x,y,s 等；他的"差率""变率"就是微分），而德国人莱布尼茨则是从对曲线的切

---

① 牛顿，赛耶．牛顿自然哲学著作选[M]．上海：上海人民出版社，1974：6−8.
② 同上书，8−9页.

线的几何学研究中引入 $\dfrac{\mathrm{d}y}{\mathrm{d}x}$ 的. 从此，微积分便成了解决变量及其变化等问题的有力武器，而物理学问题也就可以不必依靠哲学方式去解决. 所以牛顿把他的书叫作《数学原理》以区别于笛卡儿的《哲学原理》.

2. 力学的理论基础——基本概念与定律

牛顿《原理》一书的前几页是书的理论基础（总论），首先他严格定义了当时人们常常混淆的几个基本概念，例如物质的量（质量）、运动的量（动量）、惯性、外加力、向心力等. 在注释中他阐述了他的绝对时空观；其次是三条定律和六条推论，六条推论包括了力的平行四边形法则、力的合成与分解、动量守恒定律、质心运动定理、相对性原理，力系的等效原理等，这后面的附注中，还描述了许多正碰中的恢复系数及简单机械的实验. 这样，就把动力学与静力学组成了一个完整体系.

这里值得注意的是他在几个基本概念上如何继承和发展了前人的工作. 试以"力"或"外加力"为例. 牛顿非常重视力的明确定义. 从亚里士多德起，"动力""力""能""能力""强度"（dynamics，force，power，ability，strength）等一直被人们混用（例如石头被抛出后动能先增后减被认为是人力还继续作用一段时间）. 牛顿首先把力的概念限制为物体间相互作用的自然力. 他在《原理》一版序言中说："过去古人所研究的力学部分，只涉及同手艺有关的五种力"（后文为"人手之力、重力、浮力、弹性力、流体阻力"），而"我写的是关于这些以外一切包括吸引或排斥力有关的自然力". 这就是说，把天上的力和地上的力的本性统一起来，这是非常关键的一步飞跃. 其次，他把"力"的作用提高到可以解释一切运动现象的首要地位. 他说："哲学的全部任务，看来就在于从各种运动现象去研究各种自然之力，而后用这些力去论证其他的现象."[①]这正是《原理》全书的根本宗旨，牛顿力学从当时一直到19世纪力图做到这一点. 再次，是他给出了人所共知的"外加力"的定义，在定义关于外加力是"一种改变物体运动形状的力"以后特别加以解释："这种力只存在于作用的过程中，当作用过去以后，它就不再留在物体之中，因为物体只需要用它的惯性来保持它所得到的每一个新的状态. 而外加力的来源则不同，如它可以来自碰撞、来自压力、向心力等."[②]最后，他通过第三定律明确了力是相互作用，并用磁石与铁浮在水上的实验加以证明.

《原理》在总论后面的三编中把力学的基本定律应用到许多具体问题，包括地上的力学与天上的力学. 其中最重要的问题是提出与论证了万有引力定律. 第一编共十四章，讨论有心力作用下的自由运动；第二编共九章，讨论阻尼运动和流体运动；第三编是"宇宙体系"，专门研究天体（行星、卫星、彗星）的观测资料及潮汐现象与万有引力定律的符合程度.

---

① 牛顿，赛耶. 牛顿自然哲学著作选[M]. 上海：上海人民出版社，1974：11.

② 同上书，15页.

4.3.3 万有引力定律

1. 引力思想的发展

引力思想来源已久. 哥白尼在否定亚里士多德的"宇宙中心(地心)是月下物体的天然位置"的同时，认为物质有一种聚集为球体的趋向. 吉尔伯特把磁力说扩大到太阳系，认为地球是块大磁铁，而且磁力大小与磁块的多少有关，这种吸引力是相互的. 这种说法启发了开普勒，他认为太阳可能发出一种类似磁力的引力流，这是一种推动行星使它"互相感应"的切线力(他不相信惯性)，他还认为潮汐是月亮与海水的磁引力的结果，伽利略用实验证实了引力与物体轻重无关，他认为天体的匀速圆周运动(他不相信椭圆运动)是惯性的天然表现，因此不需要力来维护. 1645 年，法国天文学家布里阿德(Bulliadus)提出："开普勒力的减少和对太阳距离平方成反比."

笛卡儿认为惯性运动是匀速直线运动，他反对物体的"超距作用"的概念，他认为只有通过物质接触才能产生相互作用和运动，太空中充满了一种稀薄流质"以太". 他认为由于以太空间中的各部分形成了大小、速度、密度都不同的旋涡. 天体的运动来源于惯性(沿轨道切向)和以太旋涡对天体的压力. 太阳与行星都产生旋涡从而带动周围物体旋转. 他在 1644 年的《哲学原理》中的这种论点，符合人们从旋风、水流中的直觉印象，因此成为当时英、法各国教科书的正统观点，但是却缺乏科学的论证. 1666 年，意大利的波勒利(Alphonse Borelli，1608—1678)提出：太阳对行星施以"重力"，它是距离的幂的某种函数. 他认为物体的天然运动是直线运动，但由于"行星趋向太阳，同时又由于自己的圆周运动而远离圆心处的天体""这两个相反而相等的力互相平衡"，形成了行星既不接近又不远离太阳的动平衡. 惠更斯虽然在 1673 年发现了向心力公式 $F \propto \dfrac{R}{T^2}$，但他赞同笛卡儿的旋涡说.

为了研究重力的本质问题，1661 年，英国皇家学会成立了一个专门委员会. 胡克做了一些实验，在高山、地面、矿井中比较重力大小与地心距离的关系. 1664 年，胡克与雷恩讨论当年彗星轨道时，雷恩认为是一条直线，而胡克认为靠近太阳时轨道弯曲，说明太阳有吸引力，1666 年胡克曾在皇家学会作过一次实验报告. 1674 年，胡克在《试证地球周年运动》的报告中提出宇宙体系与一般力学规律上有许多共同点，并提出三条假设：①"一切天体都具有倾向其中心的吸引力，不仅吸引其本身的各部分，并且还吸引其作用范围内的其他天体"(包括日、月、地、行星相互之间)；②"天体未受其他使其倾斜的作用力前保持直线运动不变"；③"离吸引中心越近，吸引力越大""至于此力在什么程度上依赖于距离的问题，在实验中还未解决. 一旦知道了这一关系，天文学家就很容易解决天体运动的规律了". 1679 年左右，胡克、雷恩和哈雷都按照圆轨道由开普勒第三定律

$$\frac{T_1^2}{T_2^2} = \frac{R_1^3}{R_2^3}$$

和向心力公式

$$\frac{F_1}{F_2} = \frac{R_1/T_1^2}{R_2/T_2^2} = \frac{R_1 T_2^2}{R_2 T_1^2}$$

推出

$$\frac{F_1}{F_2}=\frac{R_1}{R_2}\cdot\frac{R_2^3}{R_1^3}=\frac{R_2^2}{R_1^2}$$

即向心力与距离成反比. 但这种平方反比力为什么会形成椭圆轨道, 大家都感到束手无策. 1680 年 1 月 6 日, 胡克写信给牛顿说: "困难还在于太阳和行星都是体积很大的物体, 在理论上能不能把它们当作质点处理."

至此可以看出, 尽管在物理思想上经过前人的努力, 万有引力定律的思想准备已经基本成熟, 但从数学上还存在着不少困难, 在物理上还缺乏明确的严格的概念体系.

2. 牛顿的引力思想

牛顿对引力问题, 自己只承认有两点成就: 第一是观念上的, 肯定了地球上的重力与天体间引力的同一性, 打破了亚里士多德"月上"与"月下"两个世界的划分. 尽管地面附近的落体运动与月亮的旋转在形式上完全不同, 牛顿却独具慧眼, 看出它们之间起作用的都是同一性质的引力. 这里, 关于苹果园中的故事只有象征性的意义, 说明牛顿经常沉思的一个关键问题是要探寻天上(月亮)的力和地上(苹果)的力之间本质是否相同; 开普勒的椭圆行星轨道, 伽利略的抛物线乃至彗星的轨道是否都是同一种平方反比力形成的等. 牛顿在长期思考中是否恰恰是在苹果园里出现灵感的, 那是考证家们的话题. 图 4-9 综合反映了牛顿的思维结果, 说明如何从正常的抛物线过渡到月球绕地球的完整轨道.

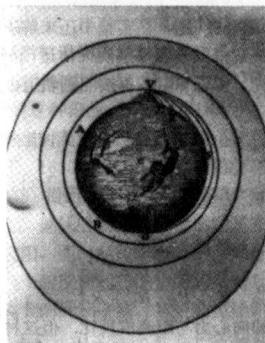

图 4-9 牛顿的思维结果

第二, 牛顿用数学方法表示出万有引力. 牛顿并不像当时不少人们那样热衷于追究引力的哲学品质与深奥本性, 它到底是物质的还是非物质的, 他"留给读者自己去考虑", "我不臆造假说". 他追求的是力和距离、轨道具体计算公式, 这曾遇到了变量、积分计算等困难. (主要的困难有三: ①如何用平方反比律证明行星运动是椭圆运动, 这需要微分; ②能否把月球、地球质量看作集中于球心, 这需用积分; ③要有精确的地球半径、地月距离等数据以进行验算.)由于牛顿创造了新颖有力的数学工具, 加上他对数据一丝不苟的严格态度, 他终于克服了困难, 他从开始研究这一定律(1666)到最后发表(1687), 共 21 年, 1714 年牛顿回忆说: "在 1665 年的开始我发现计算逼近级数的方法……11 月间, 发现了微分计算法; ……第二年 5 月开始研究积分计算法, 这一年里我还开始想到重力是伸向月球轨道的, 同时在发现了如何估计一个在天球内运动着的天体对天球外壳表面的压力以后, 从开普勒关于 $T\propto R^{\frac{3}{2}}$ 的定律, 我推出了使行星保持在它们的轨道上的力必定和它们对旋转中心的距离平方成反比; 后来我把使月球保持在它轨道上所需要的力和地球表面上的重力作了比较, 并发现它们近似相等. 所有这些发现都是在 1665 年和 1666 年的鼠疫年代里做出来的……最后在 1676 年和 1677 年的冬季, 我发现了一个命题, 即在离心力与距离平方成反比的情况下, 一个行星必定绕椭圆的一个焦点作椭圆运动, 同时矢径所掠过的面积,正好与所用的时间成正比."①

牛顿对万有引力定律的态度是十分严肃认真的,理论上的成就是:第一,他不是孤立处理这个定律,而是从建立总的力学体系出发去处理力、惯性、质量、向心力等问题;第二,从方法上是暂时排除次要因素,研究天体中的两体问题,并且引入了新的数学方法处理变量问题;第三,他的独到之处还在于在前人平方反比定律的基础上,把向心力与物体(天体)的质量联系起来,并利用了他的反作用定律,从而推广为普适的万有引力定律;第四,在实验验证方面他进行了大量的计算工作,例如严密地考虑和验证了地月关系的计算结果.在 1686 年 6 月 20 日他给哈雷的回信中,还说道:到1685 年是否可以把两个相互吸引的球形物体的质量看作集中在球心,还一直是个困难问题.牛顿用积分法解决后,他自己在 1685 年以前还一直怀疑这一结论.

3. 万有引力定律的验证

理论的作用不仅要解释已有现象,而且要能预测未来的事件.17 世纪牛顿在《原理》一书中建立的万有引力理论,最有意义的贡献是根据这一理论为实际天文观测提供了一套计算方法.只凭少数观测资料,就能算出天体运行的长周期轨道,免去了过去冗长的计算,而且十分精确可靠,从而解释了今后几百年内极多的地面现象与天体现象,例如哈雷彗星、地球的扁形.利用这一理论后来人们预测了海王星、冥王星的发现等,直到今天,万有引力定律仍是最精密可靠的基本定律之一,它也是天体力学和宇宙航行计算的基础.

4.3.4 牛顿的局限性

牛顿代表了人类在认识机械运动基本规律方面的巨大飞跃,从而奠定了经典力学的基础,促进了整个经典物理学的发展.

但是,牛顿力学还远远不能说明一切物理现象,甚至对力学现象的描写还不得不求助于绝对时空观,对于宇宙的发展变化,当时的自然科学家还不能仅靠一条万有引力定律去说明行星轨道的切线速度一开始是从哪里获得的,牛顿在 1692 年 1 月 17 日给牧师本特利的信中说:"没有神力之助,我不知道自然界还有什么力量竟能促成这种横向运动."②牛顿把一切未知的神奇归功于上帝,为此花费了后半生的心血写出 150 万字的神学著述,这正是牛顿的悲剧.

---

① 牛顿,赛耶.牛顿自然哲学著作选[M].上海:上海人民出版社,1974:236—237.
② 同上书,236—237 页.

第5章 力学的进一步发展

18世纪是资本主义蓬勃发展的时代，英国的工业革命，法国的资产阶级大革命，美洲的独立等，促进了科学的进一步发展。蒸汽机时代的到来，战争与工业的进一步需要，度量衡制度的创立，使科学与教育的地位越益受到社会重视。物理学各部门继续用实验和数学相结合的方法，用机械的世界观去探索热、电、光等领域。我们将在以后各章分别介绍经典物理各部门的历史发展。这里，首先叙述一下力学的进一步发展。

从18世纪30年代工业革命开始到19世纪，这是大机器工业的发展时期，也是力学进一步完善和分析方法的发展时期。技术的发展要求找出迅速有效的普遍方法来解决在多种约束与外界作用下各种刚体、质点组、流体等的平衡与运动问题。形成了普遍的抽象的分析力学方法和初步发展了力学中的某些独立分支，完成了经典力学基本原理（定律）的表述。发展了解决各种实际力学问题的数学工具如运动微分方程理论、变分法等，建立了分析动力学。在这一时期中力学的发展特点如下：

①力学这门在实验和生产实践基础上开辟的新科学，首先要不断扩大和巩固自己的实验基础（包括单位制的标准化、实验结果的进一步条理化和精确化、实验对象与范围的扩大化等），并不断把自己的某些分支发展为独立的应用科学，这方面的发展是缓慢而艰巨的，然而是必要的。

②围绕力学中若干基本概念问题，出现了若干争论，这些争论反映了物理学发展中的根本性矛盾，因而实际上推动了力学和整个物理学的不断进步。

③力学理论的进一步完善，表现为矢量力学与分析力学两种方法几乎平行的发展，从而推动了工程力学与理论物理学的发展。

下面我们就从实验基础、学术争论及力学理论体系三方面来分别进行介绍。

5.1 力学实验基础的进一步发展

在力学范围内发展起来的实验，在这一时期中向着通用化、精确化和适用化方向发展，具体表现为国际单位制的确立、一些著名实验（例如卡文迪许引力常数的测定、佛科摆等）和材料力学、流体力学的发展等。这里择要介绍三点。

5.1.1 对万有引力定律的检验

除天文上哈雷彗星、海王星、冥王星的相继发现外，对于地球形状的争论是个突出的例子。

按照牛顿的理论，"岁差"即地球自转轴的缓慢周期性进动的原因，是地球内物质由于自转而造成赤道部分的隆起，加上受太阳、月亮引力的不平均而引起地轴的缓慢转动，这恰和笛卡儿解释以太旋涡运动时的结论(地球两极伸长成橄榄形)相反，当时巴黎天文台台长卡西里(Jean Casini)及其他学者根据从法国北部敦刻尔克到南部佩皮列昂段(经线1°)的错误测量结果，断言笛卡儿是对的，1735 年，法王路易十五命巴黎科学院派出两个测量队，分别去赤道(秘鲁的别鲁安)和高纬度的拉普兰德，1744 年测得两地 1°纬度之长为，赤道：56 737 法古尺(110 600 m，1 古尺≈1.949 m)，两极：57 419 法古尺(111 900 m)；相差约 1.5 km，误差仍较大. 1810 年又测得法国附近纬度 1° 为 57 025 法古尺，扁率为 $\frac{1}{334}$，与牛顿的计算结果 $\frac{1}{230}$(精确值应为 $\frac{1}{298}$)接近. 这才使许多人信服了.

卡文迪许(H. Cavendish，1731—1810)引力常数测定实验标志着力学实验精密程度的提高. 1777 年，库仑(Charles-Auguste de Coulomb，1736—1806)在研究导线扭转弹性时独立发明了库仑扭秤并用以研究电荷，与此同时，英国机械师米歇尔(John Michell，1724—1793)也设计出这种扭秤，他死后落在卡文迪许手中. 卡文迪许 1749—1753 年在剑桥大学学习四年，但未取得学位，他毕生从事科学实验. 1797—1798 年，他在米歇尔设计的悬线系统上附加一个小平面镜，利用光学方法远距离测量，防止了空气流动的干扰(当时还没有真空设备)，大大提高了精密度. 一根 39 吋的镀银铜丝吊一 6 呎木杆，杆两端各带直径为 2 吋的小铅球，另用两颗直径 12 吋的大铅球，置于特制小室中. 他的测量值为

$$G=(6.754\pm0.041)\times10^{-8}\text{达因·厘米}^2/\text{克}^2$$

由此测得地球密度为 5.481(现代值 $G=6.672\times10^{-8}$ c.g.s. 单位，地球密度为 5.517). 坡印廷(J. H. Poynting，1852—1914)在《地球》一书中说："卡文迪许实验开创了弱力的新时代."卡文迪许的实验传统还培养了后来的一大批科学家.

5.1.2 关于地球运动的实验研究

这是从在空气阻力下自由落体的研究开始的，落体偏东而且略为偏南，1835 年法国科里奥利(G. G. Coriolis，1792—1843)提出了科氏力来解释由地球转动造成的现象. 1851 年，佛科(Jean Leon Foucault，1819—1868)在巴黎名人公墓处的圆顶大教堂作了公开的摆表演，实验直接验证了地球的转动，摆长 220 呎(67 m)，铅球重 62 磅(28 kg)，并附有直径 20 呎(6 m)的沙盘和启动栓，人们亲眼看到摆每振动一周(周期为16.5 s)，摆尖在沙盘边沿画出的路线移过约 1/8 吋(3 mm)，每小时偏转 11°20′，即 31 小时 47 分回到原处. 这个实验使许多教徒目瞪口呆，有人甚至在久久凝视以后说："确实觉得自己脚底下的地球在转动."

5.1.3 流体力学的发展

这一点最能说明科学与生产的相互促进. 在 16、17 世纪格里凯、托里拆利、帕斯卡、波义耳、马略特等成就的基础上，18、19 世纪造船、水力发动机、流体输运管道、弹道学等随着工业技术的发展日益提上日程. 例如 1753 年，巴黎科学院悬赏征求船用发动机的最佳方案，这一奖金被 D. 伯努利以关于水的反冲力的论文所取得，他还提出

可以使"火力机"(蒸汽机)通过空气压缩得到巨大压力、火药燃烧后变成气体而释放出巨大作用力的问题. 牛顿关于黏滞液体的阻力问题在《原理》一书中提出过, 欧洲许多科学家进行了各种实验来研究炮弹飞行中的空气阻力问题. D. 伯努利在 1726—1727 年在彼得堡为此进行过试射和理论分析, 年轻的欧勒早期就于 1727 年专门写了一篇关于弹道学的论文《关于不久前的射击试验的随想》, 并由此而开始了理想流体动力学的研究, 他建议把船形变尖, 以便减少阻力. 后来达朗贝尔还进行过许多工作, 他在 1744 年《关于液体运动的平衡》一文中力图把几何学(即数学或分析方法)和物理(实验结果)结合起来, 还进行了许多和造船有关的流体阻力的实验, 如关于"管道中和无边界的液体中物体阻力的实验"(1775—1777)等, 并用来验证他以静力学方法研究动力学问题的"达朗贝尔原理". 1793 年, 拉格朗日在法兰西共和国受围困的状况下研究了火药在炮筒中的爆炸力等, 在研究黏滞流体即真实流体中, 泊肃叶(J. L. M. Poiseuille, 1799—1869)在进行实验的基础上研究了细管流体在内摩擦阻力下的流动定律 (1847)等.

5.2 牛顿以后关于力学基本概念的一些争论

经典力学形成比较稳固的体系的过程, 不是像有些人简单地想象那样, 似乎牛顿三定律一出来就自然而然地形成了, 而是经过 18、19 世纪无数的实践、争论、修改、探索这样一个长期的消化巩固与发展过程. 这首先表现为关于力学若干问题上长期的多方面的争论. 这些争论中比较重要的有:

①关于运动两种度量的争论(与此密切相关的还有关于微积分的争论);

②关于引力性质、近距作用与超距作用的争论;

③关于最小作用原理的争论;

④关于绝对时空的争论;

⑤关于质量的争论;

⑥关于牛顿原理总的评价等.

这些争论推动了科学的前进, 孕育了科学的新成就. 我们这里只介绍第①和第④两方面的争论. 因为第①争论的直接后果是功能概念的形成和分析力学的建立, 第④争论有助于时空观的根本变革.

5.2.1 关于运动两种度量的争论

前面说过, 即使在牛顿当时, "力""运动""动量"以及现在我们了解的"功""能量"等概念仍还是混淆不清的, 名词也互相混用, 特别是一个物体具有多少"力"(而不是"受到"多少力)的传统看法更加剧了这种混乱, 这就是引起两种运动度量之争的客观历史原因. 牛顿沿用了笛卡儿关于 mv 表示运动的概念并命名为"动量", 把它和"力""质量"等并列作为基本的物理量之一. 德国人莱布尼茨(Gottfried Wilhelm freiherlvon Leibniz, 1646—1716)是从外交活动转而研究数学和哲学的. 他提倡恢复古代同行科学家们的公开争论. 他在 1686 年《学术纪事》(*Acta eruditorum*)上刊登了一篇文章, 题为

《对可纪念的笛卡儿和其他人关于使上帝都希望永远保持运动的量守恒的自然定律的错误之简短证明》，他认为，使一磅重的物体下落 4 呎和使 4 磅重的物体下落一呎，这两种情况下，所得的"力"相等(实际应为"功")，因为它们引起的形变相同，这也就是说，在落体运动中两者的 mv 不相等而 mv^2 相等，因此应该用 mv^2 来作为"运动量"的量度，后来，科里奥利又建议以 $\frac{1}{2}mv^2$ 代替 mv^2，这就是动能.

1695 年，莱布尼茨又提出可以把"力"分为"死力"(静力学的力)与"活力"(使物体发生运动，永远活动的"力"，动能). 用他的说法，"死力"可用物体的质量和该物体由静止状态转入运动状态时获得的速度的乘积来度量，即用动量变化来量度"死力"的大小. 而另一种活力则用 mv^2 来度量，活力在自然界中是守恒的，因此最好用 mv^2。来量度运动.

参加这场争论的有许多物理学家和哲学家，例如赞同莱布尼茨的有伯努利家族：[Jarues(Jacob)Bernoulli(1654—1705)，Johnn(Jean)Bernoulli(1667—1748)]、欧勒等；赞同牛顿和笛卡儿的有 Papin(1647—1714，蒸汽机发明人)等. D. 伯努利(Daniel Bernotlli，1700—1782)把活力原理运用在《流体动力学》(1738)中得出著名的伯努利方程，并将活力概念第一次应用于研究气体分子的无规则运动.

半个世纪以后，达朗贝尔(d′Alembert，1717—1783)1743 年在《动力学论》一书的序中指出："力"的量度可以分为两种情况：当物体平衡时，力用质量与物体虚速度的乘积来量度；当物体受阻碍而停止时，则可以用质量乘物体速度的平方来量度. 换句话说，力既可以表示为在单位时间内运动的改变，即

$$f = \frac{\Delta mv}{t}$$

又可以表示为单位距离内运动的改变，即

$$f = \frac{\Delta mv^2/2}{s}$$

但因为 $s = \bar{v}t = \frac{v}{2}t$(设末速为零，初速为 v)，可见上两式完全是等价的. 所以他的"判决"认为这是一件事物的两个方面，可以互相推导出来. 因而这只是一场"咬文嚼字"的无意义的争论. 他指出两种度量都是有效的，"如果力的量度在平衡状态中和在减速运动中有所不同，这又有什么不方便呢？"

上述争论，是关于能量与运动形式转变的概念还没有形成的时代留下的遗产，只有到了能量概念及能量守恒及转换定律比较明确以后，即 19 世纪后期，恩格斯在1873—1886 年在《自然辩证法》中才进一步明确作出分析："机械运动确实有两种量度：mv 是以机械运动来量度的机械运动本身，而 $\frac{1}{2}mv^2$ 是以机械运动转化为一定量的其他形式的运动的能力即以动能来量度."

5.2.2　关于绝对时空的争论

牛顿的绝对时空观可以归纳为四点：(1)存在着绝对时间与相对时间、绝对空间与

相对空间之分，在绝对时空中的运动是绝对运动，在相对时空中的运动是相对运动，绝对时空是与任何客观物质及外界状况无关的.（2）我们通常所感知的是"用相对的处所和运动来代替绝对的处所和运动，这在日常事务中并没有什么不便之处"，"但是在哲学探讨中……应该把它们区分开来".牛顿认为，尽管我们探知到的速度与位置是相对的，但力和加速度则是绝对的，为了探知绝对运动，牛顿设计了"水桶试验".（3）假定物体间的相互作用可以超越绝对真空，可以不要任何媒介地在瞬时中发生.（4）"上帝凭自己的永远和普遍存在构成时间和空间"，并给行星的运动以除了自然原因以外的"一个全智的主宰的推动"①除了最后一点为神学家所欢呼外，许多物理学家以及哲学家对前三个方面发表过许多不同意见.例如对于第一点绝对时空的存在，我们知道，伽利略只讲过相对性原理；惠更斯也是如此，认为"绝对空间是一种幻想".他对碰撞定律及离心运动的研究是和相对性原理结合起来的.

关于第三点即超距作用问题，是英国牛顿派和法国笛卡儿派长期争论的中心问题之一，笛卡儿、惠更斯、伯努利等都认为宇宙中的运动是由以太旋涡造成的."以太"媒质的问题后来发展为"以静止以太为参照系便是最好的惯性系即绝对参照系"的看法，欧勒1723年大学毕业时的硕士论文就是以对比分析牛顿派和笛卡儿派的不同观点为内容的.这些问题的讨论差不多涉及每一个哲学家和物理学家.由于当时的生产力发展水平，牛顿的观点和人们的日常经验及实用工程技术相合，因此被大多数人接受，甚至发展为认为可以预知宇宙未来一切大小物体运动方程式的机械决定论（以拉普拉斯为代表）.

奥地利物理学家马赫1883年在《力学科学》一书中对牛顿的绝对运动和绝对时空及物质概念等作了决定性的批判.牛顿自己是这样描绘水桶实验的："如果把一个桶吊在一根长绳上，把桶旋转多次而使绳扭紧，然后盛之以水，先使水与桶一道静止不动，然后在另一力作用下突然使桶反转……因而当长绳松释时，水桶将继续保持这种运动若干时间，水面最初会与水桶开始旋转以前一样是平的，此后桶逐渐把它的运动传递给水……形成一个凹面."②牛顿解释说，最初水与壁之间有相对运动时水面是平的，后来水与壁无相对运动时水面却是凹形，于是可以不看桶壁及其他物体，只看水面的平凹就可以决定水有无绝对运动（即水微粒有无加速运动），这样就能确定水对于绝对空间是否静止.马赫认为，水面变凹是由于宇宙间各种物质（包括桶壁）对水作用的结果，这是水与宇宙间其他物质相对转动的结果，并不能证明这就是绝对运动，更不能证明绝对空间的存在.马赫还进一步证明这一问题的普遍性："如果我们说一个物体 K 只能由于另一物体 K' 的作用而改变它的方向和速度，那么，当我们用以判断物体 K 的运动的 A，B，C…都不存在的时候，我们就根本得不到这样的认识.因此，我们实际上只认识到物体 K 同 A，B，C…的一种关系.如果我们现在突然想忽略 A，B，C…而要谈物体 K 在绝对空间中的行为，那么我们就要犯双重错误，首先，在 A，B，C 不存在的情况下，我们就不能知道物体 K 将怎样行动；其次，我们因此也没有任何别的方法可

①　牛顿，赛耶.牛顿自然哲学著作选[M].上海：上海人民出版社，1974：19－28，56.
②　同上书，25页.

以用以判断 K 的行为是否符合我们的逻断. 因此这样的逻断就没有任何自然科学的意义."马赫上述这些分析不仅把匀速运动看作是相对的,而且也把加速运动看作相对的,即并不存在一个相对于绝对空间的绝对加速度. 这一点爱因斯坦曾论说:"马赫以其历史性的批判著作对我们这一代自然科学家有过巨大的影响."他还把惯性及惯性力起源于宇宙间物质相互作用这一原理称为马赫原理.

对于牛顿力学原理,还有过许多批判性的审查,有些问题除了后面讲分析力学时还要谈到(例如对于普遍原理、力学最高原理的探求)外,还有一些人根本反对牛顿定律. 基尔霍夫(G. R. Kirchhoff,1824—1887)在 1874—1876 年《关于数学、物理力学的研究报告》中认为:"力学的目的是对自然现象作出尽可能精确的公式化描述. 力学不能提供一个完全真实的力的定义,而只能限于把力作为质量和加速度的乘积",这可算作一个不了了之的结论. 总之,直到相对论出现以前,对于牛顿力学是否是力学唯一可能的体系,还是永恒的真理,一直存在着不同的估价.

5.3　分析力学发展的基本线索

在实验与技术实践进一步发展的要求下,通过无数的争论、探讨,力学理论不断向实用化、普遍化、数学化方面发展. 在牛顿以后,矢量力学发展为当时工程力学各个分支,与此平行发展的分析力学推动了理论物理学各分支的发展. 了解分析力学发展的基本线索,有助于进一步研究理论物理学的发展.

随着生产中日益涌现各种实质上属于多质点、多约束、非常见坐标系和运动参照系等越来越复杂的问题,矢量力学不论是描写力或描写运动,都遇到越来越多的困难. 根本的困难在于:①矢量力学采用力 F 和动量 mv 这两种矢量函数为基础,这给实际解题计算带来很大不便. 尽管分析问题比较"直观". ②对物体系统,矢量力学力图单纯进行个别物体与个别时刻的全面的、详尽的、毫无遗漏的考虑,往往只见树木,不见森林,不便于从整体上考虑,即使通过某些简化,仍难以根本解决问题. 这是由于矢量力学在方法论上来看是有片面性的. ③从数学工具看,矢量力学受到了直觉的欧氏几何坐标方法的限制,因此,牛顿的方法并不是万用灵药.

18、19 世纪的力学家和数学家们在这些困难面前从哲学上、物理上和数学上进行了大量的探索,这种探索是从以下四方面来进行的:①出发点是要寻找一种比牛顿定律更广泛适用的更简便的普遍原理,因此出现了许多原理,如虚功原理、达朗贝尔原理、最小作用原理、哈密顿原理等. ②最基本的概念是取代力和动量这样的几何矢量,而用广泛地适用于各种运动形式的"能量"与"功函数"这两种标量函数(以后发展为拉氏函数 L 和哈密顿函数 H)来代替. ③基本的方法是对系统进行整体研究,由此便从虚功原理、最小作用原理发展为数学上的变分方法,并且由于引入了广义坐标和纯代数方法等,形成了一套独特有效的"分析方法". ④分析力学的基本理论体系表现为微分形式与积分形式两种可以相互推证的等价形式,微分形式就是从虚功原理、达朗贝尔原理得到拉格朗日的所谓"力学普遍方程",进而到拉氏方程、正则方程. 另一条线是积分形式,即从最小作用原理到哈密顿原理. 下面大体按历史线索作一些简介.

5.3.1 虚位移原理(虚功原理)和达朗贝尔原理

"虚速度"的概念源于古希腊亚里士多德派. 对于杠杆之类简单机械, 荷兰的斯蒂文在 16 世纪时曾总结为: "省力者失之于速."

瑞士的约翰·伯努利 1715 年提出, 如力相互平衡, 则对于所有可能的无穷小位移而言, 力与力方向上虚速度的乘积之和为零 ($\sum F_i \cdot v_i = 0$).

在 1755—1757 的文献[①]中, 欧勒 (Leonhard Euler, 1707—1783) 曾用另一种形式写出虚功原理: 若 P, Q, R 为 x, y, z 方向上的作用力, 则"公式

$$Pdx + Qdy + Rdz$$

所表示的微分, 我先前称为作用力的效力 (effort) 或功效 (efficace), 它可以由每一中心力乘以距离的微分后的总和得出".

达朗贝尔 (L. L. d' Alembert, 1717—1783) 在 1742 年《动力学教程》中, 把传递的运动分解为真实的运动与由于约束而损失的运动. 他认为: "如果诸物体只受到这些损失力的作用, 则后者互相抵消而诸物体处于平衡"[②]他还认为力学中的一切定律都可以归结为惯性定律、运动合成与分解定律和力的平衡定律. 这一原理后来经过欧勒等的整理, 在 19 世纪出现"惯性力"与"惯性离心力"后, 在 1856 年法国 Delone《论合理化的力学》中, 才给出现代形式的达朗贝尔原理:

$$\sum (F_i + R_i - M_i a_i) = 0$$

这就可以把任何动力学问题化为平衡问题求解, 大大方便了实际应用.

1788 年拉格朗日 (Joseph Louis Lagrange, 1736—1813) 在他后来的《分析力学》一书中把虚功原理详细表述如下:

"如果某一由任意多个物体或质点组成的系统, 受到某一引力或运动的作用而处于平衡中, 且系统可能会有不大的运动, 即每一质点将占据无限小的空间范围 (虚速度), 则作用在所有给定点上的力和点在力方向上产生的位移量之积的和始终为零. 在计算中规定, 在力的方向上产生的位移为正, 反之为负."

这样, "虚位移原理"或"虚功原理", 和达朗贝尔原理结合起来, 就可以把一切静力学和动力学问题归结为惯性定律、运动合成原理和力的平衡定律, 它对于以后分析力学的发展和力学理论的具体运用有重要意义.

5.3.2 最小作用量原理——变分方法

莱布尼茨主张用"活力"代替"死力". 来研究动力学问题, 亦即用"动能的变化等于力所做的功"来代替牛顿方程, 这就是分析力学发展的契机. 能量概念在此基础上逐步发展起来.

---

① Histoire de lacad, a Berlin, Annee 1755, 1757, p. 232, 转引自《Механика и физика Второа ПоловИны X Ⅷ В.》1978, Наука, стр. 144.
② Ь. Г. КузнеЦов: "Развитие физических идеи от Галилея до Зншейтеина", стр. 158.

只有能量观点而没有变分原理的建立．还不可能解决实际力学问题，变分法是以"最小"观念为基础而发展起来的一种新的数学方法．

从物理学上来说，自然界的"最小"法则可以追溯到公元前后希腊数学家、物理学家亚历山大城的希洛(Heron)，他曾证明，欧几里得所陈述的光的反射定律中光的实际路径最短，如果介质是均匀的即光速不变，则花费的时间最短．希洛还把这一点应用到球面镜的反射问题上去．此后，哲学家和科学家们纷纷提出所谓"经济原则"一类的东西，例如，6 世纪阿林皮奥丢斯(Olympiodious)在《反射光学》中说："自然不做任何多余的事或任何不必要的工作．"达·芬奇认为，自然是经济的，而且自然界的经济学是定量的．英国学者、主教，罗吉尔·培根的老师格罗色特士特(Robert Grosseteste，1175—1253)还说过："自然总是以数学上最短和最有可能的方式行动．"①这类例子还可以举出一些．

费马(Pierre de Fermat，1601—1665)1637 年的手稿《求最大值与最小值的方法》在微积分中提出用切线法来求极大、极小值，并在 1661—1662 年逐步由反射到折射情况导出了最短时间原理，他相信自然确实是简单而又经济地行动的．甚至有人认为，牛顿的第一运动定律就是说物体的自然运动是直线或距离最短的运动．

历史上第一个重要的变分法问题是牛顿提出的，在《原理》第三版第二编命题 34 的附注中②提出了在有阻力的流体介质中沿轴向运动的物体的最佳形状问题，这是选择函数形式使阻力最小的问题，答案是一个旋转椭球面．以后，还有所谓最速降落曲线问题、测地线(曲面上的最短线)问题、等周问题等．

莫泊丢(或译莫培督，Pierre Louis Moreau de Maupertus，1698—1759)在 1744 年研究光的理论时，在一篇《直到现在看起来还是不能并存的不同法则之间的协调》中提出了他的最小作用原理．他从费马原理及宗教原因出发，认为这一原理适用于各种物理现象，所有自然事件是使某一个作用量"取最小值"．但他在数学证明上是粗糙的，他把"作用"规定为质量、速度和距离乘积的积分但又不规定积分区间，对每个具体问题的作用量还要进行试探．因此，他提出的这一原理引起了很大争论．

欧勒，法籍意大利数学家、力学家，他从 1728 年起从测地线问题开始从事普遍的大量的变分法研究．1736 年，出版《力学》一书，将力学从"几何学形式改建为分析形式"．1744 年出版了《寻求具有某种极大或极小性质的曲线技巧》一书，在这本书的一个附录中，讨论了单个质点沿平面曲线运动时的最小作用原理，他和莫泊丢的

$$mvs = 极小值$$

不同，他认为 v 应该与 s(位置)有关，因而应写作

$$\partial \int v \, ds = 0$$

又因 $ds = v dt$，故也可写作

$$\partial \int v^2 \, dt = 0$$

①　克莱因．古今数学思想：第二册[M]．上海：上海科学技术出版社，1979—1981：330．
②　牛顿．自然哲学之数学原理[M]．郑太朴，译．上海：商务印书馆，1957：588．

欧勒的写法很巧妙，这实质上就是 $\partial\int mv\,\mathrm{d}s = 0$ 和 $\partial\int mv^2\,\mathrm{d}t = 0$ 同时成立．他在谈到运动两种量度的争论时说："无论是那些认为应按速度本身来考虑力的人，还是那些认为应按速度平方来估价力的人，这里他们都找不到任何无法接受之处．"

尽管欧勒自己比莫泊丢更早一年发现最小作用原理，并且形式更精确，他却有力地捍卫莫泊丢的优先权．

拉格朗日受到欧勒工作的启发，十九岁时就开始关心变分法问题，他不采用几何分析的论证法，而引入了纯分析方法，并用 $\delta y(x)$ 来表示曲线 $y(x)$ 的变分．他在欧勒最小作用的表述形式的基础上，提出：对于单个质点的实际路径，$\int_{p_1}^{p_2} mv\,\mathrm{d}s$ 亦即 $\int_{t_1}^{t_2} mv^2\,\mathrm{d}t$ 必须是极大或极小．他还断定对于质点组，这个原理仍然正确．

由最小作用原理

$$\delta\int_{t_2}^{t_2} \frac{1}{2}mv^2\,\mathrm{d}t = \delta\int_{t_1}^{t_2} T\,\mathrm{d}t = 0$$

若活力（动能）

$$T = \frac{1}{2}m(x'^2 + y'^2 + z'^2)$$

将变分方法用到作用积分上，拉格朗日假定，使物体运动的作用力都可以从一个依赖于 x，y，z 的势函数 V 导出．再附加条件 $T+V=$ 常数 E，拉格朗日导出

$$\begin{cases} \dfrac{\mathrm{d}}{\mathrm{d}t}\left(\dfrac{\partial T}{\partial x}\right) + \dfrac{\partial V}{\partial x} = 0 \\[2mm] \dfrac{\mathrm{d}}{\mathrm{d}t}\left(\dfrac{\partial T}{\partial y}\right) + \dfrac{\partial V}{\partial y} = 0 \\[2mm] \dfrac{\mathrm{d}}{\mathrm{d}t}\left(\dfrac{\partial T}{\partial z}\right) + \dfrac{\partial V}{\partial z} = 0 \end{cases}$$

这组方程与牛顿第二定律等价．拉格朗日进一步引入了广义坐标 q_i，T 变为 q_i 与 $\dot{q}_i$ 的函数，就得拉格朗日方程

$$\frac{\mathrm{d}}{\mathrm{d}t}\left(\frac{\partial T}{\partial \dot{q}_i}\right) - \frac{\partial T}{\partial q_i} + \frac{\partial V}{\partial q_i} = 0$$

这个方程解决了复杂系统的力学问题，成为一个普遍化的理论．通过虚速度和最小作用原理，把全部力学建立在能量守恒原理上，实现了力学理论的巨大飞跃．

5.3.3 从拉格朗日方程到哈密顿原理

1. 位势理论

势的理论对于物理学各部门的研究很重要．D. 伯努利在 1738 年《流体动力学》中，就提出过从势函数导出力的思想，也是他首先使用"势函数"这一术语，欧勒 1752 年在《流体运动原理》中处理流体中任一点的速度分量 u，v，w 时，他引进一个函数 S（后来 H.L.F 亥姆霍兹称为速度势），即 $u = -\dfrac{\partial S}{\partial x}$，$v = -\dfrac{\partial S}{\partial y}$，$w = \dfrac{\partial S}{\partial z}$，从不可压缩流体的连续性定律可得

$$\frac{\partial u}{\partial x} + \frac{\partial v}{\partial y} + \frac{\partial w}{\partial z} = 0, 即$$

$$\frac{\partial^2 S}{\partial x^2} + \frac{\partial^2 S}{\partial y^2} + \frac{\partial^2 S}{\partial z^2} = 0$$

拉格朗日在 1777 年在地球外面的空间拟出一层层平行的球壳即等势面,沿着它们的法线方向的梯度即势的变化就是引力,这就首先引入 $F_x = -\dfrac{\partial \phi}{\partial x}$ 的概念. 拉普拉斯 (Pierre-Sinon de Laplace,1749—1827)在研究《球状体和行星状物体的引力理论》中受到勒让德(Adrien-Marie Legendre,1752—1833)的启发,令

$$V(r, \theta, \varphi) = \frac{V_0}{r} + \frac{V_1}{r^2} + \frac{V_2}{r^3} + \cdots$$

〔$V_n = V_n(\theta, \varphi)$〕,借助于勒让德多项式 p_n 和球函数 V_n,最后得出拉普拉斯方程:

$$\nabla^2 V = \frac{\partial^2 V}{\partial x^2} + \frac{\partial^2 V}{\partial y^2} + \frac{\partial^2 V}{\partial z^2} = 0$$

$\nabla^2 V$ 可以叫作局部强度. 当时拉普拉斯以为对吸引体外部和内部的点都适用,后来泊松(Simeon Denis Poisson,1781—1840)改正了这一点,并于 1813 年进一步推广到静电领域得到泊松方程:

$$\nabla^2 V = -4\pi\rho$$

这样,他们在无意中引进了空间状态来表示物理过程,以代替牛顿的超距作用. 这些适于数学、物理各部门的场基本方程,随着在不同坐标系中求解而得到贝塞尔函数、球谐函数、勒让德多项式等特殊函数,成为典型的数学物理方程.

2. 哈密顿原理与正则方程

哈密顿(William Rowand Hamilton,1805—1865)是英国爱尔兰物理学家.

首先,在他 1824—1832 年的论文中,他对最小作用量原理加以研究后认为应该代之以"极值原理",因为"事实上伪装节约的数量常常在那里浪费地消耗着,而且自然界有很多现象中作用是极大的或稳定的,"[1]因此应叫"稳定作用原理".

其次,他在泊松的基础上引入作用量或主函数

$$S = \int_{(p_2)t_2}^{(p_1)t_1} (T - V)\,\mathrm{d}t = \int L\,\mathrm{d}t$$

他认为真实运动是使作用稳定的运动,即 $\delta\int L\,\mathrm{d}t = 0$,这对保守系和非保守系都能适用,这就是哈密顿原理. 由于 $\int_{t_1}^{t_2} L\,\mathrm{d}t$ 为拉格朗日函数在$(t_2 - t_1)$时间间隔中的平均值与这段时间的乘积,所以哈密顿原理的物理意义就是:对于真实的运动,拉格朗日函数亦即动能与势能的时间平均值之差有一常驻值. 对于保守系,$T + V =$ 常数,即得欧拉与拉格朗日使用过的最小作用量原理:

$$\frac{\mathrm{d}}{\mathrm{d}t}\left(\frac{\partial L}{\partial \dot{q}_i}\right) - \frac{\partial L}{\partial q_i} = 0$$

哈密顿引入一组新变量(p_i、g 作为独立变量),后来又在 1835 年引入一个新函

---

① 克莱因. 古今数学思想:第三册[M]. 上海:上海科学技术出版社,1979—1981:134.

数 H：

$$H(p,q_i,t) = -L + \sum_{i=1}^{n} \dot{p}_i \dot{q}_i$$

就得到 $\dot{q}_i = \dfrac{\partial H}{\partial p_i}$，$\dot{p}_i = -\dfrac{\partial H}{\partial q_i}(i=1, 2, \cdots, n)$

　　把拉氏方程变成了一阶线性微分方程组，这就是说，通过变分，可以把微分方程变为最理想最简单的形式，即哈密顿正则方程，哈密顿用这个方程提供了一个普遍原理，对量子力学中薛定谔方程的建立和广义相对论都提供了桥梁.

　　理论一旦在实践的基础上产生，就会根据理论自身的相对独立性发展起来，并在与实践反复结合的过程中不断深化和扩大. 如上所述，18、19 世纪的经典力学正是在科学家追求更普遍方便的理论与更严密的逻辑体系中发展的. 事实上，在一个包含若干基本原理的自洽的理论体系中，总可以选择其中一个或几个作为基本假设或基本理论，而把其他原理作为自己的推论，这正是理论成熟的标志.

　　分析力学不仅用统一的方法解决了各种力学问题，而且其意义远远超出了经典力学范围，人们发现，能量观点和拉氏方程、哈氏原理及正则方程，完全适用于其他形式的物质运动，无论在电动力学、统计物理、相对论还是量子力学、量子场论乃至基本粒子领域，都是分析问题的基本工具或出发点. 因而分析力学也就成了跨入理论物理学和现代物理学的入门课程.

第 6 章 光学的发展

6.1 西方古代和中世纪的光学成就简述

古代人对于光现象的记载和研究是和日常生活、观察天象、占星问卜等同时开始的，因此历史上的光学几乎与力学、数学等一起成为人们探索自然奥秘的最早部门．但由于光的物理本性不像力的本性那样比较容易为人们认识，因此古代光学基本上停留在对几何光学现象的描述与总结上，作为一门科学，发展比较缓慢．从光学器具看，中国的青铜镜早就应用，而玻璃和珐琅在埃及、希腊、罗马发现较早．柏拉图学园（公元前 428—前 348）的教学内容中就已有光的直进和反射角与入射角相等的内容（反射定律的发明者已不可考）．

欧几里得（Euclid，约公元前 330—前 275）在《光学》一书中说："我们假想光是直线进行的，在线与线之间还留出一些空隙来，光线自物体到人眼成为一个锥体，锥顶就在人眼，锥底在物体．只有被光线碰到的东西，才能为我们看见．"这就是"流出论"的根据．但原子论者则主张一切感觉都是从物体发出的物质流引起的．亚里士多德介于二者之间，主张"视觉是在眼睛和可见物体之间的中介者运动的结果"．

2 世纪时托勒密（公元 70—147）写了《光学》一书．他用如图 6-1 的装置第一次得出折射的数据（表 6-1）．

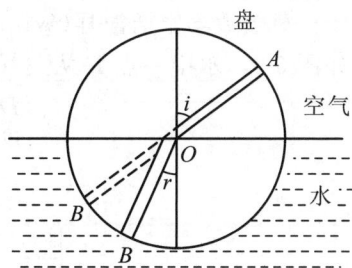

图 6-1 托勒密实验

表 6-1 由空气射入水中的折射

入射角	折射角	
	托勒密值	现代值
10°	8°	7°29′
20°	15°31′	14°52′
30°	22°30′	22°1′
40°	29°	28°49′
50°	35°	35°4′
60°	40°30′	40°30′
70°	45°30′	44°48′
80°	50°	47°36′

托勒密的结论并不准确，他认为折射角与入射角成正比．

中世纪阿拉伯人阿尔加桑（Al-hazewn，965—1038）也写了一本《光学》，他通过解剖知识正确指出眼的视觉功能，改进了托氏仪器，指出入射线、折射线与法线在一平面内，他还提出了有名的"阿尔加桑问题"：从物点发出的光是如何汇集到眼内成像的？他还通过晚霞的持续时间，计算出当时太阳处于地平线下 10°，估算出大气层高度为52000 步，后来开普勒指出这个计算结果不对，但物理思想是可贵的，阿尔加桑《光学》的拉丁文译本在 13 世纪曾激励波兰数学家维特洛(Vitello)去研究光学.

6.2　折射定律的建立

望远镜出现后，为了改善天文、航海与战争中这一必备的利器，需要不断改善已有的光学元件的制备和提高望远镜的倍数，这就不能没有正确的理论研究.

开普勒在 1604 年发表了对维特洛光学论文的注释，1611 年发表了《屈光学》，他认为折射角 r 由两部分组成，一部分正比于入射 i，另一部分正比于入射角的正割 $\sec i$. 只有在小于 30°时，托勒密的正比例定律才适用. 在光近乎垂直入射时，$i : r = 3 : 2$，他还得出玻璃的折射角不会超过 42°. 根据光路的可逆性，他得出存在有全反射现象的结论. 在这些工作的基础上，他求出了曲率相等的双凸透镜的焦距和平凸透镜的焦距，并设计了他的望远镜.

荷兰数学家斯涅耳(Willibrord Snell，1591—1626)在大约 1621 年发现了折射定律. 如图 6-2，水中一点 F 从空气中看好像在 C 点，斯涅耳发现，对于任意入射角，

$$\frac{DC}{DF} = \frac{AD/\sin i}{AD/\sin r} = \frac{\csc i}{\csc r} = 常量$$

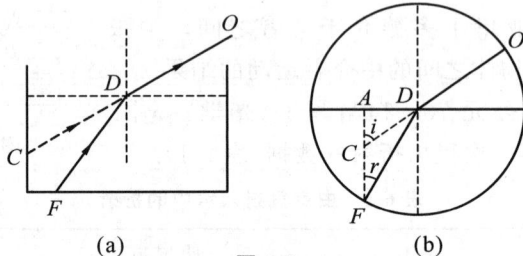

图 6-2

这一定律是斯涅耳 1626 年去世后在他的遗稿中找到的，而第一个利用粒子("网球")模型推证这一定律使其具有现代形式的正是笛卡儿，他把余割之比换成了正弦之比.

6.3　17 世纪关于光的本性的争论

在光现象不断发现和认识过程中，引起了人们对光之本性的研究. 这时已经出现了关于光是一种"作用"抑或是一种"实体"的争论. 后来逐渐成了波动说和微粒说的分歧. 这两种观点的争论持续了几个世纪之久.

在 17 世纪中，主张波动说的有笛卡儿、胡克和惠更斯等人，主张微粒说的有伽桑迪(Pierre Gassendi，1592—1655)和牛顿.

6.3.1　关于波动说

笛卡儿在《屈光学》(Dioptric 1637)一书的开始，就重复了一种古老的譬喻：光从物体通过介质传到人眼，正如机械脉冲沿着手杖传入盲人的手和脑中．在这里，他明确地否认了"某种物质性的东西从物体传入眼睛而使我们看见色和光"的说法，也就是说，认为光是一种在以太介质中压力的传递过程．但是，当他进一步用物质的冲突来解释光的反射和折射时，却把光的投射与一个网球的弹射相类比（反射），或者认为网球打在一块麻布上，"这块布的质地如此疏松，以致网球的冲力完全能击穿和通过，这时网球只能降低了它的部分速度"①，但平行于界面的分速度保持不变．为了解释光由空气进入水中是折向法线而不是偏离法线，他又不得不假定：球受到球拍沿垂直于界面方向的打击进入较密介质后速度加快．只有这样才能解释折射定律．这里另一个困难是关于光的速度．他认为压力不是运动，它的传递是不需要时间的，因此，在 1634 年 8 月 22 日他给一位朋友比克曼(Beeckman)的信中说，他相信光速是无穷大的，光"在一瞬间从发光物体到达我们的眼睛……对于我们来说，这是确凿无误的，倘若竟能证明这是不对的，我会立即承认在哲学上我是绝对无知的."②然而在对折射定律的解释上，他却不得不认为光压的传播速度有限，并且吞下介质密度越大光速越大的苦果，这一点受到费马的尖锐批评．费马在 1661 年指出，如果光在密介质中比在疏介质中走得慢些，光的反射和折射才符合"最短时间原理"，即

$$\frac{\sin i}{\sin r} = \frac{v_i}{v_r} = 常数$$

这正和笛卡儿解释中的 $\frac{\sin i}{\sin r} = \frac{v_i}{v_i}$ 形式相反．在笛卡儿充满矛盾的看法中以及折射定律公式上的差异，却孕育了光的本性问题继后的大争论，使许多人费尽心血，从而促进了几何光学和应用光学的发展．

意大利物理学家格里马第(Francesco Maria Grimaldi，1618—1663)1665 年出版了《关于光、颜色的物理数学研究，颜色和数》．他令百叶窗透过来的一束光照在小棍上，得到较宽的带色彩的影子，他名之为"衍射"．如果在影子边缘再加上一两个小孔，影子还会展宽和重叠，叠加部分的照度反而减弱．格里马第因此也发现了两束光的干涉现象．他认为这和投石击水引起的水波相似．

胡克在同年发表了《显微术》一书，坚决主张光"必定是一种振动"．因为使光或多或少地运动着的"显然不是发光体而是它的某些部分"．当时一个叫作克雷顿(Creighton)的人曾在英国皇家学会表演金刚石在黑暗中受摩擦、打击或加热时发光的现象．胡克认为，光的出现证明"运动的部分"返回来了．而且金刚石这一物体的运动部分不可能是圆运动、球状运动而必定是"世界上最小的物体""极短的振动"．他写道："在一种均匀媒质中这一运动在各个方向上都以相等的速度传播．于是发光体的每一脉动和振

---

① W. B. Joyce，A. Joyce. 笛卡儿、牛顿和斯涅耳定律[J]. 物理教学，1982(3)：27—30.

② A. I. Sabra. Theories of light，form Descartes to Newton[M].Cambridge University Press，1981.

动都必将形成一个球面，这个球面将不断增大，如同投石入水后引起的越来越大环状波一样（尽管肯定要快得多）. 由此可知，在均匀媒质中扰动而成的球面的一切部分都与射线正交."①这里胡克已有了波面（波前）和媒质各向同性概念.

惠更斯在 1672 年写出 1678 年向巴黎科学院提出而于 1690 年出版于荷兰的《论光》一书，从光的产生和引起的作用两方面来说明光是一种运动. "在地球上光主要是由火焰引起的，火焰无疑包含着迅速运动的物体"，"当光被凹面镜汇集时也具有火一样的燃烧特性". 至于这种运动到底是胡克设想的那种介质的运动还是微粒流或飞矢似的运动，惠更斯从光的独立作用原理出发，认为："假如注意到光线向各个方向以极高的速度传播，并且光线可以从不同的地点甚至完全相反的地方发出时，光射线在传播中光线相互穿过而相互毫不影响，就能完全明白：当我们看到发光的物体时，绝不可能是由于诸物体有任何物质传输到我们这里，好像一颗子弹或一支箭穿过空气那样."②和声波与水波类比，他进一步从光速有限性论证了光是球面波. 对于波的传播过程，他的著名原理是："光波发射时，光在其中传播的每一物质粒子不只把运动传给与原始粒子及光源在同一直线上的邻近粒子，而且还应传给所有和它接触并阻碍其运动的一切粒子. 因此，在每一粒子周围就产生以此粒子为中心的波.""以后将看到，光的一切特性以及属于光的反射和折射的一切问题，都能够用这种方法在原则上得以说明."③这一原理在解释丹麦人巴塞林那斯（E. Bartholinus，1625—1698）在 1669 年发现的方解石双折射现象时十分成功，惠更斯根据他的波动学说和波阵面作图法，说明寻常光线的波面是球面而非常光的波面是椭球面，对于后一情况光在不同方面上速度不同.

但是，惠更斯 1678 年发现加上第二块方解石后不能引起光的第二次双折射却引起偏振现象，这使他遭到了意外的困难. 他在书中说："在结束有关这种晶体的论述之前，我将补充另一个在我写完以上一切后发现的奇异现象……使别人有机会加以研究……提出进一步的假设."④这是一种严格的科学态度.

惠更斯的"波"实际上还只是脉冲，他甚至否认波的周期性："由于这些波源受到的撞击并不具有规则的连续性，不必假定这些波之间会有等距离间隔.""图中标出波的等距离只标志同一个波在相等时间间隔的序列，而不表示从同一个中心发出几个波的情况."⑤他还认为光波与声波都是纵波. 这样，惠更斯的波动说却不能解释干涉、衍射、偏振等波动光学的基本事实.

6.3.2　以牛顿为代表的光的微粒说

牛顿在光学中也同样使用实验归纳法，小心翼翼地竭力避免使用一些没有确实根据的假说. 他一方面研究并亲手重做和扩大了许多实验（如 1666 年作著名的三棱镜色

①　Robert Hooke. Micrographia[M]. New York：Dover Publication：54—57.
②　Christian Huygens. Treatise on light[M]. Encyclopaedia Britannica，1952：3—4.
③　同上书，19—20 页.
④　同上书，92 页.
⑤　同上书，17 页.

散实验，以及衍射、牛顿环、双折射、偏振等）；另一方面研讨了当时已有的形形色色的假说，在《光学》(1704)一书中作为结论，只提出 31 条疑问．对于比较成熟的微粒说和不大容易把握的以太波动说，牛顿总的倾向于前者，这是因为：

(1)波动说当时还不能说明光的直线传播这一基本事实．尽管水波和声波可以绕过障碍物，"但是我们从来不知道光会沿着弯曲的道路走，或者会弯到影子里去"（《光学》疑问 28①）．牛顿当时还没有注意到衍射现象中几何影里面的亮条纹．

(2)不能解释光的偏振现象．牛顿把偏振看作光在传播中方向上的不对称，并与铁磁体的极性作对比：英文偏振(Polarization)原意就是"极化"，平常光和非常光就像圆形截面和矩形截面磁棒一样，他在同一个疑问中说："因为从一个发光物体传播出去的挤压或运动，通过一种均匀媒质时必须在所有方向上都一样．然而根据那些（在冰洲石上的）实验，光线看来在它们的不同方向上有着不同性质……"由于当时一般都把光波与属于纵波的声波相比，所以牛顿的结论是："对我来说，假如光仅仅是在以太中传播的挤压或运动，那么这似乎也是解释不通的．"②

(3)对以太的怀疑．他在同一疑问 28 中继续说："对于天空为流体媒质（除非他们非常稀薄）所填满的那种主张，一个最大的反对理由在于行星和彗星在天空中各种轨道上的运动是那样有规则和持久；因此很明显，天空里没有一切可觉察到的阻力，所以也没有任何可觉察到的物质．……而如果把它抛弃，那么光是在这样一种介质中传播的挤压或运动的这种假说，也就和它一起抛弃了"③．

但是，对于波动说牛顿也做过一些设想，例如，对于颜色的来源，他就同时有两种猜想，一种是波动说，这与胡克的相似：颜色是否像声音一样，也是按照脉冲大小的不同而不同．他在《光学》疑问 13 中说："不同种类的光线，是否引起不同大小的振动，并按其大小而激起不同的颜色感觉，正像空气的振动按其大小而激起不同的声音感觉一样？"④在 1675 年 12 月 9 日的一封信中，他说："我更喜欢的是另外一种假说"，即微粒说，在那里牛顿把光微粒与以太的振动分开："假定光线是从发光物质向各方面发射出去的小的物体，那么当它们碰到任何一种折射或反射表面时，就必然要在以太中引起振动，正像石头被投入水中时要引起振动一样．我还假定，这些振动将按照激发它们的上述颗粒性光线的大小和速度不同而有不同的深度或厚度．"⑤这后一种微粒中还含有波的因素．

为了解释他发现的薄膜的颜色，牛顿还提出了"猝发理论"，说明"光线由于某个或其他原因而交替地倾向于反射或折射，乃至多次的反复"；"并使交线在每一次返回时容易透过下一个折射面，而在它两次返回之间容易被这个面所反射，"⑥这种"猝发间隔"正是周期性的重复．

---

① 牛顿，赛耶．牛顿自然哲学著作选[M]．上海：上海人民出版社，1974：180.
② 同上书，180—181 页.
③ 同上书，181—184 页.
④ 同上书，98—167 页.
⑤ 同上书，98 页.
⑥ 同上书，245 页.

牛顿本来还打算进行一些光学实验,但是没有办到,所以对光的本性也没有得出结论.特别是由于当时的波动理论解释不了偏振现象,所以牛顿后来在疑问 29 以后逐渐倾向于"把光线看作是微小的物体"即粒子流,它们"一阵容易反射,一阵容易透射","处于这种一阵一阵的猝发状态之中",而这些粒子具有不同的侧面:"除非承认光线是一些物体,否则就难以理解光线在它的两个侧面中有一种永久不变的效能而在另外一些侧面中却没有这种效能."(指引起偏振及双折射)[1]直到最后,他仍然说:"我只是……作了几点提示,而把这些提示留待那些好奇的人们进一步去用实验和观察来加以证明和改进."[2]

要判定哪种学说正确,只有求助于"判决性实验".特别是光在其他介质中的传播速度.这样对于光速的概念和光速的测定便成为关键了.1675 年,罗麦(O. faus Romer,1644—1710)根据木星卫星蚀第一次估算出光速(约合 215 000 km/s),这是令人吃惊的高速度,所以很长一段时间没有解决.由于牛顿的权威,使光微粒说几乎在百年之间居于上风,直到 19 世纪才开始了光波动说的英雄时期,经过杨、菲涅尔、马吕斯、佛科等人而取得了胜利.

6.4 波动光学的兴起

在整个 18 世纪,光学几乎没有什么发展,多数科学家赞成光的微粒说,只有欧勒和伯努利却坚持和发展了"以太"的波动理论.

进入 1800 年,由于英国医生托马斯·杨(Thomas Young,1773—1829)和法国工程师菲涅耳(Augustin Jcan Fresnel,1788—1827)的工作,使波动说又重新提出,并取得成功.

托马斯·杨在 1800 年,发表了题为《声学和光学的大纲和实验》的论文,在这篇文章中,根据光的波动本性解释了牛顿环的现象,并描述了杨氏双缝干涉实验,第一次显示了光的干涉现象,并由此成功测出了红光和紫光的波长,其值为 0.7 μm 和 0.42 μm,并且认为光是横波.托马斯·杨取得了很多研究成果,其中包括人眼的构造和功能.

菲涅耳继续了托马斯·杨的工作,1815 年他用杨氏干涉原理补充了惠更斯原理,提出了惠更斯-菲涅耳原理.运用这一原理不仅能解释光在各向同性介质中的直线传播,同时也能解释光的衍射现象.1808 年马吕斯(Etiene Louis Malus,1775—1812)偶然发现光在两种介质界面上反射时的偏振现象,随后菲涅耳和阿拉果(Dominique Francois Arago,1786—1853)在 1819 年提供了相互垂直的偏振光不相干涉的证明,这是光的横向振动理论最终的证实.这些研究使光的波动理论更加完善起来,因此开始了波动光学的英雄时期.尤其在 1849 年和 1862 年,菲索(A. H. L. Fizeau,1819—1896)和傅科先后相继在实验室中测定了光的速度以后,证明了光在光密媒质中的传播速度小于光疏媒质中的速度,说明光的波动理论所得出结论的正确性,但这只是一个

迟到的判决.

　　1845 年，法拉第(1791—1867)发现了偏振光的振动面在强磁场中旋转的现象，从而揭示了光和电磁的内在联系. 1856 年韦伯(Wilhelm Weber，1804—1891)和柯尔劳斯(R. H. A. Kohlrausch，1809—1858)发现电荷的电磁单位和静电单位的比值等于光在真空中的传播速度，这样，人们得到启示，光学的研究必须和其他现象联系起来考虑.

　　1865 年，麦克斯韦(1831—1879)电磁场理论的建立，说明电磁波以光速传播，所以光是一种电磁现象. 这一理论于 1888 年被赫兹(Heinrich Hertz，1857—1894)用实验证实. 由此建立了光的电磁理论. 它用"电磁以太"代替了"机械以太"，但遗憾的是此理论终究没有进一步说明"以太"的性质.

　　光的本性问题只有随着量子光学和近代光学的发展，才更全面地为人们所认识.

第 7 章　电磁学的发展

关于电和磁现象的系统研究，开始于 18 世纪．18 世纪是资本主义在欧洲进一步巩固和扩大的时期，生产上由工场手工业向机器工业过渡．社会生产的发展为科学研究提供了物质条件，同时也向科研工作提出了急需解决的问题，从而促使科学迅速发展．这一时期的物理学也同样得到了相应的进展，形成了分门别类的各分支学科，如热学、电磁学等．

电磁学的发展和生产的关系虽然没有像热学的发展和蒸汽机的发明那样密切，但是其发展的主要原因仍是来源于社会生产和生活的实际需要．航海事业对磁现象的研究起了很大的作用；对大气中电现象的研究促进了电学的发展；研究电对动物机体的作用，做出了著名的伽伐尼实验，从而得到了电流．

库仑定律的建立是电磁学进入定量研究的开始．虽然在这以前人们对电、磁现象已有不少认识和记载，但多数属于对现象的定性、直觉的描写，很少有定量的、有分析的系统研究．因此，我们把库仑定律建立之前对电磁现象的研究统称为电磁现象的早期研究．

7.1　电磁现象的早期研究

7.1.1　吉尔伯特(William Gilbert，1540—1603)的《论磁》

在电磁现象的早期研究中，第一批系统的进行研究的首推英国医生威廉·吉尔伯特．他的工作使整个磁学由经验转变为科学，并对当时的科学发展有巨大的影响．这个影响主要来自 1600 年在英国出版的他的著作《论磁，磁体和地球作为一个巨大的磁体》一书．① 这本书是科学文献中的一部经典著作，它以详细的实验来检验复杂的推测而著称。他应用了 13 世纪波特洛斯、佩雷格伦纳斯(Petrus；Peregrinus，13 世纪中叶)在《关于磁的通信》中汇集的知识，系统地观察了电磁现象，并反复实验，得出了一些经验性的结论．这些结论和现行的物理初级教科书中的内容没有本质的差别．例如，他得出：

(1)只有磁性物体才具有磁的吸力和斥力．

(2)磁体恒有南北两极。同名极相斥，异名极相吸，不能找到单独的磁极．

(3)铁制物品在磁体的影响下会磁化。断定地球是一个大磁体，它的磁极和地理上的两极相合。比较凑巧的是吉尔伯特在实验中选用了磁球而不是磁棒作为实验的工具．

---

① William Gilbert. William Gilbert of Colchester, physician of London：on the loadstone and magnetic bodies，and on the great magnet，the earth[M]. J. Wiley & Sons, 1893.

就是由于这种选择，才使他发现地球是一个大磁球，而他的磁球类似一个小地球(图 7-1)．这个观点对同时代的科学家有较大的影响．

　　同时，他还研究了电现象，发现不仅摩擦过的琥珀有吸引轻小物体的性质，而且其他物质像金刚石、水晶、硫黄等也有这种性质．他把这种性质称为电性．

　　在对电现象和磁现象进行比较之后，深信两者之间的差异极其深刻，他以下述理由作为自己看法的依据．

　　(1)电性质可以用摩擦的办法产生，而磁性是在自然界中的磁体才具有的．

　　(2)磁性有两种——吸引和排斥，而电性仅仅有吸引(吉尔伯特还不知道电排斥)．

　　(3)电吸引比磁吸引弱，但带电体能吸引多种轻小物体．而磁力则只对少数几种物质起作用．

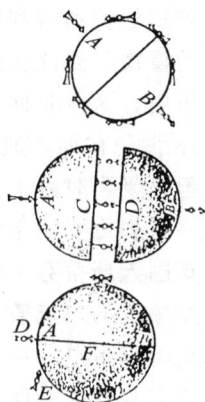

图 7-1　吉尔伯特的小地球

　　(4)电力可以用水消灭，磁力却不能被消除．

　　吉尔伯特把磁、电完全割裂开来的看法，对后来的研究带来很大的影响．它使人们长期以来一直把磁和电作为两种决然无关的现象分别加以研究，一直延续到 19 世纪奥斯特发现电流磁效应为止，中间约经过了两个多世纪．

　　吉尔伯特的工作引起同时代人的重视．伽利略曾在《对话》一书中称赞道："我对这位作者感到无比的赞赏和钦佩．关于这样一个问题，过去无数才智之士都经过手，然而丝毫注意不到什么，他却能提出这样重大的概念体系来．我觉得他做的那许多新的和踏实的实验和观察也值得大书特书……"这就说明了吉尔伯特的历史作用．但伽利略也指出吉尔伯特的不足之处，说是少了一些数学家的气质，特别是少了些几何学方面的扎实基础，因此在他解释地球自转的原因时，误认为是由于它的磁性．这也许是他的书受到不恰当的忽视的原因．

　　正像伽利略对吉尔伯特的评价那样，他有成功之处，同时也出现了一些失误．例如吉尔伯特认为地磁偏角在一个给定的地方是一个恒量；电只有吸引而没有排斥等．前面一个问题被格雷沙姆大学的教授吉利布兰德(Henry Gellibrand 1597—1637)所指出并加以改正：吉利布兰德比较了伦敦磁偏角在不同年度测得的不同值，如 1580 年在伦敦测得磁偏角为偏东 $11°15'$；1622 年在同一地点测得值为偏东 $6°13'$；1634 年又测出不大于 $4°$，由此发现同一地点的磁偏角随时间有所变化．后一个问题由盖利克(Otto von Guericke 1602—1686)加以纠正：他注意到同类电荷之间的排斥作用，指出电除有吸引外，同时也存在推斥作用．

7.1.2　电荷的获得

　　在吉尔伯特之后，电和磁方面的工作很少进展．可以提出的是 1663 年盖利克制造了一种用摩擦产生大量电荷的机械：他取一个跟小孩的头那么大小的球形玻璃瓶，把研磨好的硫黄装到里面，并在火上充分溶化．冷却后，打破玻璃瓶，取出硫黄球，放在干燥的地方，把它穿一个洞，使它能绕一根铁棒或轴转动．他把手按在硫黄球的表面上并让球迅速转动，硫黄球就获得了足够的电荷，能吸引轻小物体，同时对轻小的物体也有排斥作用，从而纠正了吉尔伯特的观点.

吉尔伯特和盖利克虽然在电磁学方面作出了不少贡献，但是他们却没有引起人们应有的重视，因此在近代物理学的头一个半世纪中，物理学的思想史却很少记载这方面的历史，这段时期我们称它为电磁学发展史上的史前期或萌芽期.

18 世纪初期，研究者们所遇到的问题是关于摩擦起电，电火花和大气电方面的现象. 但是受当时静电学基础理论缺乏的影响，致使对上述现象不能进行正确的解释. 而这一系列重要的定性的观察却为以后的理论发展打下了基础.

英国人斯蒂芬·格雷（Stephen Gray，1666—1736）在 1729 年研究了导电现象，注意到摩擦过的玻璃管可以使电传递到塞子上，再用末端有骨制小球的棍子插入塞子，小球也可以带电. 从而使人们了解到除摩擦之外还可以有其他方法使物体带电. 他的另一个实验是使人体带电. 通过实验发现不是任何物质都具有这种性质. 从而把物体分为两类，非电性物体（导体）和电性物体（非导体）. 格雷还用实验证实了吉尔伯特关于电现象和磁现象独立无关的思想：他用带电的钥匙吸引轻小物体，这与它本身是否被磁铁吸引无关，说明"电的本质"并不作用于"磁的本质"，反之亦然.

法国人杜菲（Charles Francois de Cisternay DuFay，1698—1739）在格雷的工作的影响下，做了类似的实验. 他用丝绳把自己吊起来，然后设法使自身带电. 当另外一个人接近他时，从他身上发出电火，并有噼啪的响声. 由此他得出结论：所有的物体都可以带电. 进一步的实验发现有两种不同的带电形式，其中一种被他称为玻璃型的；另一种称为树脂型的. 前一种在玻璃、宝石、毛发和其他物体上出现，而后一种表现在琥珀、虫漆、丝等物体上. 同时发现同种电相排斥，不同种类的电互相吸引. 他还设计了一种仪器，在带电时它的线向四周散开，后来知道这就是验电器的雏形.

7.1.3 电荷的存储和大气电研究

18 世纪中叶，电学实验逐渐普及，在德国和荷兰有不少人公开表演以为娱乐. 在这种情况下，德国卡明大教堂的副主教冯·克莱斯特和荷兰的物理学家穆欣·布罗克（Pieter Van Musscchenbrock，1692—1761）两人于 1745 年和 1746 年先后做了类似的实验，从而各自独立地发现了莱顿瓶.

穆欣·布罗克于 1746 年在给雷谬尔的信中，这样来描写他的实验. "我告诉你一个新的但是可怕的实验，希望你自己千万不要去做，我用两根蓝色丝带悬住一个铁柱，铁柱可通过传递方法从玻璃获得电荷，使玻璃球很快地转动，并且与轻轻地接触着球的手相摩擦. 在另一端自由地悬挂一根铜丝，铜丝的一端浸入在一个圆形玻璃容器中，容器中装了一部分水，并把容器放在右手上. 我试图用另一只手从充电的铁柱上引出火花. 突然我的右手受到了很大的打击，使我的全身都震动了，就好像受到闪电的打击一样"我认为"……这下子我可完蛋了……"并且说，就是把整个法兰西帝国全给他，他也不再做这一实验了. 但是他的话却引起了更多人的好奇和兴趣，有不少人重复了"莱顿实验". 这一消息传到了美国费城，引起了富兰克林的注意.

富兰克林（Benjamin Franklin，1706—1790）原来是费城的印刷商，在他 40 岁的时候，大约在 1746 年富兰克林到波士顿省亲时，看到刚从苏格兰来的史宾斯（Spence）博士做的有关静电的实验：用一块毛皮摩擦琥珀，用一块丝绸摩擦玻璃管．之后，琥珀和玻璃管间产生电火花，加热了金属，并使小软木球摆动．实验引起了富兰克林的兴趣和好奇心，于是他开始攻读当时称为"电流体"的学科．后来又收到伦敦皇家学会会员彼得·柯林森（Peter Collinson）博士从英国寄来的各种做电学实验的"仪器"，进一步激起了他研究电的兴趣，于是就埋头于这一课题的研究．1747 年 3 月 28 日，在他给柯林森的信中描写了自己的心情．他说："在以前我做的任何研究中，我从来没有像近来做这个研究那样，如此地集中我的注意力和花费我的时间"．

1746 年，富兰克林用莱顿瓶做了一系列的实验．1747 年发表了关于莱顿瓶功效分析的文章．在实验中证明了异种电荷可以相消．根据这种相消性，他得出正电荷和负电荷没有什么本质差异．认为当一个物体有了过剩的"电火"就带正电，"电火"不足就带负电．当然这个观点是错误的，不过富兰克林的理论已足以解释 18 世纪大部分已知的静电现象，更可贵的是他的理论包含了正确的思想，即电荷既不能创生也不能消灭．并且第一个提出了正电和负电的概念．

富兰克林对大气中的雷和闪电也进行了研究，认为应当用"电去解释雷和闪电"，虽然他没能想出更好的办法加以证实，但莱顿瓶实验发生的火花和爆裂声使他受到启发，认为这就是"模拟的闪电"．在多次实验的基础上，于 1749 年 11 月 7 日的日记中写道：电流体在这些方面与闪电一致：①发光；②光的颜色；③弯弯曲曲的方向；④运动很快；⑤由金属传导；⑥爆裂或爆炸声；⑦存在于水和冰；⑧通过物体使物体弯曲；⑨毁灭动物；⑩熔化金属；⑪使易燃物着火；⑫有燃烧硫黄的气味等．

为了进一步的实验，他开始用长 30 呎一端磨尖的铁棒插入空中，企图把空中的电引下来收集后加以研究．但铁棒不能上达云端，于是他想出了"风筝实验"．他把两根轻的杉木条做成一个小十字架，绑在一块丝绸手帕上．在木条上固定一根很尖细的铁丝，它的长度约一呎有余，用粗糙的大麻绳作为拉线，手拉的一端接一根丝绳（非导体）．在大麻绳和丝绳的接头处，拴了一把钥匙．在一个阴云密布、雷电交加的日子，他跑到郊外把风筝放到高空．经过细心的观察，发现当闪电时，被雨淋湿而躺倒的麻绳上的纤维，像"怒发冲冠"似的翘了起来．这时他用指关节靠近钥匙，火花向他手上飞过来，他确认这就是电．为了进一步研究大气电的性质，富兰克林用钥匙上的电给莱顿瓶充电，并用由此得来的电进行各种电学实验．发现它能使酒精燃烧，并具有和地面上的电一样的性质，由此证实雷电是一种电现象．

富兰克林的工作揭开了雷电的奥秘，统一了"天电"和"地电"，使科学界大为震惊，引起人们的兴趣，到处都在重复富兰克林的大气电实验．消息传到俄国圣彼得堡，罗蒙诺索夫（Михаил Васлывие Ломоносов，1711—1765）和李赫曼（1711—1753）也投入了这一工作．李赫曼于 1753 年进行大气电实验时不幸触电身亡，为科学献出了自己的生命．罗蒙诺索夫在提到自己的朋友和合作者的死时写道："李赫曼先生的死是壮烈的牺牲，他在自己的岗位上尽到了职责，人们任何时候都不会忘记他的."李赫曼的死给欧洲和美洲带来了深刻的影响，正是在这个消息所带来的影响下，捷克斯洛伐克的科学家普洛斜比·吉韦茨（1696—1765）在 1754 年创制了第一个避雷针．

7.1.4　关于电的本性

18 世纪中叶，提出了"电是什么"的问题，对电的本性展开了讨论. 概括当时的主要论点大致可以分为以下两种观点：一种是"单液说"，另一种是"双液说". 前者是由富兰克林提出的. 他认为电是一种无重量的流质，弥漫于整个空间，并能毫无阻挡的渗透于任何物质之中. 如果空间和物体中这种流质的密度相等时物体为中性，如果物体中流质的密度大于空间的密度，则物体带正电；如果物体中的流质密度小于空间中的密度，则物体带负电；同时也认为电液是守恒的，只能被重新分配而不能创造.

库仑主张"双液说"，认为电液有两种，同种电液的粒子相排斥，异种电液的粒子相吸引.

无论是"单液说"还是"双液说"，它们的核心都是把电看作是一种粒子. 这个观点和 18 世纪科学界对光的本性的看法是一致的，都属于机械的微粒说.

关于电的本性的争论长期没有得出正确的答案，即便是对电磁学作出很大贡献的法拉第（Michael Faraday，1791—1867）和麦克斯韦（James Clerk Maxwell，1831—1879）也不例外. 其实当法拉第得出电解定律时，已经完全证实了电的微粒说. 但是，他没有作出决断，徘徊于电是微粒、是一种特殊的物质、抑或是某种普通物质的运动，或者是第三类的动力或作用剂等几个观点之间. 至于麦克斯韦的电磁场理论，只涉及电磁以太而无须给出电的本性的某一种确定的模型假设，因此可以说麦克斯韦对电的本性问题也没有表示出明确的看法.

7.2　定量研究的开始——反平方定律的发现

18 世纪中叶以后，人们在已知同种电荷相斥和异种电荷相吸的基础上，提出了相互作用力的测量问题. 当时有不少科学家进行这方面的研究，氧的发现者 J. 普里斯特利（Joseph Priestley，1733—1804）就是其中之一. 1775 年在他的朋友富兰克林的请求下，重新做了以下实验：用丝线把一小块软木悬挂在带电金属罐外的附近时，软木受到强烈的吸引，但是把它悬挂在罐内时，不论在罐内的什么地方，它都没有受到电力的作用. 由此他想到"我们可否由这个实验推断电的吸引作用遵从跟引力相同的定律，即按距离平方的规律，因为容易证明，设若地球为一球壳，则置于其中的一个物体受到一侧的吸引力将不会大于另一侧的."[1]可以看出，普里斯特利是把电力与牛顿的万有引力定律类比后，而得出电力的相互作用遵从反平方定律的结论. 这是一个大胆的推理假设，普里斯特利本人没有加以证明，但它为后来的物理学家提供了一个研究的方向. 接着就有人从实验上加以证明. 法国物理学家查理·库仑（Charles Augustele Coulomb，1736—1806）就是其中最突出的一个.

库仑起先致力于扭转和摩擦方面的研究. 由于发表了扭力方面的论文，于 1781 年当选为法国科学院院士. 1784 年法国科学院发出有赏征集，库仑应召对船用罗盘进行

---

[1] 转引自 A. Whittaker，History of the Theories of Aether and Electricity，p. 53.

了研究，从而开始了他的电磁学方面的工作. 1777 年库仑创制扭秤，1785 年把扭秤用于测定电荷之间的相互作用力.

　　库仑于 1785 年至 1789 年，在法国皇家科学院备忘录中，发表了四篇关于电学方面的论文. 头三篇文章记述了他用两个实验得出了电的反平方定律. 其中一个实验是大家所熟悉的库仑扭秤(图 7-2)实验，用它证实了普里斯特利所提出的电的推斥力符合反平方定律. 在第二篇文章的前部，指出了利用扭秤测定电荷间引力时所碰到的困难，因此寻找电的引力所遵从的规律，必须另辟蹊径.

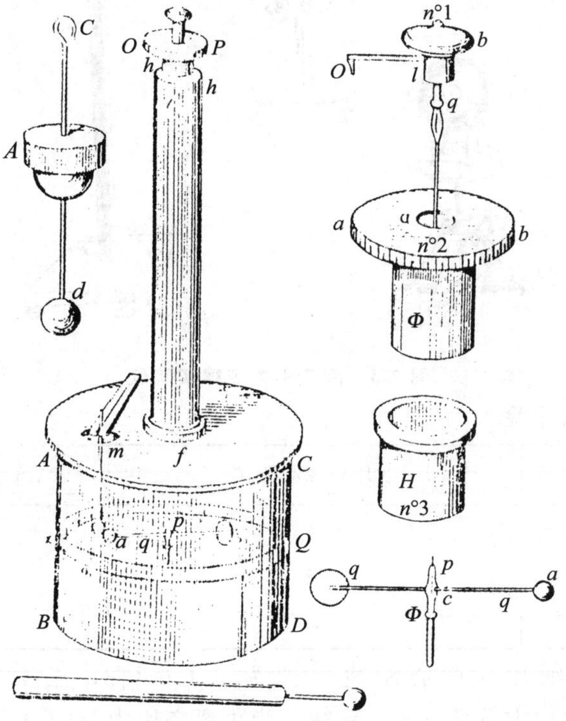

图 7-2　库仑扭秤

　　库仑受牛顿的万有引力定律的启发，意识到在地球对物体的作用力遵从反平方规律的前提下，必然存在地面上的单摆的摆动周期正比于摆锤离地心的距离，即 $T \propto r$ 的结果. 这是因为单摆的周期

$$T = 2\pi \sqrt{\frac{L}{g}}$$

若重力近似万有引力，则存在

$$mg \approx G \frac{mM}{r^2}$$

把后式代入前式，得

$$T = 2\pi \sqrt{\frac{L}{GM}} \cdot r$$

以上是在万有引力遵守反平方规律的前提下，得出的必然结果.

库仑把电的吸力和地球对物体的引力加以类比，设计了一个实验——电摆实验，其装置如图 7-3，G 为绝缘金属球，lg 为虫胶做的小针，悬挂在 7～8 呎长的蚕丝 sc 下端，l 端放一镀金小圆纸片．G、l 间的距离可调．实验时，使 G 和 l 带异号电荷，则小针受引力摆动．测量出 G、l 在不同距离时，lg 摆动同样次数的时间，从而计算出每次的振动周期．

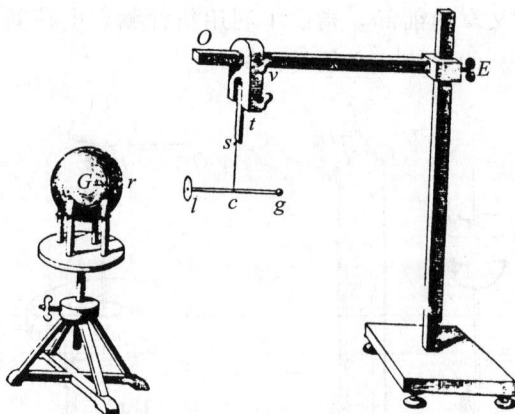

图 7-3　库仑引力定律实验仪

库仑记录了三次实验．

实验次数	纸片与球心距离	15 次振动所需时间/s
1	9	20
2	18	41
3	24	60

三次实验中，纸片与球心距离之比为 3：6：8，三次的振动周期之比为 20：41：60．如果电引力符合反平方定律，当距离之比为 3：6：8 时，从理论上计算，电摆的振动周期应为 20：40：53，因此，实验测定和理论计算之间存在差异．

库仑对实验结果进行了分析，认为漏电是产生误差的主要原因．他发现，在最佳的情况下，实验过程中，每分钟因漏电需损失总电量的 1/40，而整个实验需时 4 分钟．经过对漏电原因的修正，实验值和理论计算值基本符合．于是得出电的吸力和电的斥力一样，都遵守反平方定律．

在第四篇文章中，库仑对导体上电荷的分布进行了研究．他做过一个如图 7-4 的经典实验，A 是一个绝缘的金属球，B、C 是装有绝缘把的二金属半球壳．先把 A、B、C 套在一起（接触），然后使整个系统带电，再把 B、C 移开，发现此时 A 球不带电，而 B、C 外表面带电．如果开始时使 A 球带电，然后

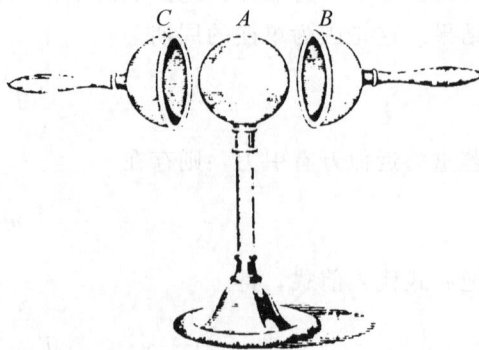

图 7-4　一个经典实验

把 B、C 套在 A 上（接触），再移开 B、C，发现同样 A 不带电，B、C 外表面带电. 从而得出电荷有分布导体表面的特性. 实际上这是电力遵从反平方定律的必然结果，而当时库仑并没有明确指出它们之间的关系.

在十几年以前，即 1773 年，卡文迪许（Henry Cavendish，1731 — 1810）曾早于库仑做过类似的实验，但是他却发表了两篇只具有次要材料的电学论文，没有引起人们的注意. 约在一个世纪以后，即在 1879 年，麦克斯韦出版了一本题为《尊敬的亨利·卡文迪许的电学研究》的书，才把卡文迪许的工作公布于世. 麦克斯韦在书中说："这些论文证明卡文迪许几乎预料到电学上所有的伟大事实，这些伟大的事实后来通过库仑和法国哲学家们的著作而闻名于科学界".[①] 遗憾的是由于卡文迪许没能及时发表他的研究成果，因此对当时的科学界没有起到应有的作用.

卡文迪许的思想是这样的：他认为电荷分布在金属球表面是由于电荷之间的作用力和其距离平方成反比的结果. 如图 7-5，他设想有一带电导体球面 $abcd$，用 ab 平面把它分为两半 acb 和 adb，考察 P 点的电荷既受上半球电荷的作用，也受下半球电荷的作用，虽然 acb 部分的电荷比 adb 部分的电荷少，但是上部分离 P 点的距离比下部分要近些，如果元电荷的作用力正比于 r^{-2}，则上半球对 P 点的作用将准确地补偿下半球对它的作用，所以 P 点的电荷没有移动，在静电平衡时，P 点不带电. 如果电力作用正比于 r^{-n}，而此处 $n \neq 2$，就会出现另外的情况. 如果 $n>2$，则下半球的作用将大于上半球的作用，正电荷要从 P 点流向上半球，使 P 点带负电；如果 $n<2$，P 点将有负电荷流向上半球，使 P 点带正电. 因此当研究了球内 P 点的电状态后，就能确定公式 $f(r)=\dfrac{K}{r^n}$ 中的 n 值.

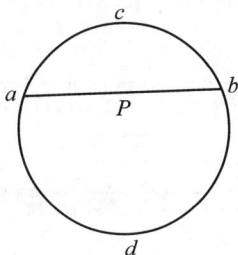

图 7-5 卡文迪许关于反平方定律的研究

卡文迪许的实验和库仑晚些时候的实验稍有不同，其装置如图 7-6，两个同心球壳固定在支架上，外球壳由两个可以开合的半球壳组成. 当外球壳合上时，可以通过其上的小孔，用导线连接二球壳，使整个系统带电后，取走导线，移开外壳，用木髓球作为验电器，检查内外壳带电的情况，发现内球不带电. 根据这一实验，卡文迪许得出 $n=2\pm\dfrac{1}{50}$，即指数有 0.02 的偏差.

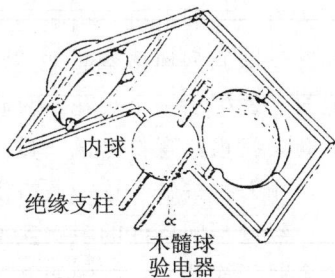

图 7-6 卡文迪许实验仪

后来麦克斯韦又重复了卡文迪许的实验，经过计算，得出 $n=2\pm\dfrac{1}{21600}$，于是库仑定律完全被证实了.

库仑定律是电磁学中的一个基本定律，它的建立使电磁学进入了定量的研究，从而使电磁学真正成为一门科学，并为数学引入电磁学打开了道路，为继续发展电动力学奠定了基础.

在 18 世纪末和 19 世纪初，电磁学进一步向两个方面发展，第一个方面是有关静

---

① 卡约里. 物理学史[M]. 戴念祖，译. 呼和浩特：内蒙古人民出版社，1982：131.

电学和静磁学的分析理论的提出；第二个方面是电流的发现和研究。

所谓静电学和静磁学的分析理论，就是借助引力理论所建立起来的势函数的理论来解释静电和静磁学的数学方法，这种方法后来对数学物理的其他问题的研究也有很大的影响．从事这一工作的主要是一些数学家，他们是泊松（Simeon Denis Poisson，1781—1840）；拉普拉斯（Pierre Simon Marquis de Laplace，1749—1827）；高斯（Carl Friedrich Gauss，1777—1855）和 G．格林（George Green，1793—1841）等人．其中值得提出的是高斯，他在物理学方面作了更多的工作．他首先注意到库仑定律不能用任意的尺度和测量的方法来获得，不然将在等式左右方出现一堆复杂的数值和单位的转换因子，因而对不同的观察者来说，想要比较其观察结果是非常困难的．基于这些考虑，高斯第一次为电量确定了一个单位，即所谓一个电量单位是两个与它相同的电量相距一厘米时以 1 达因的力相斥．他还创建了磁铁的磁矩的第一个绝对量度．从此创建了第一个合理的电磁单位制．关于他创建电磁单位制的思想，可以在他同韦伯（Wilhelm Weber，1804—1890）合著的论文《在绝对量度中表示的磁力的强度》（*Intensitasvis magnetical terastrised mensuram absolutam revocata*）中找到．

7.3 电流的发现和研究

7.3.1 伽伐尼（Luigi Galvani，1737—1798）发现电流

电流的发现开始于 L. 伽伐尼的工作．他是意大利的生理学家．在做出电学上的贡献前，他致力于研究神经对刺激的感受．他的发现记载在《论在肌肉运动中的电力》一文中．他写道："在 1780 年的一天，我解剖了一只青蛙，并把它放在桌上，在不远的地方有一架起电机，当我的一个助手用一把解剖刀接触青蛙腿内侧的神经时，青蛙的四肢立即剧烈地痉挛起来。""帮助我作电学实验的另一个人回忆说，他注意到这时在起电机上发生了一个火花，我自己当时正在从事另一件工作．但当他使我注意到这一现象时，我很愿意自己试一试，以发现其中的道理，于是我也在别人引出一个火花的同时，用刀尖去触动这一条或那一条神经，并且跟以前完全一样，同一现象又重现。"[①]

经过不同条件的多次实验之后，伽伐尼发现，只要青蛙的肌肉和神经由一种以上的金属所连接，青蛙的四肢就要痉挛．出于职业的本能，他设想这是由神经传到肌肉的一种特殊电液所引起的，金属起着传导的作用，这种电液后来被称为动物电或伽伐尼电．

实验公布后，引起了人们的注意．在讨论这种电的性质时，当时有三种观点．第一种观点认为它和莱顿瓶的放电是类似的；第二种观点认为伽伐尼电是和普通电不同的一种电液，即动物电；第三种观点根本不同意把这一现象归之于神经系统中所包含的一种假想的液体上去．伏打同意第三种观点．

---

① 转引自 A. Whittaker，History of the Theories of Aether and Electricity，p. 67—68.

7.3.2　伏打的成就

伏打(Alessandro Volta，1745—1827)对以上现象进行了研究，作出了仔细的定量分析．在他的第一批论文"论生物电"中有以下叙述：重复作以下实验，用锡和银，放在舌尖的不同地方，使它构成一个回路，舌尖就会有酸味的感觉．之后，在他的论文《谈谈伽伐尼的发现》，《关于生物电的新文章》中，逐步和生物电理论断绝了关系，对效应作出了物理的解释，提出：一切作用都是由于金属接触了某种潮湿的物体，或者接触了水本身而引起的．他把金属叫第一类导体，把潮湿的物体叫第二类导体．还发现，两种不同的金属接触，就会出现一个带正电而另一个带负电的现象．并且决定了一个接触序列：+锌、锡、铅、铁、铜、银−．有几种金属连接时，则电的作用(电压)只决定于两端金属的性质，和中间的金属无关，这就是伏打定律．又发现，用第一类导体构成闭合回路，则电液处于平衡，如回路中有第一类和第二类导体时，电液就动起来了．但是开始时这种效应很微弱，因此没有引起人们的重视．

1800 年，伏打发明了伏打电堆，并在 1801 年对有关问题作过两次演讲，这些讲演稿发表在吉尔柏托夫的《年鉴》1801 年第 4、第 5 卷上．由于伏打电堆的发明，他得到了拿破仑的奖励，并成为法国科学院院士．他还发明了起电盘、电容器等．

伏打电堆的发明，提供了产生稳恒电流的电源，使电学的研究从静电走向动电，从而开辟了一个新的研究领域．

7.4　电磁学的开始

自吉尔伯特开始以来的二百多年，人们一直把电和磁作为毫无关系的两门学科分别加以研究．至 1820 年奥斯特发现电流的磁效应后，才把电和磁联系起来：所以说奥斯特的工作是电磁学建立的开始．

7.4.1　电流磁效应的发现

第一个发现电流磁效应的是奥斯特(Hans Christian Oersted，1777—1851，图 7-7)．这个发现发表于 1820 年 7 月 21 日在哥本哈根出版的一本拉丁文小册子《电流对磁针的作用的实验》上．其上记载有："在自由悬挂着的磁针上方，由北向南流动的伽伐尼电，把磁针的北端推向东，而在相同的方向上，在磁针下面流过的伽伐尼电，把磁针的北端推向西．"这说明奥斯特是通过实验得出他的结论的．

电流的磁效应并不像有的人认为的那样是奥斯特偶然发现的．他的关于电和磁相关联的思想

图 7-7　奥斯特

由来已久，这由以下事实可以说明.

(1)奥斯特在 1803 年曾说过："我们的物理学将不再是关于运动、热、空气、光、电、磁以及我们所知道的任何其他现象的零散的汇总，而我们将把整个宇宙容纳在一个体系中."①这是 19 世纪中叶具有普遍性的"自然力之统一"的思想的反映.

(2)1809 年丹麦皇家科学学会曾经提出过一个征文题目：磁针的变化和倾角与各种物理力之间的关系，包括它们的寻常的温和的作用方式，如风、大气电、北极光等.以及它们的异常的、更激烈的作用方式：闪电、地震、飓风等——学会希望从问题历史的实验的以及思辨的各方面加以考察. 这一征文引起了奥斯特极大的兴趣，于是他开始进行这方面的工作.

(3)1812 年用德文写成，1813 年又在巴黎以法文重版的"关于化学力和电力的等价性的研究"一文中，奥斯特提出"我们应该检验电是否以最隐蔽的方式对磁体有所影响."②说明他已考虑到电和磁的联系.

(4)在 1818—1819 年和奥斯特共同工作过的 J. G. Fochhammer 曾谈道："奥斯特一直在寻找这两大自然力之间的联系."又说："发现这种仍然是神秘的联系(指电和磁)，经常盘踞在他的头脑之中."③

奥斯特成功的原因，除了有愿望、兴趣、正确的思想外，他还认识到必须从实验上加以检验，并亲手进行了大量的实验. 他用一个 Cu｜H_2SO_4＋HNO_3｜Zn 的伽伐尼电池两极连接一根细的铂线，在铂线的上下左右放磁针. 发现磁针有微弱的偏转. 实验成功的关键，很大程度决定于磁针放置的位置. 他所以这样做基于以下两点考虑：第一，考虑到前人沿电流方向放置磁针企图发现磁效应的失败；第二，考虑到热和光是向四周散发的，也许电流的磁效应也存在同样的规律.

实验中所以采用铂制细线，是因为考虑到磁效应可能跟热效应和发光有联系，以为只有当导线炽热到发光时，才会显示出磁效应. 但实验结果由于电流过小，而使现象很不明显. 经过多次实验之后，才把细铂线改为铜制粗导线，把电源改为大电池. 由于增大了流过导线的电流，使电流磁效应变得明显起来.

奥斯特做了 60 多个有关的实验，他分别把磁针放在各种不同的位置，考察电流对它的作用及作用的强弱；并把玻璃、金属、木板、水、石头等放在导线和磁针之间，发现它们对电流磁效应都没有影响.

电流的磁效应被发现了，它的意义是重大的，归纳起来有以下几个方面.

第一，自吉尔伯特提出电和磁是两种决然无关的现象的观点以来，一直延续了两个世纪，到 1820 年奥斯特提出电流的磁效应以后，才打破了这个观点，使历来认为两个无关的现象——电和磁，建立了联系，这就为以后电磁场理论的发展奠定了基础.

第二，19 世纪的物理学界只知道一种中心力. 而对载流导线和磁针相互垂直时，导线对磁针既不吸引也不排斥的现象用中心力是无法解释的. 怪不得阿拉果说：奥斯

---

① 转引自 Stauffer R C. Isis，1957，48：33.

② Scienilfte papers of H. C. Oersted，V. I. p. 210.

③ 引自 Stauffer R C. Isis，1953，44：307.

特的实验同力学的基本原理完全矛盾，也就是说发现了一种新的不同于中心力的相互作用形式．它为制造一种灵敏而方便的电流指示器创造了条件．

第三，电流磁效应本身包含了未来的电力技术应用的内核，它为以后的电报和电机的发明奠定了基础．

奥斯特的工作公布于世，引起了物理学界的广泛注意．紧接着有不少人着手这方面的研究，首先是一批法国的物理学家．如毕奥、萨伐尔、安培等．

7.4.2　安培(André Marie Ampère，1775—1836)和安培定律

奥斯特发现电流磁效应的消息传到世界各地．在瑞士日内瓦的法国物理学家阿拉果(Dominique Francois Jean Arago，1786—1853)得知此消息后，随即赶回法国．于同年 9 月 11 日在法国科学院重复了奥斯特的实验．出人意料地引起法国数学家安培的兴趣．

一周以后的 9 月 18 日，安培向法国科学院报告了他的第一篇论文．在这一报告中提出了著名的确定磁针偏转方向的右手定则；还提出了地球的磁性是由从东向西绕地球作圆周运动的电流所引起的这一思想．根据这一看法，磁铁类似于有电流流通的线圈．起初用实验证明了这种线圈对磁铁有作用，继而又引导他考察线圈之间的相互作用．在发现圆电流的相互作用后，安培转而研究线电流的相互作用，按照他的意见创制了著名的"安培线框"(电流天平)，如图 7-8.

9 月 25 日，安培向法国科学院提交了第二篇论文，阐述了二平行载流导线之间的相互作用，指出电流方向相同时互相吸引，电流方向相反时，互相排斥，他把这现象称为"电动力学现象"．

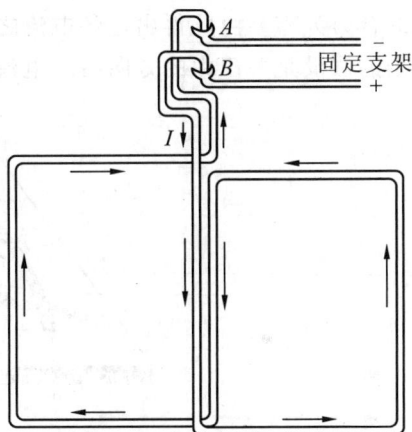

图 7-8　安培线框

同年 10 月安培在总结这方面的工作时指出，电流之间的吸引和排斥作用与静电作用有以下的区别．

第一，像在电解过程中一样，当导电回路被断开时，这种作用就停止了．

第二，在静电情况下，同名电相斥，而异名电相吸，但是对于电流之间的作用来说恰好相反．

第三，当吸引作用够强以至于使二导体互相接触，它们依然互相吸引，而不像带有异名电荷的二导体那样在接触后又彼此分开．

第四，两个电流在真空中的相互吸引和排斥作用跟在空气中相同．

从而把电磁学分为两部分：静电学和电动力学，而磁学只作为电动学的一个分支．磁相互作用则是圆电流的相互作用．

安培还提出了"电压"(电动力)和"电流"的概念．1820 年年底，安培提出了一个假设，做了四个实验，从而形成了一些基本观点，结合他的娴熟的数学技巧，建立起了

二电流元之间相互作用所遵守的规律——安培定律.

四个实验所采用的都是示零法. 这是由于他在12~18岁时，受数学家拉格朗日的指导，致使他在解决物理问题时，能自如的运用数学方法. 第一个实验，用无定向秤检验通有电流的对折导线对外是否存在作用，实验得出否定的结果. 从此证明：电流之间的相互作用力随电流方向的变化而变化，而两个长度相同的电流，在其作用上看，它们的力和方向都是等价的. 第二个实验仍用无定向秤检验二盘绕成之字形的通电导线是否存在作用，结果也是否定的. 这意味着电流元可以用几何加法的规律加以取代. 第三个实验的装置如图7-9，金属弧 m 垂直固定于绝缘把 hg 上，并能绕中心 b 轴转动，按图通以电流，另外用各种形状的通电导线，放置在任意位置，都不能使弧形物转动，这意味着通电导线对弧中电流的作用垂直弧本身. 第四个实验，安培采用了如图7-10的装置. 特制的支架上，安放着三个圆形线圈，如图7-10三者的线度之比为 $1 : 2 : 4$，三者流经同等的电流，当 O_1 离 O_2 的距离是 O_1 离 O 的距离的 2 倍时，则 O_1 受 O 和 O_2 的合力为零。由此得出，各电流之长度和相互距离增加同一倍数时，作用力不变. 安培的假设是关于力的方向沿二电流元的连线. 显然，这一假设存在着弱点.

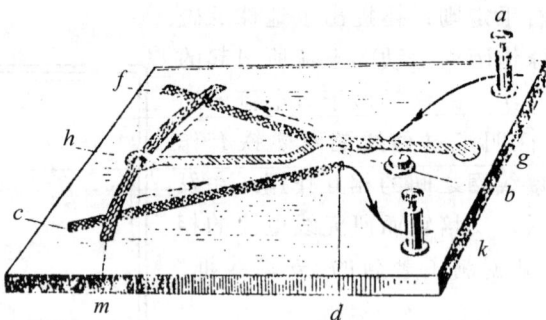

图 7-9   安培实验仪

在四个实验和一个假设的基础上，安培得出电流元相互作用的公式的最终形式：

$$F = \frac{I_1 I_2 \, dS_1 \, dS_2}{r^2} \left(\cos \varepsilon - \frac{3}{2} \cos \theta_1 \cos \theta_2 \right)$$

式中 I_1、I_2 是长为 dS_1、dS_2 的二电流的强度，ε 是 dS_1 和 dS_2 之间的夹角，而 θ_1 和 θ_2 则分别是 dS_1 和 r 以及 dS_2 和 r 之间的夹角.

安培在得出以上公式的过程中，无论在思想上还是行动上都采用了牛顿的路线. 这一点在他所著的《由实验得出的电动力学诸现象的理论》(1826 年出版)一书中可以看出. 他在书中写道："从对事实的观察开始，尽可能地改变伴随的条件并佐以精确的测量，以便导出完全基于实验的一般规律，并再从这些规律导出这些力的数学表达式即表示它们的公式，而不依赖于关于引起这些现象的力之本性的任何假设——这就是牛顿所遵循的路线. 在晚近的时间里，使物理学家获得巨大成就的那些法国学者们走过的也是这样一条路. 我在自己对电动力学现象的全部研究中也奉行这条路线."[1]由此可

---

①   А. Н. Ампер Электродинамика(АН. СССР. 1954)стр. 10.

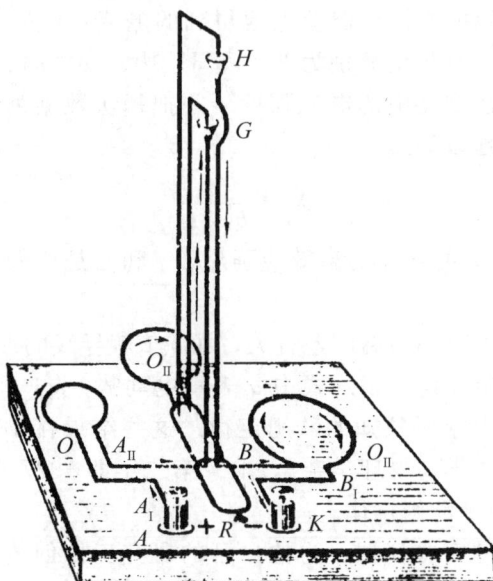

图 7-10　第四个实验

见，麦克斯韦把安培称为"电学中的牛顿"不是没有道理的.

7.4.3　欧姆定律的建立

当安培的兴趣还集中在电流磁效应的研究时，德国的欧姆（Georg Simon Ohm，1787—1854）就开始了对导线中电流规律的研究. 他把电流同热流和水流相比较，认为伏打电位差起着温度"降落"或高度差的作用.

开始，欧姆用伽伐尼电池作为电源，但是它所产生的电流的变化，引起了不少麻烦. 后来，在波根多夫的建议下，他自制了一个温差电池，如图 7-11. 把一根铋棒弯曲成 $abb'a'$ 形，用铜丝条把它固定，把 ab 端插入装有沸水的容器 A 的中空圆筒内，把 $a'b'$ 插入装有碎冰的容器 B 中，当两个水银杯和导体相接形成回路时，由于温度差而产生了电流. 只要保持两端的温度不变，就可以在回路中得到稳定的电流.

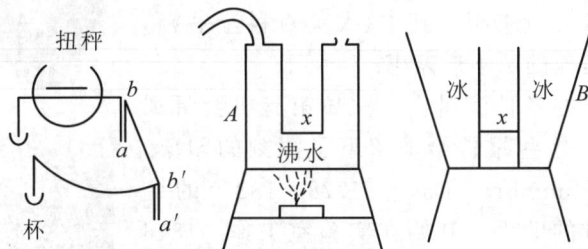

图 7-11　欧姆实验仪示意图

为了测量电流强度，欧姆独创地应用库仑的方法制造了"电流扭秤". 他把导线沿子午线方向放置，在导线上方放一用线悬挂着的磁针，当导线中有电流流过时，磁针就发生偏转，因此用磁针偏转的角度就可以测出电流的强度.

欧姆随即用"电流扭秤"去测量温差电池得到的电流. 他配置了相同粗细（7/96 吋）不同长度的八种铜导线，其长度分别为 2、4、6、10、18、34、66、130 吋，把它们分别插入线路中，测出每次线路中的电流强度. 并把每次数据列成表，然后得出：以上数据能够十分令人满意地以等式

$$X = \frac{a}{b+x}$$

表示. 式中 X 是长度为 x 的导体的磁效应强度，a 和 b 是依赖于激发力和电路其余部分的电阻的常数.

实验证明 a 只和温差电偶的温度差有关，而 b 依赖导线的形状和构成导线的物质的种类，这样一来，新的定律建立了. 式中 a 表示电动势，$b+x$ 表示回路的总电阻，X 表示电流强度，这就是大家所熟知的欧姆定律. 这些结果在 1826 年，以《金属导电定律的测定》一文发表于《化学与物理学杂志》上. 第二年即 1827 年发表了《电路、数学研究》一书，从理论上推导了欧姆定律.

欧姆所以能设计各种实验仪器，为他自己的研究工作创造了良好的条件，是因为他从他的父亲（一个锁匠）那里学到了不少机械技能；对研究工作的雄心也是他成功的原因之一. 虽然很少和其他物理学家有个人接触，但他还是独立地创建了以他名字命名的定律. 除此以外，他还做过关于金属相对传导率的实验；发现了物质"电阻"增加的序列；引入和定义了电动势、电流强度和电阻的精确概念. 他的工作得到了同时代人的钦佩，并于 1841 年获得伦敦皇家学会授予的科普利奖章.

7.5 法拉第的实验研究及其主导思想

7.5.1 法拉第简介

M. 法拉第（Michael Faraday，1791—1867，图 7-12）是一位出色的实验物理学家. 从小因为家庭贫困，小学没有毕业就当上了书报的装订工，但他积极好学，经常利用工作之便阅读大量书报. 其中《大英百科全书》和《化学对话》可以说是他的两本启蒙书.

当时伦敦风行举办各种演讲会，法拉第有机会听到了戴维的四次报告，这些报告给他留下了深刻的印象. 1813 年得到戴维（Humphrey Davy，1778—1829）的允许，法拉第作为戴维的助手，开始在实验室工作. 1816 年发表了第一批关于化学方面的论文. 1820 年，开始了物理学方面的研究. 当时正值奥斯特的电流磁效应的实验发表，对他的影响很大. 法拉第多次重复奥斯特的实验，并在《哲学纪要》上介绍这一发现的历史.

图 7-12 法拉第

从这起时，法拉第总共工作 40 多年. 在电学方面的工作，全部汇总在他的巨著

《电学的实验研究》中，此书有 3362 条，分为 30 篇．全书几乎没有一个数学公式，而是详尽地描写了他所做过的各个实验，并深刻地分析了它们的物理实质．此书出版于 1855 年．此外，从 19 世纪 20 年代起，法拉第写下了极为详尽的日记共 8 册，其中如实地记录了他的研究成果、计划、设想和实验经过等．日记中不仅记下了他的成功的经验，同时也记下了他的失败的教训．

　　麦克斯韦对法拉第和安培的著作曾作过比较，他说："(指安培)的整个理论和实验看来似乎是从这位电学中的牛顿的头脑中跳出来的，并且已成熟和完全装备完了的，它在形式上是完整的，在准确性方面是无懈可击的，并且它汇总成一个必将永远是电动力学的基本公式的关系式，由此可以得出一切现象．然而，安培的方法使我们无法找出指导着他形成概念的过程是什么？我们很难相信安培真是借助了他所描述的那些实验而发现了这种作用的规律．使我们怀疑，他是通过某些他没有指给我们的过程发现的这一规律，并且后来他在确立一个完整的证明时，拆除了借以树立它的'脚手架'的一切痕迹．可是法拉第既告诉我们他的不成功的实验，也告诉我们他的成功的实验，既告诉我们他的粗糙的想法，也告诉我们那些成熟的．归纳能力不及他的读者，感到共鸣多于敬佩，并且引起这样一种信念，如果他有这样的机会，将也成为一个发现者．"①

　　由于法拉第在研究工作上的成就，于 1824 年被选为皇家学会的会员．1825 年任皇家研究院的院长．在这期间除了他自己的研究工作外，他还经常参加皇家学院的讲演会，并多次登台演讲，常常以通俗、直观、有趣的实验吸引了广大的听众．法拉第的一生，虽然没有培养出继承自己科学事业的学生，也没有形成自己的学派，但是法拉第的讲演普及了科学知识，有不少青年科学工作者听过他的讲演，和他讨论过有关问题，因此深受他的教诲和影响．

7.5.2　法拉第在电磁学方面的主要贡献

　　法拉第虽然没有经过专门学校的培养，但是靠自己的努力，却为人类作出了巨大的贡献．他的研究成果很多，约翰·丁铎尔(John Tyndall，1820—1893)把它归纳为四类②．

　　第一类是电磁感应的发现，这也是最主要的．丁铎尔认为有许多很重要的苦心之作环绕于其周围，例如：感应电流的研究；反磁性体的极性及其他性质的研究；关于磁力线的定性及分布的研究；关于利用感应电流来测验磁作用的研究；关于磁场的感应现象的研究等．

　　第二类是关于电流的化学现象的研究．丁铎尔说：由此引出了一些出类拔萃的结果．在电化分解定律这一中心问题的周围则有关于电化传导；使用起电机、电堆所作的电解的研究等；对接触说的分析；对动电的来源的追究，最后发展成电堆的化学说．

　　第三类是对光的磁化的研究，丁铎尔把它比作瑞士的白蜂(Weisshom)，又崇高、

---

　　①　James Clerk Maxwell. A treatise on electricity and magnetism[M]. New York：Dover Publication，Inc.，1954：167—175.

　　②　法拉第. 法拉第电学实验研究[M]. 周昌寿，译. 上海：商务印书馆，1934.

101

又美丽，而且又是孤立于群山之中．

第四类是反磁性的发现，在法拉第的记事录上，称为一切物质的磁状态．围绕它进行了对火焰及气体的磁性研究；对于磁晶作用；对大气的磁与磁针的年变化和日变化间的关系的研究．其全部意义还没有指明．

在这些贡献中，和电磁理论建立有密切关系的就是电磁感应和力线的思想．前者找出了奥斯特提出的电流磁效应的反效应，从而进一步明确了电和磁之间的密切关系．后者形象地描写出电磁场的图像，为麦克斯韦建立电磁场理论奠定了基础．

1．电磁感应的发现

法拉第受奥斯特和安培的工作的启示，开始研究电磁现象．他在 1821 年的日记中就记有"磁转化为电"的字样．这说明从那时起，他已经开始考虑电和磁的联系问题，而且提出了奥斯特效应的反问题．

一个设想要付诸实验，必须经过实践的检验，于是法拉第开始了一系列的实验．从他的大量实验中我们选择其中主要的内容，加以阐述，借以说明法拉第关于这方面工作的梗概．

1821 年圣诞节的早晨，法拉第第一次表演了磁针围绕电流的转动，如图 7-13，完成了沃拉斯顿在 1820 年曾经做过但没有成功的实验．

1824 年，提出以下问题：既然伏打电流对磁体有作用，那么磁体是否对电流也存在反作用？一根带电导线能够在别的导线中激起类似于它自己的状态吗？虽然法拉第企图对以上问题进行证明，但都没得到实验的验证．

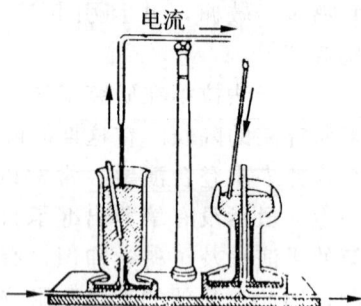

图 7-13　悬浮的磁棒

1825 年，他将一根导线通以电流，这根导线紧挨着另一根与电流计相接的导线的近旁，但是由于感应现象只在短暂的时间内出现，而没有被注意到．

1828 年他又作了一次没有结果的实验．

1831 年 8 月，法拉第取一个软铁制成的圆环，如图 7-14，其上绕有 A、B 两组线圈．B 线圈接检流计，A 线圈和十个电池组连接，当接通和断开电源时，发现电流计指针摆动．这就是电磁感应现象，但是法拉第并没有立即明白其中的道理．这在他的同年 9 月的一封信中有所表露，他认为自己在

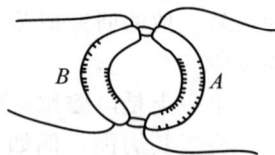

图 7-14　法拉第线圈示意图

研究中抓住了一些好东西，但是还不能说明白，认为这可能是杂草而不是鱼，但他有决心，要竭尽全力，终究可以把它拉起来．这表明了法拉第的决心和毅力．

接着他又做了一个实验，如图 7-15，铁圆筒上绕有导线，和电流计相连，圆筒两端放两根磁棒，当磁棒离开和接近圆筒时，电流计中有瞬时的电流出现．这就实现了法拉第的预言，磁激起了电．

1831 年 10 月 1 日，法拉第发现感生电流．他把两根长为 203 呎的绝缘铜线分别绕在同一块木头的两端，一根导线和电流计相连，另一根和电池组相连，当断开和接通电源时，指针摆动，而方向相反．

关于"磁转化为电"的思想是法拉第在 1821 年提出的，而完全被证实是在 10 年以后的 1831 年，在这 10 年中，法拉第为了证实自己的设想，花了不少心血，做了大量的实验，而有的实验常常以失败告终．尤其在 1824 年开始的他的日记中，常记有"失败""没有结果"的字样．但是法拉第以惊人的毅力坚持了自己的工作，最后终于得出了预期的结果．关于法拉第的电磁感应作为定律被记载下来，则是 1851 年的事．

当时，法拉第称由于电流变化引起的感应叫伏打电感应；由磁铁引起的感应叫磁电感应．在解释感应电流产生的原因时，法拉第提出了所谓"电紧张状态"，认为原电路中的电流使附近的回路中的粒子处于某种紧张状态之中，当原电路中电流消失时，这种状态复原，从而在回路中出现感生电流．后来在大量实验之后，法拉第推翻了自己原有的看法，认为可以把感应电流的产生归之于导体"切割磁力线"．

图 7-15　法拉第电磁感应仪示意

直到 1851 年才得到电磁感应定律，他在"论磁力线"一文中指出："无论导线是垂直地还是倾斜地跨过磁力线，也无论它是沿某一方向或沿另一方面，它都把它所跨过的力线所表示的力汇总起来"，因而"形成电流的力量正比于切割的磁力线数"[①].

2.　力线的提出

法拉第在电磁感应的研究中有两点是突出的，第一是他反对超距作用，第二是把物理的研究中心深入介质中去．也就是由于这两个思想，才引导法拉第提出了力线的概念．

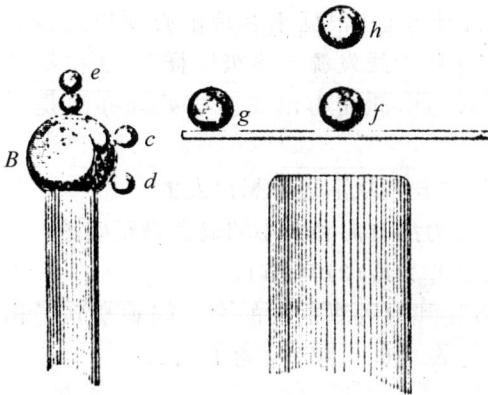

在他研究导电性问题的时候，就孕育着有极化特点的介质粒子的某种形变的思想．后来又受到欧拉(1707—1783)给德国公主的信的影响．在信中欧拉阐述了他把电看作以太的某种形变的观点，这个观点为法拉第所接受而加以发展．他通过法拉第圆筒实验认为带电体周围出现一种特殊的状态，这种状态传播电的作用，这种电的作用的传播，是由于以太粒子的形变，而且是曲线传播的．

法拉第用实验来证明他的观点的正确性．如图 7-16，把金属圆盘放在带电的圆柱体上方(不接触)，用三个检验小球放在 f，

图 7-16

g，h 位置上，发现在 h，g 位置的小球出现感应电荷，而在 f 位置的小球不发生感应．如果用超距作用的观点进行解释，则作用应沿直线直接传递，那么在 f 位置的小球应该优于其他位置的小球出现感应电荷．但这一结论和实验事实不符，因此只能说明超

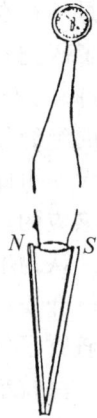

①　М. Фарадей Экспери메итальные Исследования по Электричеству Т. Ⅲ. 3082，3115.

距作用是不存在的，而存在有介质的作用.

为了研究介质的影响，法拉第制造了一个球形的电容器，他把它叫作分布仪（图 7-17）. 从阀门 D 可以向球形电容器夹层中充以各种气体或液态的绝缘物质，从而发现充以虫胶后的电容器的电容量增大. 由此他得出结论，不同的物体将具有不同的传递电感应的能力. 他把能传递感应作用的物质，称为电介质. 认为电介质又是电状态的携带者；而纯净的以太属于电介质；电介质对一切电现象都有影响，所以接着他又研究了气体放电现象和其他一些实验. 通过一系列实验，法拉第得出结论：应该在电介质或导体粒子的内部状态中去寻找过程的原因. 因此电力的本质不是超距作用的，而是近距作用的，一切中心力都符合这一规律.

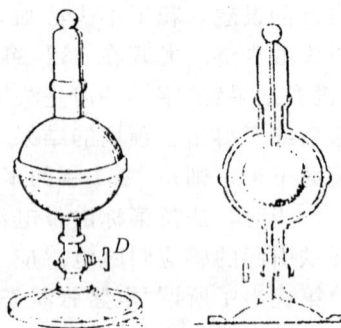

图 7-17　法拉第的电容器

在《电学实验研究》的第 3269 节，法拉第紧凑地表述了关于力线的观念：他认为从奥斯特和安培时起就知道了磁力线和电流（法拉第称为电的主轴）之间的相互关系，他本人对这一关系也力图加以发展. 提出了涉及磁力线本质的带某种确定可能性的猜测或判断，他倾向于这种想法，即磁力线相应于它们的类似物——电力线而物理地存在着. 又认为磁力是由在电流周围的某种紧张状态所形成，因而在其本质上可以看作是静止的.

在同一书的第 3301 节，法拉第讨论了磁力的物理本质问题，他把磁体认为是：四周为力线所包围的中心，这些线是物理的力线，认为"这些线无论是研究磁体的内力还是讨论磁体作用的超距传递，都是完全必要的". 他又说"根据很多理由必须把这些力线认为是存在于携带有电流的导体周围，正好像这些力线发源于磁极一样". 法拉第又把磁体比作太阳，把磁力线比作太阳光线，他认为由此而得出实验的处理办法是可能的.

当法拉第在谈到他提出力线的思想基础时说："我是从下述设想出发的.

①借助于抽象的力线，数学家们证实了关于磁力的方向和大小的概念是正确的；

②在很多情况下，我成功地、单独地应用过这些力线（3174 节）；

③无论在静止状态还是在动力状态，在磁力和其他的双重性的力之间观察到了相似性，特别是在磁体和伏打电池或者其他不变的电源之间观察到了相似性；

④欧拉关于磁的以太或者转动流质的思想；

⑤艾萨克·牛顿爵士所提出的坚强信念，不通过某种起着物理力线的作用物，甚至引力也不能超距地进行传递；

⑥在光的两种理论（微粒说和波动说）之间斗争的例子和用实验的途径解决了这个问题."[①]18 世纪以后波动理论的胜利，使法拉第有可能希望他的理论和物理观点得到胜利.

---

①　转引自 П. С. Кудрявчев, История Физики（Ⅰ）（Москва，1956）стр. 458.

　　法拉第的力线的思想给电磁场描绘出一幅形象的图像，为以后麦克斯韦从数学上建立电磁场理论奠定了基础，难怪几十年后，J. J. 汤姆逊(Joseph John Thomson，1856—1940)评论说："在法拉第的许多贡献中，最伟大的一个就是力线概念了．我想电场和磁场的许多性质，借助它就可以最简单而且富有暗示地表示出来．"[①]

　　由于法拉第的研究工作不同于理论物理学家的研究方法，所以曾引起一些人的发难．而麦克斯韦却正确地对待了这个问题．他在《通论》一书的前言中写道："我是熟悉法拉第理解现象的方法同数学家的方法之间的差别这方面的情况的，无论是法拉第还是数学家们，彼此都不满意对方的语言，"但是"……在数学家看到有相互超距吸引着的力的中心的地方，法拉第则用他特有的思维的眼睛看到穿过全空间的力线，在数学家除了距离外什么也没有看到的地方，法拉第看到了中介物，法拉第能在介质中真正发生了的过程内寻找现象的实质，而其他人则满足于超距作用的能力中寻找这种实质，并认为电液体具有这种能力"．这说明一个实验物理学家在探讨物理问题时有他独特的能力和方法，而这种能力和方法往往是一个理论物理学家所欠缺的．但它却是研究物理学所不可少的一个部分．

7.5.3　法拉第的主导思想

　　牛顿建立经典力学后的第一阶段的特点是把世界分解成单独的、互不相关的部分来进行研究．从而提出了没有重量的物质的物理学．随着时间的推移，一直到 19 世纪初，这种处理方法显示出了它的不完善性，而在实际上又发现了某些现象的关联性．如在 18 世纪中后期，富兰克林统一了"天电"和"地电"；18 世纪末，证实了伏打电和伽伐尼电的同一性；1820 年奥斯特发现了电流的磁效应等．这些结论都使人们意识到自然界的各种现象之间具有关联性，因而提出"自然力"之统一的思想．法拉第处于那个时代，很自然的受到了这种观念的影响．

　　对物理力的统一性、不可破灭性和可转化性的观念是法拉第一切工作的出发点．在这一思想的指导下，使他作出了一系列的伟大发现；电磁感应，磁场中光的偏转面的转动；不同的来源产生的各种形式的电之同一性等．而这些发现的真实性，更加强了他的自然界力的统一性、自然界的简单性以及自然界本身协调一致的观念．还需说明的是法拉第同时受到某些观念的束缚和限制，致使他没能作出进一步的结论．例如他把一切都归之于"力"，而这个术语本身就含糊不清．因此，法拉第虽然发现了不少物理现象之间的联系性，但终究没有能成为能量守恒定律的创始人．

　　法拉第的思想不仅指导了他自己的已经完成的工作，同时也引导他自己的研究方向．在《电学实验研究》的第二十四章中，记载了他探索电力和重力关系的计划和设想，并设计了有关实验，但结果没有成功．法拉第写道："当我们的实验就此结束时，实验结果还是否定的，虽然如此，我们仍深信在重力和电之间存在着联系而决不因此动摇．"[②]法拉第在这方面的探索虽然没有成功，但他的设想为以后的科学家提供了一个研

[①]　同上书.

[②]　转引自 П. С. Кудрявчев, История Физики（Ⅰ）(Москва，1956) стр. 455.

究课题，致使后来麦克斯韦证明了光就是电磁波；今天的天文学家也证实了光的引力弯曲现象．因此法拉第的信念得到了证实．近年来提出的自然界四种力的统一问题，即大统一理论，也不能不说它是法拉第思想的延续和发展．

法拉第的贡献是巨大的，人们对他的评价是高的，这从一些科学家的言论中可以看出；有人问戴维，一生中最大的发现是什么？他回答说：发现法拉第这件事本身就是最大的发现．难怪后世也有人把戴维发现法拉第比作是伯乐发现了天马．俄国科学家斯托列托夫（Cтoлeтoв）说："铁匠的儿子法拉第，在青年时代的早期作过装订工人的学徒，临死时是所有科学学会的会员，是那时物理学家公认的领袖．自伽利略以来，世界上从未看到过在一个人的头脑中涌现这样多种多样的奇妙的发现，未必这样快就会碰到另一个法拉第．法拉第的科学功勋是巨大的，他在电磁现象理论中所引进的深刻的思想只是在现在（1879 年）才得到了应得的评价，并引导到了新的辉煌的发现．"[1] 麦克斯韦在"法拉第"一文中写道："我们把法拉第首先看作是科学家中最有成效最高尚的典型，……他的高尚简单而无戏剧性的紧张情节的生活，将同他那使他的名字不朽的发现一道，永远铭刻在人们的记忆中"[2]．

7.6　麦克斯韦电磁场理论的建立

麦克斯韦（James Clark Maxwell，1831—1879，图 7-18）是英国的数学家、理论物理学家．生于 1831 年 6 月 13 日，也就是法拉第发现电磁感应现象前的 2～3 个月．他的父亲是一个科学家，经常带领麦克斯韦出入于皇家学会，因此使麦克斯韦从小受到科学的熏陶．

麦克斯韦在 15 岁时，向皇家学会递交了第一篇数学论文，题为《论画形线的作图和系焦点的画形线》．第一次显露出他出众的才华．麦克斯韦的一生是短暂的，只活了 49 个年头，但他却写出了一百多篇论文，从文章的内容看涉及物理学的多个方面．包括数学、弹性物体的平衡、固体转动定律、土星环的稳定性、生理光学（关于色觉）、气体分子速率分布等．但主要工作还是在电磁学方面．

图 7-18　麦克斯韦

麦克斯韦在电磁场理论方面的工作，深受法拉第的影响．他信服法拉第的物理思想，决心为法拉第的场的概念提供数学方法的基础．尤其在 1860 年麦克斯韦到伦敦皇家学院任教，有机会拜访了法拉第以后，更加强了他的这种信念．当时法拉第已年近 70 岁，比他小 40 岁的麦克斯韦怀着崇敬的心情和法拉第畅谈物质世界中的各种诱人的模型．从此麦克斯韦以他惊人的数学才能，严密的逻辑推理为法拉第的直观、形象的

① 同上书，460—461 页．

② 《Nature》，1873 年 9 月 18 日第八卷．

场的概念以数学方程的表示，从而建立起了麦克斯韦电磁场理论.

麦克斯韦共发表了四篇关于电磁场理论的论文，它们是 1855 年发表的《法拉第力线》；1862 年发表的《论物理的力线》；1865 年发表的《电磁场动力学》；1873 年发表的《论电或磁》或译为《电磁场通论》. 从这四篇论文中，可以看出麦克斯韦对电磁场理论的建立不是一蹴而成的，而是不断探索、逐步深入才能取得最后的成功.

在第一篇论文中，麦克斯韦采用了几何观点，并运用类比的方法对法拉第提出的场加以描写. 他在文章中写道："我企图把一个空间画力线的清楚概念摆在一个几何学家的面前，并利用一个流体的流线概念，说明如何画出这些力线来."①他以一种不可压缩、没有惯性的流体在正比于流速的阻力作用下的稳定流动来比拟静电场；正负电荷被比喻成流体的源和沟；电力线比作流管；电场强度相当于流速等. 于是他写道："这样，我们应该得到一个物理现象的几何图像."②文章承认中间物质的存在. 但是这种几何图像不能解决物理现象的本质.

在第二篇论文中，采用了一个力学观点，他写道：现在从力学观点去检验磁学现象，去确定一种媒质中那种张力或运动能够产生观察到的力学现象. 他又说：目的是从研究某一种媒质的张力和运动的某些状态的力学结果来澄清这方面的思考，并把这些结果与观察的电磁现象作比较. 当他对电磁现象和力学相类比后，提出了一个关于力线的机械模型. 即电磁以太模型，把电和磁的量联系起来，认为磁力线受沿力线和垂直力线的力. 他考虑了一个直电流周围的磁场，认为横向力是以力线为轴的涡旋运动的离心力. 利用这种模型，麦克斯韦得出电磁场的一个基本公式：$\nabla \times H = 4\pi j$（用现代符号表示）.

在同一篇论文中，当麦克斯韦讨论到静电现象时，他对比了在静电场作用下的导体和电介质的带电过程，提出了位移电流的概念. 他写道："只要有电动力作用在导体上，它就产生一个电流……作用在电介质上的电动力，使它的组成部分产生一种极化状态，有如铁的颗粒在磁体的影响下的极性分布一样. ……在一个受到感应的电介质中，我们可以想象，每个分子中的电都是这样移动的，使得一边为正，另一边为负，但是电依然和分子联系在一起，而不从一个分子跑到另一个分子上去. 这种作用对于整个电介质的影响是引起电在一定方向上的一个点的位移，这一位移并不构成一个电流，因为当它取得某一定值时，就保持不变了，但是它是一个电流的起源，并且它的变化形成正方向或负方向的电流，视位移增大或减小而定."③他就是这样表述了位移电流的概念.

麦克斯韦认为在介质中研究电磁现象时，需要考虑由于媒质的弹性所引起的效应. 即既考虑到传导电流的作用，也考虑到位移电流的作用，为此，对公式加以改正，就得到了一个更一般的关系式 $\nabla \times H = 4\pi j + \dfrac{\partial E}{\partial t}$.

---

① Sci. Papers of J. C. Maxwell V. Ⅰ.
② 同上书.
③ Sci. Papers of J. C. Maxwell V. 1. p. 491.

第三篇论文是用场论的观点对电磁理论进行了总结. 在著作中,他提出由于电磁相互作用,不仅与距离有关而且依赖于相对速度,因此应该从带电体和磁体周围的媒质中发生的过程来考虑问题,而不以超距作用为出发点. 他写道:"所以我提出的这个学说可以叫作电磁场的学说,因为它关系到带电体或磁体周围的空间;并且它可以叫作一种动力理论,因为它假定在这个空间中,有物质在运动,由此而产生了观察到的电磁现象."他又说:"电磁场是包含和围绕着处于电的或磁的状态之下的一些物体的那部分空间,它可以充满着任何种类的物质,或我们可以使它没有任何稠密的物质,就像在盖斯勒管或其他称为真空的情形下一样"①.

然后,麦克斯韦为了对电磁现象的各种讨论进行定量计算,归纳出了电磁场的一般方程组,列出了含有 20 个变量的 20 个方程,其中包含了现在已不作为电磁场方程的公式,如库仑定律、欧姆定律、安培定律,毕奥萨伐尔定律,位移电流,电荷连续性原理等.

在这篇文章的第五部分,"光的电磁学说"中,麦克斯韦运用了拉格朗日和哈密顿(William Rowand Hamilton 1805—1865)创立的数学方法,从基本方程中直接导出了电磁场的波动方程,证明了电磁波是一种横波,并求得电磁波的传播速度在空气中等于电量的电磁单位与静电单位之比,即等于空气或真空中的光速. 由此得出结论:"这一速度与光速如此接近,看来我们有强烈的理由断定,光本身(包括辐射热以及其他辐射,如果有的话)乃是以波的形式在电磁场中按电磁规律传播的一种电磁振动."②并提出了物质的电磁性质与折射率的关系为 $n=\sqrt{\varepsilon\mu}$,这就预言了电磁波的存在,从而建立了光的电磁理论.

关于电磁波的预言,当时不少人表示怀疑. 20 年以后的 1888 年,电磁波的存在,才被德国物理学家亥姆霍兹(Hérmann Von Helmholtz,1821—1894)的学生赫兹(Heinrich Rudolf Hertz,1857—1894)所证明. 到此人们对麦克斯韦的工作才赞叹不已.

麦克斯韦在短暂的 49 年中,却做出了如此巨大的贡献,除了当时客观条件以外,很主要的原因是决定于他本身特有的品格. 麦克斯韦对知识有强烈的追求,热切的渴望,对问题能深入思考,能付出巨大的劳动,并经常实践,再加上他的严谨的治学态度,正确的研究方法,这一切都成为他获得成功的秘诀.

麦克斯韦是一个数学家,理论物理学家,但他对物理实验却非常重视,还是在大学生时代,就参加了实验室工作. 例如电学标准计量工作. 1871 年曾主持剑桥大学实验物理讲座,后来又参加卡文迪许实验室的筹建工作,于 1874 年任卡文迪许实验室第一任主任,担任这一工作达 9 年之久. 由于他对实验的重视,所以,理论和实践在他那里得到了高度的统一,一方面他能用理论来描述物理实在,解决物理问题;另一方面他提出的理论都有坚强的实践作为基础. 另外,麦克斯韦在他的研究工作中,强调物理和数学结合,尤其是数学思维和物理实践的结合,他反对二者脱离的不良现象.

---

① Sci. Papers of J. C. Maxwell p. 527.
② Sci. Papers of J. C. Maxwell V. 1. p. 535.

这在他所研究的土星光环，气体分子运动论，电磁场理论等问题中，都体现了这种思想和才能：从物理概念出发，先用图表，再用数学分析，最后得出有关理论．以上就是麦克斯韦研究问题的正确观点和方法．

电磁场理论的建立是由法拉第奠基，由麦克斯韦完成的．所以我们说法拉第和麦克斯韦是电磁学的两位奠基人．电磁场理论可以和经典力学竞相媲美，又为狭义相对论提供了雏形．它确是物理学发展中的一个里程碑．爱因斯坦评价说：这个理论从超距作用过渡到以场作为基本变量，以致成为一个革命性理论．给电磁场理论以高度赞赏．

第8章 热力学发展史概述

热学作为一门单独的学科，系统地进行研究，是从 18 世纪开始的.

18 世纪由于资本主义在欧洲不断巩固和扩大，迎来了生产的大革命，纺织工业、冶金、采矿、化工部门陆续实现了机械化，生产的机械化提出了对动力机械的需要. 以前，笨重的受地域限制的水力机已经不能满足要求，因此导致了蒸汽机的发明.

由于蒸汽机的发明和不断改善，以及化学、化工等方面的工作，促进了对热现象的研究. 因此，在 18 世纪，热学就成为物理学中一个新发展起来的领域.

8.1 热机的发展和热现象的研究

用蒸气作为动力，最早可追溯到公元前 130 年. 埃及人希龙（Heron）在他做的"原始小涡轮"的玩具中第一次把蒸气作为动力. 如图 8-1，当蒸气自二管口喷出时，小球就旋转起来. 它是后来的水磨和现代涡轮机的始祖. 但这只是为时尚早的发明，在此后的一千多年内，并无进一步发展，直到 17 世纪，才又对热机进行新的探索.

图 8-1 希龙机

1695 年，荷兰物理学家惠更斯的学生和助手，法国人巴本（Denis Papin，1647—1714）第一个发明了有气缸、有活塞的蒸汽机，用以提水和推磨. 英国人赛维里（Thomas Savery，1650—1715）也提出了类似的机器. 第一个使用蒸汽机小船的设计，也是巴本提出的，可惜被当时的船主所否定，他设计的带安全阀的锅炉，长期来作为学校物理课的教具.

钳工和铁匠纽科门（Thomad Newcomen，1663—1729）在玻璃工人柯里的合作下，于 1705—1706 年制造了自己的机器，它比赛维里的机器更实用. 1711 年组成了一个经营纽科门机器（图 8-2）的公司，致使机器得到进一步地改善，并且广泛应用到各个方面. 据统计 1767 年在纽克斯特的煤炭区总共有约 70 台机器供使用. 1720 年，为了给伦敦城市供给泰晤士河水而预备的机器，其锅炉容积近 17 m³，气缸直径超过 80 cm，高达 3 m. 可见，当时蒸汽机的利用已相当可观了.

英国的技工瓦特(James Watt，1736—1819)继承了前人的智慧，博得了蒸汽机发明者的称号. 瓦特在童年时对仪器的制作很感兴趣. 他选择的第一个职业是在格拉斯哥大学当实验员. 当他修理纽科门机的演示仪器时，发现了它结构上的缺点. 他开始考虑如何减少蒸气和热量的消耗. 这一想法导致他在原有机器上增添了一个冷凝器. 他的工作在 1769 年获得成功，并取得专利. 但是，瓦特并没有停止他的工作，而是继续改进自己的蒸汽机.

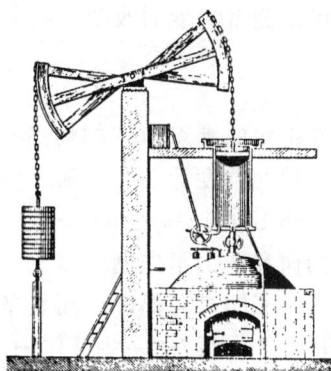

图 8-2　纽科门机

继而使机器由断续动作改为连续作用；解决了蒸气自动换向问题；发明了活塞阀；又变活塞的往复运动为旋转运动；后来又增加了飞轮和离心节速器，于是在 18 世纪末，一部现代的蒸汽机问世了.

很快，蒸汽机被广泛地应用到其他的工业部门，1785 年被用于纺织工业，1807 年被应用于轮船，1825 年被应用于火车和铁路.

蒸汽机的发明和改进，除了技术上的要求外，还涉及不少热学问题，如有关热机效率的提高，热和功之间的关系的研究等. 因此，促使人们去研究水、蒸气以及其他一些物质的热学性质，而首先发展起来的是作为热学基础的一些基本概念和一些热学实验.

8.1.1　温度的测量

温度计的制作和改进，对热学的发展有两方面的作用. 第一，为了定出温标，需要确定一些"定点"，这导致关于冰和其他物质的一些熔解和凝固温度(在一条件下)恒定不变的事实的确认. 第二，为了找出合适的测温质，促进了对一些物质的热膨胀规律的研究，如对水银、酒精、气体等. 而其中首先是对气体热膨胀的研究.

早在 1593 年，伽利略曾利用空气的热胀冷缩的特性，制成了第一个类似温度计的装置，但它不能给出定量的测量.

玻意耳(Robert Boyle，1627—1691)和牛顿也曾研制过温度计. 玻意耳在 1665 年发表的《热的力学原理》的论文中，已经确信一切物体的熔点都是常数. 因此，牛顿把雪的熔点作为自己的亚麻子油温度计的 0°，而把人体的温度作为另一固定点 12°. 伽勒于 1693 年发表的文章中，断言了水的沸点不变的规律，而雷纳尔金在 1694 年提出了把水的冰点和沸点作为温度计刻度的固定点的设想.

阿蒙顿(Grillaume Amontons，1663—1705)改进了伽利略的空气温度计. 他注意到空气的压强差可以作为温度的量度. 在 1702 年和 1703 年的《巴黎学报》中，记载了阿蒙顿的温度计，如图 8-3，用 h 的高度来测量储器中的压强. 而压强随温度变化而变化，所以用压强差

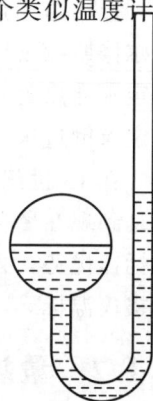

图 8-3　阿蒙顿温度计

可以测量温度的改变．阿蒙顿建立了气压的改变正比于温度差的定律：

$$\frac{p_1}{p_2} = \frac{1+at_1}{2+at_2}$$

并把水的沸点和冰的熔点作为二固定点，因为当时不知道水的沸点取决于大气压力，所以此温度计不够准确．但是阿蒙顿的研究为后来的物理学家、化学家盖·吕萨克（Joseph Louis Gay-Lussac，1778—1850）和道尔顿（John Dalton，1766—1844）对气体性质的研究作出了先例．

当时，对温度计测量的是什么物理量是含糊不清的，通常认为被测量的是热量，这在 18 世纪的一些著作中可以找到证明，如常有"失去了多少度热"，或说物体"具有多少度热"等字样．同时也出现了一些问题：不同构造的温度计，在读数上不统一．即使是同样结构的温度计，由于技术上的困难，在同样条件下，不能得出同样的结果．

荷兰人华伦海特（Gabriel Danile Fahrenheit，1686—1736），他是一个气象仪器的制造者，又擅长于玻璃的吹制技术．受阿蒙顿工作的激励，制作了第一个比较准确的温度计．1709 年选用酒精作为测温质，1714 年以后又用水银作为测温质．在 1724 年的论文中，说明他选用了三个固定点：即结冰的盐水混合物的温度定为 0°，人体的血液的温度定为 96°．并把它们之间分隔为 96°．第三个固定点为冰水混合物的温度，定为 32°．而在 1724 年以后，他又把水的沸点 212°作为一个固定点，这就是华氏温标．

华伦海特的贡献不只是制作出了一个精确的温度计，更重要的是在阿蒙顿工作的启发下，他做了一系列的实验，发现每一种液体都像水一样，有一个固定的沸点，也注意到沸点随大气压的变化而变化．这些发现为物体热性质的进一步研究奠定了基础．

在法国列缪尔（1683—1757）设计了另一种温度计．他开始不满意阿蒙顿的空气温度计，但又不熟悉华伦海特的温度计．因为水银的膨胀系数小，所以他反对以水银作为测温质，而致力于用酒精作为测温质．当他作几种液体混合的实验时，观察到液体体积的收缩．他发现酒精（和 1/5 的水混合）在水的结冰温度和沸腾温度之间的膨胀是从 1000 个单位体积到 1080 个单位体积．因此他把温度计在冰点和沸点之间分为 80 份，这就是所谓的列氏温标．

摄氏温标是比较方便的，也是目前国际上通用的．它的创始人是瑞典的天文学家摄尔修斯（Anders Celsius，1701—1744）和施勒默尔（Märten Strömer）．1742 年摄尔修斯定水沸点为 0 ℃，水的熔点为 100 ℃．8 年以后，摄尔修斯的同事施勒默尔才把两个固定点倒过来，定水的沸点为 100 ℃，冰的熔点为 0 ℃．

在 18 世纪，温标的种类很多，据统计在 1740 年有 13 种，1779 年约有 19 种之多．但是到现在留存下来的只有 3 种．它们是华氏、列氏和摄氏温标．在英国、美国华氏温标占优势，列氏温标在德国被普遍使用，在法国摄氏温标占优势．而科学界普遍采用摄氏温标．

8.1.2　量热学的开始

量热学首先是从确定两个不同温度的物体混合后的温度开始的．由于在 18 世纪前半期，人们对温度和热量两个概念还没有作出清楚地区分，因此，当时用实验测量的是温度还是热量也是含混不清的.

彼得堡科学院院士李赫曼(1711—1753)于 1744 年曾向学会作了题为《论有一定温度的液体混合时所得到的热量》的报告,这篇报告后来发表在《彼得堡科学院新评论》1750 年第一卷上. 文章阐明了他处理这一问题的出发点:热量按照体积均匀分配(后来有人提出热量按质量均匀分配),并取质量和温度的乘积作为热量的定义,引入了量热学方程:

$$t = \frac{m_1 t_1 + m_2 t_2}{m_1 + m_2}$$

其中,t_1,t_2 是两物体的初始温度,t 是两物体混合后的温度. 李赫曼指出,在检验以上公式时,要求在实验中必须注意到容器的质量和温度,周围空气的温度,实验进行的时间和其他情况. 也就是说,此实验必须在没有任何的热量损失的条件下进行.

很明显,以上公式是错误的,但它是定量研究热学问题的尝试,并且包含合理的内容:如果没有热量的损失,则混合前物体的总热量等于混合后物体的热量.

英国化学家布拉克(Joseph Black,1728—1799),为了检验李赫曼的观点和公式的正确性,做了以下实验:他把 32 ℉的一块冰和 172 ℉的同等重量的水相混合,发现混合后的温度不是按李赫曼公式算出的 102 ℉,而是 32 ℉,这就否定了李赫曼公式,同时也否定了热量按体积或质量均匀分配的论点. 布拉克由实验得出另一结论:在冰的熔解中,需要一些为温度计不能觉察的热量,他用术语"潜热"来表示它.

布拉克后来进一步做了两种不同物体混合后的热量分配的实验. 关于这些实验,他在一次演讲中曾经提到过. 后来在他死后,于 1803 年才发表出来. 文章中包括"潜热"和"比热"两部分. 他写道:"……当加热至 150°的水银和 100°的热水相混合时,混合后的温度降为 120°而不是 125°,这样水银冷却了 30°而水的温度升高了 20°,而水得到的热量却等于水银所损失的热量."[①]由此布拉克第一个把"温度"和"热量"这两个概念区分开来,从而实现了热学上的一大进步. 继而布拉克的学生伊尔文引入了"热容量"这一概念. "比热"这一术语是由伽托林于 1784 年引入的.

为了测定物体的热容量,拉瓦锡(Antoine Laurent Lavoisier,1743—1794)和拉普拉斯曾设计了一个冰量热器,如图 8-4,仪器由一个外容器 A 和两个内容器 B 和 b 组成. 后者是用金属做成的. 外容器 A 中放满了捣碎的冰,而内容器 b 中则放入加热到 t 度的实验物体,当冰和物体混合而冰化作水时,只要测出水的重量,就可以确定物体的热容量.

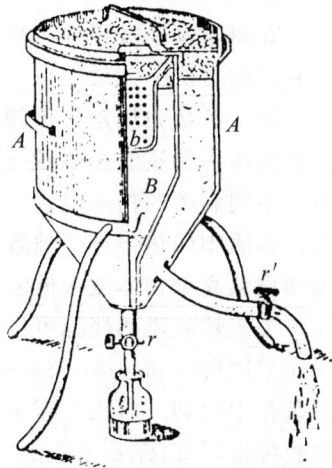

图 8-4　量热器

于是,到 18 世纪 80 年代,量热学的一系列基本概念——温度、热量、热容量、潜热等都已形成,并设计出了一套测定这些物理量的实验方法,为热学的进一步发展

①　William Francis Magie. A source book in physics[M]. Harvard University Press,1963:136.

奠定了基础.

8.1.3　热的传导

在量热学发展的同时, 热的传导理论也得到了发展. 傅里叶 (Joseph Fourier 1768—1830) 于 1822 年在巴黎出版了题为《热的分析理论》一书, 此书分析了介质中热流的传播问题. 这是他多年来关于数学物理研究的总结. 在书中用热容量、热传导和散热系数这三点来说明热流的传播. 提出向外散热等于热辐射和向周围介质的热传导之和的观点. 并把热传导称为内部热传导, 把散热称为外部热传导.

内部热传导用傅里叶所建立的经验规律来描述：

$$Q = KS\tau \frac{\mathrm{d}T}{\mathrm{d}x}$$

Q 表示在时间 τ 内沿 x 方向通过面积 S 的热量, $\frac{\mathrm{d}T}{\mathrm{d}x}$ 为单位长度上的温度变化, K 是依赖于导热物质的性质的导热系数. 后来傅里叶进一步把这一公式用于导热物质的无限小的体元, 得出了更为普通的传导方程. 在比热和热导率为常数的无限介质中, 这个方程形式如下：

$$\frac{\partial T}{\partial \tau} = a^2 \left(\frac{\partial^2 T}{\partial x^2} + \frac{\partial^2 T}{\partial y^2} + \frac{\partial^2 T}{\partial z^2} \right)$$

当给定物体里的初始温度分布和边界上的温度分布的条件下, 利用公式可以确定一定物体的温度分布.

8.1.4　关于热的本性的学说

在热学发展过程中, 很早就提出了"热究竟是什么"的问题. 对热的本质, 自古以来有两种看法.

第一, 认为热是一种物质, 即热质说. 认为热量是渗透到物体空隙中的一种无重量的流体, 热质的多少决定热量的多少. 用这种学说很容易解释一些热现象. 例如：两个不同温度的物体混合后达到一个共同的温度这一现象, 被解释为热质的交换和平均；媒质中的热传导, 被解释为热质的流动；热机在热源和冷凝器之间做功, 被解释为热质从高温物体流入低温物体而做功等.

关于热质说的渊源可以在古希腊的德谟克里特 (Democritus, 公元前 460—前 371) 和伊壁鸠鲁 (Epicurus 公元前 347—前 270) 以及卢克莱修 (Lucritius, 公元前 99—前 55) 的著作中找到. 后来又受到伽桑狄 (Pierre Gassendi 1592—1655) 的支持. 在哈雷大学的教授施塔耳 (Georg Ernst Stahl, 1660—1734) 引入"燃素"以后, 更加促进和巩固了这一学说的发展. 1738 年法国科学院设置了回答热的本性问题的奖赏, 有三个人得了奖. 可见当时对热的本性的讨论相当重视.

第二, 认为热是物体粒子的内部运动. 历史上笛卡儿、玻意耳、胡克 (1635—1703) 等人主张这一观点. 继胡克之后反对热质说的还有丹尼尔·伯努利 (1700—1782) 和罗蒙诺索夫 (1711—1765). 罗蒙诺索夫关于热理论的观点包含在他的两篇著作中：一篇是 1749 年发表的, 题目是《关于热和冷的原因之沉思》；另一篇是《空气弹性理论的尝试》. 在前一篇文章中他列举摩擦生热，敲击火石时发出火花，铁在频繁而强力的打击下会变得灼热等现象，以说明热是由运动所激发起来的.

对于物体的内部运动不能直接被观察而它却仍然存在，罗蒙诺索夫说："要知道在看不到运动的地方，也不能否认运动的存在，事实上谁会否认当狂风穿过森林时，树木的枝干和叶子都在摇摆，尽管从远处观察时也看不到运动. 跟在这里是由于距离的关系一样，在热的物体中由于运动物质的粒子之微小而使运动逃过了视线，在这种情况下，视角都是如此之小以至于既不能看到张有这一角度的粒子本身，也不能看到他们的运动."[①]

致力于推翻热质说的另一个物理学家是本杰明·汤普森（Benjamin Thompson，1753—1814），即伦福德伯爵. 他在 1798 年发表了关于摩擦生热的实验：即在大炮钻孔时产生大量的热. 他对此感到非常奇怪. 于是他配备了一套仪器（图 8-5），用纯钢钻的摩擦所产生的热来使一定量的水的温度升高. 他做了三次实验，在第三次实验时，发现在 $2\frac{1}{2}$ 小时时水实际上沸腾了，伦福德说："在看到这么大量的凉水 $\left(18\frac{3}{4}$ 磅$\right)$ 在没有任何火加热的情况下被加热，并实际上沸腾起来，那些旁观者的面目上表现出来的惊讶诧异是难以形容的……而我也坦率承认，它使我感到孩童般的喜悦."[②]通过对实验的分析，伦福德推论得出热不是物质，而是来自运动的结论. 但是实验缺乏精确测量的根据，因此还不能作为最后的结论.

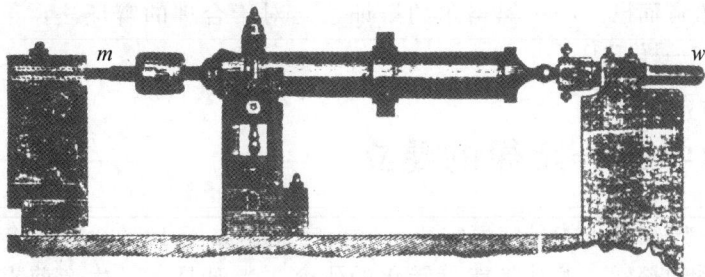

图 8-5　伦福德炮镗钻孔实验仪

伦福德关于热理论的观点受到热质说者的强力反对. 而戴维（1778—1829）在 1799 年，用自己的实验再一次说明"热是运动"这一观点的正确性. 他用摩擦使放在露天、周围温度为冰点以下的冰块溶解. 由此说明摩擦引起物体中粒子的振动，而这种振动就是热.

尽管有不少人阐述了热是运动这一观点，但是在 18 世纪热质说仍然占了上风. 这反映在当时两本很有名的著作中. 一本是傅里叶于 1824 发表的《热的分析理论》，另一本是卡诺在 1822 年发表的《关于火的动力及产生这种动力的机器的研究》. 这两本书是以热质说这一观点为基础的.

①　М. В. ломоносов, Избранные Труды по Химии и физике(АНСССР. 1961)стр. 58.

②　William Francis Magie. A source book in physics[M]. Harvard University Press，1963：158.

分析当时热质说占优势的主要原因是：当时人们把热现象和其他现象割裂开来研究，还未注意到它们之间的相互关系和转化；热质说比热的运动说更为简明，用热质说能很好地解释当时已发现的热现象，因此易于被人们接受；热质说更能迎合18世纪在物理学和化学研究中占统治地位的形式主义倾向；另外牛顿"不臆造假说"的思想还很有影响，大多数物理学家不愿接受在当时还看不见摸不着的比较复杂的分子运动假设．因此直到1856年，在《英国大百科全书》"热"这一词条中，对热质说的偏爱仍胜过热的动力学理论．

但是，随着物理学的发展，逐渐发现和热质相矛盾的事实越来越多，在能量守恒和转化定律发现之后，尤其是分子运动论的建立和发展，使热的运动论确立起来了．

热质说在物理学发展中的作用以及热质说和热的运动论之间的关系，恩格斯在《自然辩证法》一书中，精辟地指出："辩证法在黑格尔那里是倒立着的，必须把它顺过来……"之后接着说："在自然科学本身中，我们也常常遇到这样一些理论，在这些理论中真实的关系倒置起来了，映象被当作了原形，因而必须把这些理论同样顺过来．这样的理论常常在一个长时期中占统治地位．当热在差不多两个世纪内都被当作特殊神秘的物质，而没有被看成普通物质的运动形态时，关于热的学说也正是这样，只有热之唯动说才在这里实行了这个必要的顺回来的工作．然而被热素说所统治的物理学却发现了一系列非常重要的关于热的定律．特别是傅里叶和沙地·卡诺（1796—1832）曾为正确的见解开拓了道路，而这正确的见解本身不过是把前人所发现的定律顺过来，翻译成自己的语言而已．……黑格尔的辩证法之对于合理的辩证法，正如热素说之对热之唯动说……一样．"①

8.2　热力学第一定律的建立

热力学第一定律就是能量守恒定律，这个定律建成于1842—1847年，它开始于物理现象之间联系的探索，尤其是能量转化的研究．当时具备了生产前提条件和物理学本身发展的一定水平，因此逐渐建立了能量转化和守恒定律．

8.2.1　定律诞生的条件

蒸汽技术的成就是建立能量守恒定律的基本物质前提之一．蒸汽机的发明是18世纪技术上的一大创举．随着19世纪的到来，蒸汽技术很快就应用于交通运输．在19世纪最初的三分之一时间内，蒸汽技术开始作为船舶的动力：1807年，美国哈得逊河上，富尔顿的第一艘轮船《克雷英特号》开航；欧洲的第一艘轮船1812年在苏格兰的克莱依特河上行驶；1838年建立了轮船的定期航班．

把蒸汽技术用于陆地的交通要比船舶上的应用复杂得多，但它的发展也相当快．1769年，开诺托（NicholasCugnot）指导助手驾驶蒸汽车撞在墙上，引起一些人的怀疑，但到了1825年英国的第一条铁路就建立了．法国和德国相继在1832年、1835年各自

---

①　恩格斯．自然辩证法[M]．北京：人民出版社，1971：28．

建立了第一条铁路.

　　铁路通车后获得的利润消除了对蒸汽机用于交通运输的怀疑,同时更促使人们去研究其中的理论问题:如热机的效率是否能提得更高? 能否制造成永动机? 热和功的转化的定量关系是什么? 等等,在迈尔(Robert Mayer,1814—1878)发表的第一批论文中已经考虑了这些问题. 他把蒸汽机车作为力的转化思想的例证来加以说明. 由于这些问题的研究和解决,为能量守恒定律的建立打下了基础.

　　有关的基本概念和规律的逐渐形成,是建立能量守恒定律的物理学基础. 早在1686 年,莱布尼茨(Gottfried Wilhelm Freiherr Von Leibniz,1646—1716)就已提出 mv^2 表示活力,相当于后来的动能;1807 年托马斯·扬(Thomas Young 1773—1829)在他的著作《自然哲学讲义》中,第一次提出了能量的概念;伽利略所用的"矩"的概念,常含有力和路程的乘积的意义;1829 年蓬瑟勒(Jean Victor Poncelet 1788—1867)在《技术力学引言》一书中,坚决支持"功"这一术语;瓦特进行了马的能力和机器的比较,而定出功率的单位;1834—1835 年,英国的哈密顿在《论动力学的一般方法》一文中,引入了"力函数";1828 年格林提出"位函数",并应用于静电学和静磁学. 到了 19 世纪40 年代,高斯的工作使"位函数"得到了普遍的应用. 这样,定律所需要的基本概念,在 40 年代以前已经基本具备.

　　关于能量守恒的思想也早有出现,最初体现在机械能守恒这一观点之中,这观点早有不少书籍加以记载:如伽利略于 1638 年出版的《关于力学和位置变动的两门新科学的讨论和数学证明》中,对自由落体和物体在斜面上的运动进行了讨论. 他认为:物体在下落过程中所达到的速度,能够使它跳回到原来的高度,但不能更高.

　　机械能守恒的思想在惠更斯的著作中也有阐述. 1673 年他发表了题为《摆式时钟或关于用在时钟上的摆的运动的几何证明》一书,讨论了摆的运动规律. 书中写道:"在重力作用下,物体不能上升到高于它由之落下的高度."[1]又在"摆动中心"这一部分中,作为研究质点组运动的基础,提出"如果任意数目的重物由于它们的重量而运动,则这些重物的共同重心不能上升到高于它在运动开始时的位置"[2]在解释这一原理时,他还指出:"如果那些枉费心机地企图制造永动机的新机器发明人应用了我的这一假设,那么他们自己将会容易意识到自己的错误,并且了解到这样的动力器用力学的方法是无法制成的."[3]这就又一次看到了能量守恒思想的萌芽.

　　以后还有一些科学家在这方面做出了贡献. 莱布尼茨于 1695 年,作出了能量原理的表述:力和路程的乘积等于"活力的增加". 而伯努利(Daniel Bernoulli,1700—1782)实际上把能量守恒应用于流体的运动.

　　以上种种表述,虽然没有提出能量守恒的确切定律,但从中已包含了能量守恒的意义,特别是包含了能量守恒定律的一种特殊形式——机械能守恒的思想.

　　导致能量守恒定律最后确立的两个重要线索是:永动机不可能实现的确认和各种

① 转引自 И. Н. Веселовский, Хритиан Гюйгенс (учпедтиz1959),стр. 42.

② 同上书,122 页.

③ 同上书,124 页.

物理现象之间普遍联系的发现.

永动机是人们企图不用或少用原料、提高机器的效率而设想出来的一种理想机器. 历史上曾有人对这样的机器是否存在表示反对,这从斯蒂文(Simon Stevin,1548—1620)于 1587 年出版的《静力学原理》一书中可以看出. 在此书的每篇文章前都画有一张图,如图 8-6,他认为根据实际经验,14 个小球应处于平衡状态,这是由于永动机不存在而导致的结论. 但是这一结论没有引起人们的注意,相反在 17—18 世纪永动机更为流行. 有人曾设计各种方案,企图利用阿基米德原理、毛细现象、重力的作用等制造出各种永动机. 但是各种方案都遭到了失败.

于是到 18 世纪末,不少科学家逐渐相信永动机是不可能实现的. 接着,于 1775 年,法国科学院决议不再受理关于永动机的设计方案. 从此人们慢慢悟出一条道理:永动机存在的本身一定违背了某条定律,而这条定律在当时还没有被发现. 由此人们致力于这一定律的发现工作. 正像亥姆霍兹(1821—1894)在《论自然力的相互作用》一文中所指出的那样:"……鉴于前人试验的失败,人们……不再询问:我如何能够利用各种自然力之间已知和未知的关系来创造一种永恒的运动,而是问道:如果永恒的运动(指永动机)是不可能的,在各种自然力之间应该存在什么样的关系?"①现在我们知道,永动机正是违背了能量守恒定律,所以它是不能实现的.

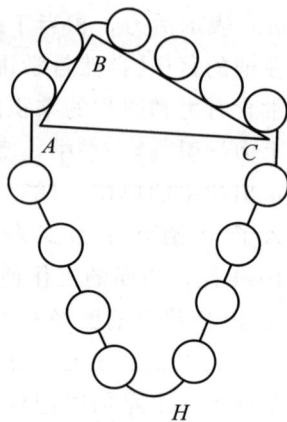

图 8-6

各种物理现象之间的普遍联系的发现,是开始于 18 世纪末到 19 世纪初. 这些新发现大部分是通过实验加以确认的. 它们为大家所熟知:本·汤普森在 1798 年对大炮钻孔时,发现有大量的热产生;戴维在 1799 年把两块冰放在 0℃以下的真空容器中,并使其互相摩擦,由摩擦使冰溶解;戴维还在 1801 年发现了电流的化学效应;迈尔在 1841—1842 年,观察到凉金属从高处落入盛水的容器中,发现"落下的力"可以使物体温度升高. 还发现将水搅动,也可以使水的温度升高;18 世纪末,伏打发明了电池,并用来电解水和硫酸铜;1820 年奥斯特发现电流的磁效应;1831 年法拉第发现电磁感应;1821 年塞贝克(1770—1831)对温差电现象的研究;1840 年焦耳对电流热效应的研究等. 各种现象之间的相互作用的发现,使得在这一时期的科学家们力图以"自然力之统一"这一观点来看待各种现象.

能量守恒和能量转化定律,正是反映了各种物理现象之间互相转化时在能量上的关系和它们遵守的规律. 因此各种物理现象之间普遍联系的发现,为能量守恒和转化定律的建立创造了条件.

总之,到了 19 世纪 40 年代,从各方面来看,建立定律的条件已经具备. 于是,把整个链条的各个分立的环节连成一体的时机已经成熟。因此在这段时期内(1842—1847),有十几个科学家在不同地点、用不同的途径、各自独立地提出了能量守恒定

---

① Hermann von Helmholtz. Popular lectures on scientific subject[M]. Longmans, Green and Co., 1908:148.

律。其中以 R·迈尔、焦耳、亥姆霍兹的工作最为出色.

8.2.2　R. 迈尔(1814—1878)的贡献

R. 迈尔是德国的医生. 他出生在一个药剂师的家庭. 中学毕业后，进图比亨大学医学系学习. 后来在一艘荷兰船上做随船医生. 在巴黎，他结识了数学家、物理学家巴乌尔，通过巴乌尔，了解到拉瓦锡的燃烧理论，并把它用于生物中热的起源的研究中. 迈尔对能量守恒和转化问题的研究，开始于他对生理现象的分析.

1840 年迈尔充当船医. 当船从苏腊巴亚到爪哇的途中，为海员治病过程中，发现海员的静脉血和动脉血一样是鲜红的. 这一发现使他很惊讶，并引起他长时间的思考. 终于在 1841 年航行结束后，他得出了比较成熟的看法. 他用燃烧理论解释以上现象，认为食物可以转化为热，在外界温度较高的条件下，机体只需要吸收食物中较少的热量. 所以机体中食物的燃烧过程减弱了，因此静脉血中留下了较多的氧，使血液的颜色变红. 他还写信给巴乌尔，阐述了自己的观点，他写道："化学家一般所认为的基本规律是物质是不可破灭的，组成部分的元素和这些新元素所形成的化合物处于必然的联系之中，当 H 和 O 消失(也就是在质上等于零)，就出现了 HO"[1](当时 HO 表示水). 他又说："我们应该把完全同样基本的定律应用到力上. 力同物质一样，也是不可破灭的，它们加入不同的组合，在旧的形式中某种形式消失了(在质上变为零)，但是又形成了新的形式，其中新的形式和旧的形式之间的关系有着本质差异：从一方面来讲，就像 H 和 O 一样，从另一方面来讲同 HO 一样."[2]

迈尔同时把他的观点写成题为《论力的量和质的测定》的文章，于 1841 年寄给波根多夫(Johann Christian Poggendorff，1796—1877)为主编的德国权威性刊物《物理学和化学》杂志，但是由于迈尔的观点比较新颖，又没有实验验证，不易被人接受，所以波根多夫借口稿件太多，不予发表. 这篇文章阐述了能量守恒和转换的思想，但全篇受"力"的束缚，且文章的末尾写着"待续"字样.

迈尔的另一篇文章题为《关于无机界力的评论》，于 1842 年寄给以德国生物、化学家李比希(Justus von Liebig，1803—1873)为主编的《化学和药学》杂志. 因为李比希对自然力的统一问题十分注意，故发表了迈尔的文章. 因此，迈尔就成为提出能量守恒和转化定律的第一人.

在这篇文章中，迈尔应用"不能无中生有"和"原因等于结果"两条哲学原理，表达了他对物理和化学过程的守恒问题的思想. 他认为如果原因 c 有着结果 e，那么 c 等于 e，倘若 e 又是另一结果 f 的原因，那么 e 等于 f，并依次类推得出 $c=e=f=\cdots=c$. 他认为在原因和作用的这条长链中，是永远不会有一个环节或者一个环节的一部分变为零的. 他把这个特性称为第一个特性——不灭性. 另外，如果一个原因 c 引起了结果 e，而 c 不复存在，则 c 变成了 e. 如果 e 又能变为 f 等，这是同一对象的不同表现形式，他把这种能够采取不同形式的能力，称为一切原因的第二个重要特性. 他说："把

---

① 转引自 П. С. Кудрявцев，История физики〔Ⅰ〕стр. 473.

② 同上书，474 页.

这两种特性概括起来，我们可以说：原因是（在量上）不灭的和（在质上）可转变的对象."①迈尔把力看作是一种原因，因此认为力是不可消灭的和可以转化的.

接着，他以力学的观点，以物体下落为例，认为"下落的力"和运动之间可以相互转化，并列出了重力场中的能量守恒定律。

$$mgh = \frac{mv^2}{2}$$

他说："所以我们看到，活力守恒定律是包含在原因的不灭性这个普遍定律之中的."②

迈尔在文章中也注意到，下落力的效果是运动，当运动停止时，力变成什么的问题. 并且受了两块金属板互相摩擦生热现象的启发，提出了"运动是不是热的原因"这个问题. 于是，他开始研究"下落力"，运动和热之间的关系. 他说："如果下落力和运动等于热，那么热当然也必须等于运动和下落力，正如在体积缩小和运动停止时热作为一种结果而出现一样，所以当出现它的结果如运动、体积增加、重物举高时，热也将作为原因而消失."③于是，迈尔明确指出："为了解答下落力和运动以及热之间存在的等式关系，就必须回答这样一个问题：与一定数量下落力或运动相当的热量究竟有多少?"④这就明确地指出力做功可以转化为热，而同时也指出它们之间的关系. 这就是迈尔对能量守恒和转化定律的最初表述.

1845 年，迈尔自费出版了《论有机运动和新陈代谢》一书，书中提出几种形式的力：运动的力（实际上就是动能）；下落的力（即重力势能）；热、电、磁、化学力. 并提到各种力之间的相互转化. 如：下落的力转化为运动的力；运动的力通过碰撞变成热；在热机中，热又变成运动的力；通过伽伐尼电池化学力变为电等. 迈尔把他所考察的全部力画成了一个表，描绘了运动转化的 25 种情况. 此表否认了热质和其他无重量的流质的存在.

该书中用大量的篇幅讨论了动植物机体中的能量问题，认为机体中机械的和热的效应的来源，是由于吸收氧和食物时所进行的化学过程. 这样，就指出了有机界和无机界"力"的统一性.

1848 年，迈尔又发表了《通俗天体力学》一书，讨论了宇宙中的能量循环，解释了陨石的发光是由于它们在大气中损失了动能，并应用能量守恒规律解释了潮汐的涨落.

1851 年，迈尔出版了《论热的机械当量》一文，详细地阐述了热功当量的计算.

虽然，迈尔对能量守恒和转化定律的建立作出了贡献，但是他的生活遭遇却很不幸. 由于对他的工作缺乏应有的评价，又和焦耳争论优先权问题，再加上他的两个孩子的夭亡，使他的精神受到了刺激. 1849 年 5 月，他从二层楼窗户跳下自杀未遂. 当他的健康稍有恢复时，又继续他的工作. 1851 年出版的《论热的机械当量》一文就是这时候写成的. 1851 年他被送进疯人院，1853 年获得自由. 但此时已丧失了研究的能力.

---

① Philosophical Magazine, Series 4 Vol. 24，p. 371，1862.

② William Francis Magie. A source book in physics[M]. Harvard University Press, 1963：199.

③ 同上书，202 页.

④ 同上书，202 页.

对于迈尔的工作，到 1858 年在德国仍只是被少数人赞扬，丁达尔（1820—1893）是其中最突出的一个，他于 1862 年在皇家协会上作了关于迈尔的讲演，并且翻译了迈尔的几篇论文．恩格斯对迈尔的工作给以很高的评价，他在《自然辩证法》一书中写道："运动的量的不变性已经被笛卡儿指出了……但是，运动形态的转化直到 1842 年才发现出来，而且新的东西正是这一点，而不是量方面不变的定律．"①迈尔的《论无机界的力》正好是 1842 年发表的．显然恩格斯指的 1842 年的发现即是迈尔的工作．

8.2.3　焦耳（James Prescott Joule，1818—1889）对热功当量的测定

焦耳是英国曼彻斯特的一个啤酒厂的主人．是业余的科学家．焦耳所以由一个啤酒酿造商成为一个物理学家，是由各方面的原因造成的．他从小对酿酒过程很感兴趣，年轻时努力学习化学和物理．经常用业余时间进行有关电的、化学的和机械作用之间的联系的实验．后来他认识了化学家道尔顿（1766—1844），道尔顿对他的研究工作给以鼓励和支持．当时电动机刚发明不久，焦耳想用实验来测定这种新机器的效能，检验在经济上是否合算，可以说他的这一思想导致了后来的伟大发现．另外，由于焦耳从未脱离酿酒厂的劳动，因此他对准确测量的重要性早有认识，并且有亲自动手设计制作实验仪器的能力．这些都为他进行热功当量测定的实验创造了条件．

在 1840—1841 年，焦耳把他的实验结果写成两篇论文：《论伏打电所生的热》和《电解时在金属导体和电池组中放出的热》．文章指出：导体中一定时间所生成的热量与导体的电阻和电流平方之积成正比．

1843 年，焦耳在英国学术协会上，宣读了《论磁电的热效应及热的机械值》的论文．论文分为两部分，第一部分是证实焦耳自己提出的一个想法：即磁式的机器所形成的电力应该具有跟来自其他电源的电流一样的热效应．他认为"当我们不把热看作一种实物，而是看作一种振动状态时，没有理由认为，为什么它不能由一种单纯的机械性质的作用所引起，例如像一个线圈在一永磁体的磁极间转动的那种作用．"②因此他设计了一个实验：使有铁芯的线圈在磁极间转动，测出产生的电流．并把线圈放在盛有水的量热器中，测出水的温度，得到了一系列的数据，归纳为：磁电机的线圈所生成的热量正比于电流的平方（其他条件相同）．由此得出无论用什么方法得到的电流都有热效应．说明电能可以转化为热．

第二部分是讨论机械功和生成的热量之间的关系．焦耳指出："为了这个目的，只需要重作以前的某些实验，并同时确定转动装置所需要的机械力．"③由此设计了实验装置，如图 8-7，共做了 13 组实验．并把结果概括为：能使一磅水的温度升高华氏一度的热量等于（并可以转化为）能把 838 磅举高一呎的机械力．如果换成现在的工程单位制，则焦耳得出的热功当量的值约为 460 千克·米/千卡．焦耳并不满足于自己的实

---

① 恩格斯．自然辩证法[M]．北京：人民出版社，1971：236．

② James Prescott Joule. The scientific papers of James Prescott Joule：Volume 1[M]. Dawsons of Pall Mall，1963：123．

③ 同上书，149 页．

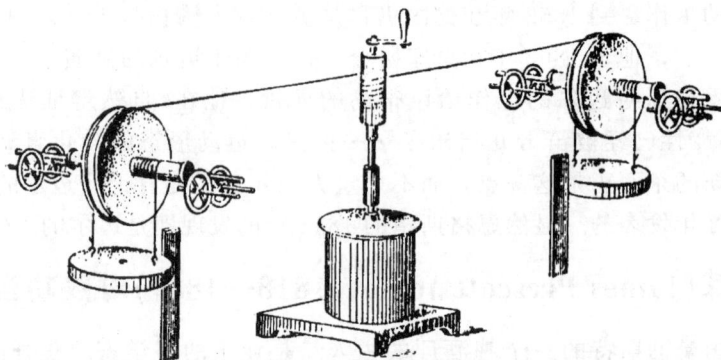

图 8-7 焦耳测定热功当量实验仪

验，他说，"我打算利用更有效的和更精确的装置重做这些实验".[①]

其后，焦耳采用各种方法，并不断改进实验装置，重复进行实验，目的是使测得的热功当量之值更加精确.

1845 年，焦耳发表了题为《论空气的扩散和压缩所引起的温度变化》一文，研究了气体的压缩和膨胀时的热现象，并从中测定热功当量之值为 438 千克·米/千卡. 这与用电流热效应测得的值 460 千克·米/千卡较接近.

1850 年，焦耳又发表了一篇总结性的文章，题目是"论热功当量". 文中总结和分析了以前的工作，并给出了现在教科书中所用的测定热功当量的方法. 他先后利用水和水银做了多次实验. 但他认为用水做的实验结果比较准确，因为用水做的实验的次数多而仪器的热容量也大. 同时对实验结果进行分析，认为实验结果的数值偏大，因为在液体的摩擦中不可能完全免除振动和发生轻微的声音.

焦耳关于热功当量测定的论文还有：1867 年发表的"由电流的热效应测定热功当量"和 1878 年发表的"热功当量的新测定"等文章. 最后得到的热功当量的数值是 423.85 千克·米/千卡.

焦耳为了测定热功当量的值，反复进行实验，从 1840 年开始到 1878 年止，前后大约用了近 40 年时间. 这说明焦耳的治学态度的严谨，也说明一个实验结果的确认需要付出大量的劳动.

焦耳的实验工作为热力学第一定律的建立奠定了实验基础，由此能量守恒和转化定律应运而生. 从迈尔和焦耳的工作可以看出：一个定律的建立既要有理论的假设，也必须有实验的验证. 迈尔和焦耳正是从不同的角度，不同的方面探索了能量守恒和转化定律，因此各有自己不可磨灭的贡献.

关于热力学第一定律的建立，除了迈尔和焦耳的贡献以外，另有其他不少科学家也作了相应的工作，他们是：塞贝（Sir Edward Sabine，1788—1833）于 1839 年在《论铁路的影响》一书中，提出了热功等当的概念；赫斯（1802—1850）于 1840 年发表了热化

---

① James Prescott Joule. The scientific papers of James Prescott Joule：Volume 1［M］. Dawsons of Pall Mall，1963：156.

122

学中反应热与中间过程无关的定律；科耳定(1815—1888)于 1843 年发表了测定热功当量的实验；亥姆霍兹于 1847 年在中心力的假设下，从力学定律全面地阐述了机械运动，给出了能量守恒和转化定律在力学中的具体的数学形式，并且也论述了热、电磁的"力"相互转化和守恒的规律. 值得指出的是：卡诺曾在 1832 年死之前，就独立地发现了热功转化的定律，但是他的文章只是在他死后，于 1878 年方由他的弟弟公开发表.

热力学第一定律的建立过程，说明一个物理定律的发现，绝非一两人所能做到，需要有一批科学家，在相当的时间内，经过艰苦的努力才能真正确立起来. 也说明当客观条件成熟时，相应的自然规律一定会被发现，至于由谁第一个发现，则并不是主要的.

8.3 热力学第二、第三定律的建立

8.3.1 桑地·卡诺(Sadi Carnot，1796—1832)的贡献

卡诺是法国的工程师，他毕业于法国资产阶级革命后新建立起来的巴黎工业大学，因此有机会了解和熟悉当时各种蒸汽机的设计，再加上有较好的数学理论训练，这就为他以后的工作打下了良好的基础.

1824 年，卡诺发表了《关于火的动力以及产生这种动力的机器的研究》的论文. 从文章中可以看出卡诺所从事的研究工作的一个梗概.

卡诺对热机的研究很有兴趣，并且认识到这一工作的重要性. 同时注意到在当时热机虽然已被广泛应用，但理论工作很薄弱. 为此他致力于提高热机的效率. 他所要解决的具体问题是：热所产生的动力是有限的还是无限的？能否无限制地改善热机或是存在着一个无论用什么方法都不可能超越的界限？用现在的话说，即热机的效率在理论上有没有一个上限？

卡诺的着眼点是比较高的，他所要解决的不只是具体的某一种蒸汽机的原理，而是要建立所有假想的热机的普遍原理. 他写道："为了以最普遍的形式来考虑热产生运动的原理，就必须撇开任何的机构或任何特殊的工作介质来进行考虑，就必须不仅建立蒸汽机原理，而且建立所有假想的热机的原理，不论在这种热机里用的是什么工作介质，也不论以什么方法来运转它们."[①]

他分析了蒸汽机的运动，发现它的基本过程并不是以单纯的形式出现，而是被各种次要过程掩盖住了. 为了研究其普遍原理，他撇开一些次要因素，设计了一部理想蒸汽机. 这机器像几何学中的点和面一样是制造不出来的，但它按自己的方式起到了像这些数学抽象所起的同样的作用，它表现纯粹的、独立的、真正的过程. 卡诺利用循环过程来研究有关问题，创造了热力学中一种独特的方法. 这一点又被克拉珀龙

---

① S. Carnot，Rdflexions Sur La Puissance Motrice du Fer et Sur Les machines Popresa Developper cette Puissance，(Paris 1912)，8. 英译本于 1890 年出版.

(Benoit Paul Emil Clapeyron，1799—1864)所具体化，用一个简明的几何图像把卡诺循环表示出来.

卡诺用文字表达了有关热机效率的卡诺定律. 他是根据热质守恒的思想和永动机不可能的原理得出的. 他认为一个可逆循环所提供的动力是最大的. 他说：如果有任何其他的方法比他的理想循环所得到的动力更大的话，"则只需要这个力的一部分就可以用所说的方法把热质由物体 B 送到物体 A 上，即从冷源送回到热源去，于是起始的状态就得以复原. 这样，又可以重新开始类似的操作，并如此地继续下去. 这就将不仅是一种永恒的运动，而且将不消耗热质或其他工作物质而无限制地创造出动力来. 这是跟公认的思想以及力学规律和正确的物理学相矛盾的"①. 接着他又写道："用蒸汽机得到最大的动力也就是利用任意方法所得到的最大动力."②他更明确地断言："单独提供热不足以给出推动力，必须还要有冷，没有冷，热将是无用的."③显然，他已指出了热机必须工作于两个热源之间，热从高温热源转移至低温热源时才能做功. 他又建立了下述的普遍命题："热的动力与用来实现动力的介质无关，动力的量仅由最终影响热素传递的物体之间的温度来确定."在这些结论中已含了热力学第二定律的意思.

卡诺在计算功和温度差的关系时，引出了一个仅同温度有关的函数 C（原书为 Z），但是他没有指出它的意义. 后来发现 $1/C=T$，并且和热功当量有一定关系. 对于气体

$$J = \frac{C(1+Et)}{E}$$

其中，E 为气体膨胀系数，t 为温度. 这说明卡诺已接触到了热功当量.

但是，卡诺对热的本性的看法，采取了热质说的观点，从上述文章中可以明显地看出，他认为蒸汽机的运动伴随着热素重新建立平衡的过程，"热素总是从一个温度或多或少较高一点的物体，流向另一个温度较低的物体"④.

由于热质说这一观点对他的束缚，使他没能提出能量转化的思想. 恩格斯在《自然辩证法》一书中写道："桑地·卡诺差不多已经探究到问题的底蕴，而阻碍他完全解决这个问题的，并不是事实材料的不足，而只是一个先入为主的错误理论（指热质说）."⑤，由此可见，错误的观点对科学研究的危害.

卡诺另有一些笔记和手稿，从这些材料中可以看到他对热的本性的看法有所改变，开始从热质说转向唯动论，并且谈到能量守恒和转化问题. 例如在 1830 年写道："热不是别的什么东西，而是动力（能量），或者可以说，它是改变了形式的运动. 它是（物体中粒子的）一种运动（的形式）. 如果物体的粒子的动力被摧毁了，必定同时有力产生，其量正好准确地同被摧毁的动力的量成正比，反过来说，如果热损失了，必定有动力产生.""人们可以提出一个普遍的命题，动力（能量）是自然界的一个不变量，准确

① S. Carnot, Rdflexions Sur La Puissance Motrice du Fer et Sur Les machines Popresa Developper cette Puissance,（Paris 1912），20. 英译本于 1890 年出版.

② 同上书，22 页.

③ 同上书，38 页.

④ 同上书，38 页.

⑤ 恩格斯. 自然辩证法[M]. 北京：人民出版社，1971：85.

地说，它既不产生也不消灭，实际上它只改变它的形式．这就是说，它有时引起一种运动，有时引起另一种运动，但它决不消失．"①

以上是能量转化和守恒思想的明确表述．不幸卡诺于 1832 年死于霍乱，死时年仅 36 岁．死后，文稿于 1878 年才公开发表．但此时能量转化和守恒定律已建立，故这些思想在历史上没有起什么作用．

8.3.2　R. 克劳修斯(Rudolf Emanuel Clausius，1822—1888)W. 汤姆逊(Willoam Thomson，1824—1907，开尔文勋爵)对热力学第二定律的表述

卡诺提出有温度差就能够产生动力的断言是正确的，但是，定量的热和它产生的功之间的关系，并由此导出有关热的本质和定律的结论还没有被彻底地讨论清楚．因此引起物理学家的继续考虑．克劳修斯正是在这种情况下，开始研究这方面的问题．

1850 年，克劳修斯在《物理学年报》(德文版)上发表了题为《论热的动力和由此得出的热学理论的普遍规律》的论文．在这里他分析了卡诺的学说，从而注意到卡诺学说的正确核心，提出：卡诺认为热量是由一个热体转移到一个冷体，就要做功，是正确的，但卡诺认为这种转移并无热的损失，而热的量保持不变这一观点是没有根据的．克劳修斯进一步发展了卡诺的思想，认为在功的产生中，很可能有两种过程同时发生，这就是一些热量被用去了，而另一些热量从一个热体被传送到了一个冷体，并且这两部分热量可能和所产生的功有确定的关系．在一切由热生功的情况中，有一个和产生的功成正比的热量被消耗，并且反之，通过消耗同样数量的功也能产生这样数量的热量．开尔文在 1852 年发表的"关于自然界中机械能耗散的普遍趋向"一文中，把克劳修斯的公理说成是：一台不借助任何外界作用的自动机器，把热从一个物体传到另一个温度比它高的物体，这是不可能的．今天把它说成：热不能自动地由低温物体转移到高温物体上去．这就是称之为热力学第二定律的克劳修斯表述．

在同一篇文章中，克劳修斯利用这一定律，证明了卡诺关于热机效率的定理．

1865 年，在《物理学和化学年报》(德文版)中，克劳修斯又发表了题为《论热的机械论中主要公式的适于应用的种种形式》一文．在这篇文章中，克劳修斯对热力学第二定律给出了他认为是最简单而又最一般的形式．并证明了它的必要性．对于一个循环过程，热力学第二定律的数学表示式如下：

$$\oint \frac{\mathrm{d}Q}{T} \leqslant 0$$

等号适用于可逆循环，而<号则用于不可逆循环．

在分析不可逆过程时，他注意到总有一部分能量转变为热．这一部分能量看来似乎已经不可能再进一步转化．而对于可逆过程，存在下式：

$$\mathrm{d}S = \int \frac{\mathrm{d}Q}{T}$$

----

① 转引自 **Я. М.** Гельфер，Закон Сохранения превращения Энергии，(Учпедгиз，1958) стр. 102.

克劳修斯称 S 为物体的转变含量，而且提议根据希腊字 $\eta\tau\rho\sigma\pi\eta$ 即转变一字，而把 S 称为熵．它的英文字 Entropie 和 Energie(能)很相似，因为克劳修斯认为熵和能在物理意义上是如此接近，因此在名称上有某种相同性是完全恰当的．

1867 年 9 月 23 日，克劳修斯在法兰克福第 41 届自然科学家和医师集会的全体会议上作了一篇演讲，演讲的题目是《关于热的动力理论的第二原理》．主要是讲述热力学第二定律的意义，以及它和热力学第一定律的关系，并用一些例子来说明由此得出的一些结论．在文章的末尾，不恰当地把热力学第二定律推广至整个宇宙，得出热寂说的错误结论．

1875 年，克劳修斯发表了题为《热的动力理论》的书，全面总结了它的关于热力学第二定律的研究成果，从而使得有关结论更加明确．

W. 汤姆逊(开尔文)对热力学第二定律的研究几乎与克劳修斯是同时进行的．他开始这一工作是基于对卡诺的热的动力论的探讨．早在 1848 年，汤姆逊就发表了一篇题为《基于卡诺的热的动力论和雷诺观察的计算所得的绝对温标》一文．在这篇文章中已经提出了这样一个问题：是否存在着任何的原理，可以以它为基础来得出一个绝对的温标？他认为"卡诺的热动力理论能够给我们以肯定的回答．按照卡诺所确立的热和动力之间的关系是：在由热的作用得到的机械功的数量关系中，只包括热量和温度间隔的因素；又因为我们有独立地测量热量的确定的方法，所以就为我们提供了温度间隔的一个量度．根据它可以确定绝对的温度差．"[1]从而在热力学中引进了绝对温标．

在 1851 年，汤姆逊在爱丁堡皇家学会会刊上发表了一篇论文，题目是《论热的动力理论》．在这篇文章中，他对热的动力理论以热力学式的陈述，明确指出热的动力论的全部理论是建立在分别由焦耳以及卡诺和克劳修斯所提出的两个命题之上．

命题Ⅰ(焦耳)：当我们以不论什么方式，从单纯的热源中产生出或以纯粹的热效应消耗掉等量的机械效应，那么所失去的和产生的热量是相等的．

命题Ⅱ(卡诺和克劳修斯)：如果一台热机在作逆向工作时，它每一部分运动的物理和力学的作用都将全部逆转过来，那么从一定的热量所产生的机械效应与任何具有相同热源和冷源的热动力机是一样的[2]．

汤姆逊接着说："第二个命题是建立在下面的公理之上的：利用无生命物质的作用，把物的任何部分降温到比它周围最冷的客体的温度以下，以产生机械的效应，这是不可能的．"[3]这就是有关热力学第二定律的汤姆逊的原始说法．

克劳修斯和开尔文不仅建立了热力学第二定律，同时对这一普遍原理在具体问题中的应用，也非常注意．他们曾研究过压强对熔点的影响，饱和蒸汽压与温度的关系，温差电现象等．

---

① William Thomson. Mathematical and physical papers[M]. Cambridge university. Press，1911：102.

② 同上书，178 页.

③ 同上书，179 页.

8.3.3 "热寂说"的错误

克劳修斯和汤姆逊在建立热力学第二定律中作出了贡献，但他们也同时提出了一个错误的观点——"热寂说"．关于这一点，克劳修斯在他的 1865 年发表的文章中写道："我给出的第二原理断定，在自然界所有发生的变化以一个确定的方向进行，这个方向我曾假定为正方向，它自行地没有补偿地发生，但是反方向即负向的变化必须伴随有正的变化来补偿．把这个原理用于整个宇宙就要导致一个结论．即如果在宇宙全部发生的状态变化中，一个确定方向的变化在量上总是超过相反方向的变化，那么宇宙的全部状态必定越来越多地按第一种方向变化，因而宇宙必定不断地趋于一个终状态．"当克劳修斯引入熵的概念后，他的上述观点更加明确，于是在 1867 年，在莱茵河畔法兰克福所作的演讲的末尾，明确表示："对到处不断发生的转变过程简短表述为：宇宙的熵趋向于一个最大值．宇宙越接近熵最大的极限状态，它继续变化的机会就越减少．完全到达这一状态，那么就不会出现进一步的变化，宇宙将处于一个死寂的永远状态．"虽然克劳修斯也曾提到这个状态的到来是如此的缓慢，但他认为终究找到了宇宙最终的极限状态．

开尔文也有同样的错误观点，他利用他所提出的热力学第二定律，得出了普遍的结论．

第一，目前在物质世界中存在着的普遍倾向是机械能的耗散．

第二，在没有比等当量的耗散更多的情况下，任何机械能的复原在无生命物质的过程中是不可能的，而且可能也是从来没有用有机物质实现过的．不论是具有植物生命的物质还是服从动物意志的物质．

第三，在已经过去了的有限时间内，地球上必定曾经不是像现在这样适合人居住的，而未来的有限时间内，地球上的条件也将是这样．除非曾经发生过或者将来会发生这样的一些过程，它们在目前世界上已知过程所遵循的定律下，是不可能发生的．

按照"热寂说"的观点，在自然界中转化成热能的倾向和使温度平均化的倾向占主要地位，因此将来会有一天所有的物质丧失了做功的本领，而变得僵化，宇宙"热寂"了．

它的错误在于把适用于一定条件下的物理定律无限制地推广到宇宙，推广到无限长的时间，而给物理定律以绝对的定义．这一错误我们必须加以借鉴．

8.3.4 热力学第一、第二定律的应用和第三定律的提出

热力学第一、第二定律建立后，尤其引入能和熵两个相互独立的状态函数以后，就能够对有关物体的热的行为的许许多多各种陈述进行数学分析．霍尔斯特曼(1842—1929)于 1873 年，把热力学两个定律应用于化学反应，热化学的平衡理论给化学反应的多样性带来了概观和秩序．从未被理解的古代化学亲和性的概念归结为能和熵之差．热力学渗透到弹性理论和电磁学中．"总而言之，确实没有一个物理学领域同热力学是

无话可谈的，如果人们不考虑热力学方面，这总是意味着已经是一种理想化情形."①

起初，能和熵的概念是不完备的. 1906 年华尔塞·能斯特（Walther Nernst，1864—1941）把热力学两个原理用来解决热化学的问题，讨论了在极低温时总能和自由能的关系，从而提出了热力学第三定律，对熵的定义给以补充.

能斯特在 1917 年所写的论文《新热学定律的理论和实验基础》一文中，对热力学第三定律给出明确的表述：绝对零度是不可能达到的. 同时他指出这一定律和热力学前两个定律一样. 是从大宗观察资料（部分是正面的资料，也有部分是纯粹反面的资料）结晶出来的. 因此，"这种推测是我们不能直接验证的，因为我们不能在绝对零度时测定 A（化学亲和势）和 Q（反应热）. 显然如果有了关于比热以及绝对零度的知识，我们就能够对这个推测进行精确的检验". 但这一定律已越来越被累积起来的经验所证实.

应用热力学第三定律，有可能从热的量度来预言化学平衡. 但也应指出，能斯特提出的热力学第三定律其丰富内容还远没有穷尽，还需作进一步的探索.

8.4　分子运动论发展简述

分子运动论是热学的一种微观理论. 它的根据是以下两个基本概念：物质是由大量分子和原子组成的；热现象是这些分子做无规则运动的一种表现形式.

关于以上两个概念，起源很早，据古书记载和传说，两千年前，中国古代和古代希腊已经提出物质由原子组成的假说. 认为万物都由原子组成，不同的原子组成了世界上不同的物质，而原子是在不停地运动着. 虽然这些概念只是哲学上的主张，也只是对自然界总的看法，还没有实验根据，但是这些假说却指引后代很多科学家和化学家走向科学的道路，也直接指引了后来分子运动论的发展.

在 17、18 世纪，出现了一些比古代原子论更进一步但还只是定性的分子运动论假说. 如 1658 年，伽森弟以分子运动的观点，解释了物质的气、液、固三态的区别；1678 年，胡克又以气体分子不断碰撞器壁的结果，解释了产生气体压强的来由；瑞士物理学家伯努利在 1738 年出版的《液体动力学》一书中，发展了这种假说. 他从胡克的基本假设导出了气体压强与所占体积成反比的玻意耳定律，并且根据这个推导结果指出：这个定律在必须考虑分子本身所占体积的情形下，是需要修正的. 这些结果第一次预示了分子运动假说的优越性；后来，俄国学者罗蒙诺索夫在《关于热和冷原因的思索》（1746 年）和《试拟建立空气弹力的理论》（1748 年）两篇论文里，发表了自己的见解. 他始终坚持热的根源在于运动. 并在讨论气体性质时，提出气体分子运动的无规则性，还肯定了运动守恒在热学现象中的正确性.

但以上观点在当时没有引起人们的注意，因为当时"热质说"占了统治地位. 热是运动的表现的观点，没有被人公认. 因此建立在分子无规则运动基础上的分子运动论，也没能得到发展.

18 世纪后半期，由于产业革命的到来，大规模的机器生产改变了全部生产面貌，

---

① 劳厄. 物理学史[M]. 戴念祖，译. 北京：商务印书馆，1978：89.

相应地，物理学也蓬勃发展起来，分子运动论在此时也逐渐得到发展. 19 世纪 40 年代，能量守恒和转化定律建立之后，彻底否定了热质说，分子运动论才迅速地发展起来. 几乎在半个世纪内，经典分子运动论就完整地建成了.

分子运动论的建立是很多科学家辛劳研究的结果，如英国的赫拉派斯（J. Herapath，1790—1868）；瓦特斯顿（J. T. Waterston，1811—1883）；焦耳和克伦尼希（August karl krönig，1822—1879）都先后在气体分子运动论方面做了不少工作. 但真正引起大家对分子运动论的兴趣的是克劳修斯的工作. 后来又有麦克斯韦、开尔文、玻耳兹曼（Ludwig Boltzmann，1844—1906），迈尔、金斯（James Hopwood Jeans，1877—1946）、洛伦兹（Hendrik Antoon Lorentz，1853—1928）、克努曾、恰普曼（1888—1967）、苏瑟朗以及其他一些科学家在这方面进行的一系列工作. 其中克劳修斯、玻耳兹曼、麦克斯韦的工作尤为重要，他们是分子运动论的奠基者.

下面将简单介绍各位科学家在分子运动论方面的主要贡献，借以说明分子运动论尤其是气体分子运动论的基本建立过程.

8.4.1　赫拉派斯和瓦特斯顿的工作

19 世纪前半期，分子运动论的倡导者，首推英国的赫拉派斯，他在 1816—1821 年曾写了几篇关于分子运动论的文章，发表在《哲学纪要》（*Annals of Philosophy*）上.

他的学说基于以下一些假说：

（1）物质由坚硬的原子组成；

（2）气体的原子以很大的速度向各个方向做直线运动；

（3）热由原子的运动引起，正比于它们单个的动量.

赫拉派斯利用以上假说，分析了装在不同体积容器内、处于相同温度下的同种气体的压强，导出了理想气体定律. 并提出了温度与分子速度有关的概念. 还用来解释状态变化、扩散现象等. 但多半是定性的，缺少实验根据，因此不够确切.

瓦特斯顿的工作比赫拉派斯又前进了一步. 他在 1845—1846 年写了一篇题为《论由处于运动状态中的弹性分子组成的媒质的物理学》. 提出了他对分子运动论的设想："……大量的物质微粒，彼此在各方面都完全相同，像玻璃和象牙一样是完全弹性的……为一些弹性壁（或表面）限制在比它们的全体的容积大得多的空间内，以至于可以允许它们在每一方向上自由地运动. 由于这时一切吸引力都不在考虑之列，显然每一个粒子都沿直线前进直到它们彼此相碰或与容器的各壁相碰……对于所有的粒子，绝对弹性的量是一样的，全部活力的原始数值必然永远保持不变."[①]

瓦特斯顿通过计算一个重量几倍于一个分子的完全弹性平面，在分子的速度 v 连续不断地跟它碰撞之下的平衡条件，推导出理想气体定律：

（1）媒质的弹性（即压强）e 正比于以一定的速度 v 运动的分子在单位时间内对单位面积的碰撞次数 A；

---

　　①　Brush S G. The development of the kinetic theory of gases[J]. Annals of Science，1957，13（4）：273.

(2)v 一定时，e 正比于分子的粒子数密度；

(3)粒子数密度一定时，e 正比于 v_2 或活力都改变时，e 正比于它们的乘积；

(4)在压强一定的条件下，密度反比于 v^2[①].

以上说明瓦特斯顿的结论实际上已经接触到 v_2 与温度的关系.

他还根据分子的完全弹性碰撞提出了关于能量均分定理的一个特殊形式：在混合媒质中分子速度的均方值反比于分子的重量. 他也曾计算过气体的两种热容量的比值，但是由于计算的错误，把 γ 的值本应为 $\gamma = \dfrac{5}{3}$ 而错误地得到 $\gamma = \dfrac{4}{3}$.

瓦特斯顿的论文曾在英国皇家学会宣读，但是该会的会刊只刊登了一个摘要. 因此没有引起人们的注意，因而瑞利曾说：这或许使得分子运动的发展延迟了 $10 \sim 15$ 年.

8.4.2 焦耳和克伦尼希的工作

到了 19 世纪中叶，焦耳和克伦尼希的工作使分子运动论得到继续的发展. 他们各自提出了自己关于这方面的观点.

焦耳在 1848 年 10 月 3 日的曼彻斯特哲学学会上作了《关于热和弹性液体的构造的某些说明》[②]的报告，后来刊登在 1851 年出版的该会的论文集中，但因发行量较少，所以在当时欧洲大陆上无人知道.

1856 年，克伦尼希发表了题为《气体理论概述》一文，随后又发表了克劳修斯的论文. 从而促使焦耳于 1857 年又把以上报告重新发表在 *Phylosophical Magazine* 上.

从报告中可以看出，焦耳基于测定热的机械当量方面的实验而得出他的结论. 他说："热和机械力是可以由一个转化为另一个的，因而热就是有重量的粒子的活力，或者是能产生活力的吸引或排斥的某种状态."[③]

焦耳还从空气的绝热压缩和绝热扩散的实验中，得出以下结论：认为这些实验可以说明气体的结构，气体的热是气体所具有的机械力. 这说明焦耳已经形成了气体运动理论的基本思想.

这以后他又和戴维一起采用关于粒子振动的假说，讨论了解释玻义耳、马略特定律的重要性. 但是在他的文章中只讨论了赫拉派斯提出的关于气体粒子做直线运动的这一简单的假设，对氢粒子的运动速度进行了计算，从而指出气体分子的速度正比于温度的平方根.

在焦耳之后，克伦尼希于 1856 年，发表了一篇题为《气体理论概述》的文章，在文中他也认为"热是一种运动的形式"，但是他对运动的形式究竟如何并不明确. 他认为可以对理想气体建立一个这样的模型：把分子看作弹性球，它们在没有相互作用时做匀速直线运动，只有在碰撞时才发生相互作用. 根据这一模型他计算了气体的压强，

---

① The Collected Scientific(Papes of J. Waterston)，p.217.

② 当时把气体称为弹性液体.

③ 转引自 П.С.Кудрявуев История Физики[I] стр.542.

考虑克拉珀龙定律，得出气体的温度正比于气体分子的活力(动能).

虽然，克伦尼希的工作就其内容来说，并未超出赫拉派斯，但是却使这一理论得到复兴.

8.4.3　克劳修斯在分子运动论方面的贡献

1. 推导出理想气体的压强公式

克劳修斯于 1857 年发表了一篇题为《论热运动的类型》的文章，在这篇文章中，以十分明晰、清楚的方式发展了气体运动理论的基本思想，推导出理想气体的压强公式.

他的出发点是：

(1)分子所占有的空间对于气体本身所占有的空间来说必须是无限小；

(2)改变两个分子的运动的碰撞过程所经历的时间，比起两次碰撞之间的时间间隔来说必须是无限小；

(3)分子力的影响必须是无限小[①].

在同一篇文章中，引入了一个新的概念——统计的概念.并借用统计处理的方法解释气体压强的产生.他认为每个气体分子对器壁的碰撞是偶然的事件，是十分错综复杂的，难以预测的事.如果考察尽量小的表面元上的碰撞情况，则其碰撞次数是相当的大，可以看作连续碰撞，因此给我们的印象是在器壁上有一个由内向外不变的力的作用，这个力就是压力.统计概念指明了个别分子运动和客观现象之间的联系，因此它是建立定量的分子运动论的前提.

还在同一篇文章中，他借用分子的速率在各方向都相等这一简化了的统计法，推导出气体压强的公式：

$$p = \frac{1}{3} n m v^2$$

其中，n 是单位体积内的分子数，m 是每个分子的质量，v 是分子速度.并且定性的解释了为什么 p 和 v^2 成正比.他认为速度的变化影响到两个方面，第一是使碰撞次数变化；第二是使每次碰撞的强度变化，而这两种变化都影响到压强的变化，所以压强正比于速度的平方.

从压强公式，附以一定的条件，可以推导出玻义耳-马略特定律和盖·吕萨克定律.如果分子运动速度不变，则压强与密度成正比例，这就是玻意耳-马略特定律.如果认为绝对温度是分子平动动能的量度，即温度正比于速度平方的话，那么上面所引述的结论就引导我们得出盖·吕萨克定律，这就初步显示了气体分子运动论的成就.

2. 引入平均自由程的概念

克劳修斯的另外一个贡献是引入了气体分子平均自由程.他在 1858 年发表了一篇论文，题为《论气体分子的平均自由程》，目的是回答当时有人提出的分子运动论的矛盾：即分子的很大的速度(约 10^2 m/s)与扩散、烟的传播的速度很慢之间的矛盾.

_____

① 　Phil，Mag，1857，14，p. 112.

在计算平均自由程时，克劳修斯引入了分子作用球和作用半径等概念，并且根据各方向速率相等的统计法，得到平均自由程由下式表示：

$$l = \frac{3}{4} \frac{\lambda^3}{4\pi\sigma^2}$$

其中 σ 是分子作用球直径，λ 是分子中心之间的平均距离. 这个公式和我们现在教科书中所用的公式是有差别的，问题在于它对分子速率的估计是过于粗略了. 如果利用麦克斯韦的气体分子速率分布率求速度，则可以得到现在公认的结果：

$$l = \frac{1}{\sqrt{2}\pi\sigma^2 n_0}$$

其中，n_0 是单位体积内的分子数.

平均自由程的引入，为分子运动论提供了一个重要的物理量，它给出了分子在连续两次碰撞间所走过路程的长短，从而更好地描绘了气体分子运动的图像，同时也回答了有人提出的分子运动速度很大而为何气体扩散的速度很小这样一个问题. 因为气体扩散的速度的大小既决定于分子本身的速度，也决定于碰撞的次数. 而碰撞的次数由自由程决定，自由程比分子速率小得多，故碰撞次数很大，致使扩散很慢.

8.4.4　麦克斯韦的工作

早期的理论工作者，大多忽视了气体的一个重要特性：即气体分子作无规则的热运动中的无规则这一点，而设想气体分子以同样的速率运动. 麦克斯韦则突出了这个无规则性，第一个运用统计的方法来计算分子的速率.

在 1860 年，麦克斯韦的第一篇论文，题为《气体动力论的说明》，发表在《Philo-sophical Magazine》第 19 卷上. 文章中对克劳修斯引入平均自由程的工作加以赞赏，但也指出在计算平均自由程的过程中假设一切分子的运动速率相等是有欠缺的.

文章还阐述了麦克斯韦的气体模型：由数量不定的、很小的、完全弹性的、只在接触时才发生相互作用的固体小球组成的系统. 第一次借助概率的概念得到了分子速率分布率. 由此找到了由微观量求统计平均值的更切实的途径，为气体分子运动论奠定了可靠的基础.

接着，运用他所得出的速率分布率，对气体分子平均自由程进行了再一次的计算，推导出现在被人们所公认的结果.

在同一篇论文中，麦克斯韦对输运过程、扩散、内摩擦和热传导以及不可逆过程进行了研究. 从分子运动论的观点出发，建立了一套初级的数学理论.

研究分子的结构以及碰撞机制，是很复杂的问题，但是麦克斯韦把系统分成许多层，考察每一层之间的相互作用（内摩擦），再应用平均自由程的概念，推导出内摩擦系数：

$$\mu = \frac{1}{3}\rho\, l v$$

其中，l 为平均自由程，v 为每个粒子的速度，ρ 为密度. 并预言内摩擦系数和压强无关. 以上结论，后来不断有人进行修改. 这也说明这种初级理论是很不完善的. 麦克斯韦本人后来在 1866 年又发表了题为《论空气以及气体的黏滞性或内摩擦》一文，给出了利用扭摆的阻尼振动测定 μ 的许多组数据，可以看出 μ 确实不随 ρ 而改变. 从而使这一理论不断完善起来.

因为黏滞系数和压强无关，所以知道了气体内摩擦系数和密度，就能确定平均自由程的长度，从而确定分子的有效直径. 因此麦克斯韦的这一理论，就成为 J. 洛喜密脱(1821—1895)在 1865 年第一次计算分子有效直径的基础. 这些成就说明人们已开始向分子世界进军. 通过对复杂的分子运动过程的讨论，分子运动论已经成熟起来了.

8.4.5 玻耳兹曼的主要工作

(1)推广和改善已有的理论，于 1868—1871 年第一次考虑到重力对分子运动的影响，推导出了更加普遍的玻耳兹曼速率分布率，并用他在 1872 年提出的 H 定理加以证明.

(2)对输运过程作了进一步研究. 他试图建立关于非平衡态的分布函数的方程. 如果从这一方程能解出分布函数，则可以解决各种输运过程的问题. 同时指出：即便解不出这个方程，也可以得到两条重要的结论：

①在气体中一旦建立麦克斯韦分布后，不会因分子的碰撞而被破坏；

②依赖于分布函数的一个量 H，它的数值随着时间而减小，这就是所谓 H 定理。

1872 年，玻耳兹曼确立非平衡态的分布函数方程后，有不少人来解这一方程. 经历冗长繁杂的数学计算，得到了和麦克斯韦提出的黏滞系数相类似的值. 所以我们可以说，输运过程的严格的数学理论是建立在玻耳兹曼的工作的基础上的.

(3)从分子运动论的角度，推导各个热力学公式，尤其是对热二律的统计解释. 在 1872 年，他证明了 H 函数随时间减少，这与热力学里在一定条件下熵增加是相当的. 1876 年，洛喜密脱提出疑问，既然分子的运动服从力学规律，那么微观运动应该是可逆的，这与 H 函数单向减少这一不可逆性质是矛盾的. 玻耳兹曼为了解决这一矛盾，提出了对 H 减少的统计解释，认为 H 减少的过程，就是概率最大的趋势. 因此对一定条件下，熵增加原理也得到了统计的解释，所谓熵增加即分子取最可几的分布. 熵减少不是绝对不可能，只是概率非常小而已. 系统达到平衡后，熵的值还可以在极大值的周围稍有涨落. 在这一问题上，分子运动论表现了自己特有的优越性.

以上我们只是从几个科学家对分子运动论研究的主要成果来说明它的建立和完善的过程. 实际上在这过程中，还贯穿了对反对分子运动论的观点——唯能论的斗争.

19 世纪末期，以奥斯特·瓦尔德(Wilhelm Ostwald, 1853—1932)为首的唯能论者们，认为分子和原子既然不能直接观测，那么研究分子运动规律就是空想. 他们满足于热力学理论，认为物理学的任务就是研究能量的改变与转化的规律，而研究分子运动是多余的. 这种观点否认了物质原子论，而把能量看作脱离物质的纯粹运动，所以在哲学上是唯心的.

科学的不断发展，对唯能论进行了有力地批驳. 分子和原子的真实性，为后来 α 粒子被金散射的实验证实；分子热运动的真实性为爱因斯坦(1879—1955)和佩兰(Jean Baptiste Perrin, 1870—1942)等对布朗粒子运动进行理论上和实验上的研究成果所证实. 到 20 世纪初，分子运动论就成为无可置疑的正确理论.

分子运动论和热力学从微观和宏观两个方面相互补充，推进了人类对自然界热现象的认识. 但是微观的问题还是很复杂的，用分子运动论来处理问题，还需要作简化又简化的假设，虽然这些假设愈来愈接近实际，但还受到数学上的限制，因此分子运动论有它内在的局限性，这就促使后来量子论、量子力学、量子统计的发展.

第 3 篇　现代物理学的兴起

第 9 章　世纪之交的三大发现和物理学革命

经典物理学经过约三百多年的发展，到 19 世纪末已经建立了完整的理论．包括以牛顿三定律和万有引力定律为基础的经典力学，以麦克斯韦方程为基础的电磁场理论，热学方面则有以热力学三定律为基础的宏观理论与以分子运动论和统计物理学所描述的微观理论．因此 19 世纪末，不少物理学家认为：物理学理论的骨架已经完成，今后的工作，只能是扩大这些理论的应用范围和提高实验的精确度．也就是只能做一些修饰和填补细节的工作．例如在 1899 年除夕之夜的欧洲著名科学家新年聚餐会上，大会主席开尔文发表了一篇新年贺词，其中有这样一段内容，他认为"19 世纪已将物理大厦全部建成，今后物理学家的任务只是修饰和完美这所大厦"．接着又说：在物理学晴朗的天空还存在两朵小小的乌云，一朵是热辐射中所谓"紫外灾难"；另一朵是迈克尔逊—莫雷实验的以太零结果．又如普朗克的老师约利在给普朗克的信中，劝说他不要选择物理学作为自己的研究方向．因为他认为：理论物理学实际上已经完成，所有的微分方程都已经解出来了．青年人不应毁掉自己的一生，不值得选择一种将来不会有任何发展前景的事去做．在这种思潮影响下，物理学的发展处于停滞状态．

但与这同时，物理学却连续做出了三项重大的发现，这就是 X 射线的发现、电子的发现和放射性的发现．这三项发现都是在实验中做出的，因而使物理学界没有及时认识它对理论发展的深远意义．但它却使人们大为震惊，物理学的发展从实验中打破了缺口，使人们奉为信条的经典物理的理论陷入了"危机"．解决危机就成为物理学发展的动力．1900 年普朗克就是在解决"紫外灾难"中创建了量子论，使物理学进入一个新的转折．所以，人们把 19 世纪末 20 世纪初称为物理学上一个新的革命时期．革命的标志就是普朗克量子假说的提出．

9.1　X 射线的发现

X 射线是由德国人伦琴（Wilhelm Konrad Röntgen，1845—1923）发现的．他曾在苏黎士大学专攻数学和机械学，对基础科学的兴趣也很浓厚．他听过克劳修斯讲授的工程物理学，听过昆特（August Kundt，1839—1894）主讲的光学理论课，在昆特实验室中做过关于气体各种性质的早期实验，并提出《各种气体的研究》的论文．他对晶体也很感兴趣，相信晶体是自然规律的具体表现．他研究了晶体的热传导，压电特性和光、化学、电特性，后来又致力于对阴极射线的研究，就是对阴极射线的研究，才导致了后来 X 射线的发现．

早在 1836 年，法拉第曾发现了稀薄气体的放电现象．但是当时能获得的真空只有千分之七个大气压，在这种状态下对气体放电现象作进一步的研究是不可能的．随着新兴的灯泡工业的需要而改进了真空技术以后，对气体放电的研究才达到了一个新的阶段．

对气体导电的研究导致了阴极射线的发现．1876 年，德国物理学家戈尔德施泰因（Eugen Goldstein，1850—1930）在实验中发现：从阴极垂直地发射一种射线，它和阴极的材料、大小、形状无关；在射线行径的路上放一物体，则投射出清晰阴影，并随磁铁而偏转，这些性质和构成阴极的材料无关．他把这种射线称作"阴极射线"．

紧接着，围绕"阴极射线是什么"这一问题展开了激烈的争论．争论引起了更多科学家的兴趣．伦琴也就在这种情况下，开始了对阴极射线的研究．

伦琴重做了前人的实验．为了避免外界对射线管的影响，他用黑的厚纸板把管子包起来，意外的发现在 1 米以外的涂有亚铂氰化钡的荧光屏发出荧光．这一现象，使他很惊讶，因为他明白阴极射线只能在空气中行进几厘米，而绝不能使 1～2 米以外的荧光屏发光．那么使荧光屏闪光的射线究竟是什么呢？

他孜孜不倦地重复他的实验，并在射线管和屏之间放上各种物质来进行观察．他说："关于这一现象最显著的东西是：某种能激发起强烈的荧光作用，穿过了对于太阳或电弧的可见光和紫外线来说，是完全不透明的硬纸板……""我们很快发现，一切物体对这种作用都是透明的，只是程度极为不同……纸是最透明的，在一本约有 1000 页的带封面的书的后方，我仍然清楚地看到了荧光……在两副纸牌的后面荧光也可以看得见……厚的木块也是透明的；2～3 厘米厚的松木（对射线的）吸收很少．15 毫米厚的铅条使效应大为减弱，但是并不能使荧光完全消失．"[①]他还指出："为了简单起见，我将使用'射线'一词，并且有时为了区别于其他射线起见，使用'X 射线'[②]．阴极射线和 X 射线之间另一个很明显的区别在于以下的事实：尽管做过多次尝试，我未曾得以借助于一磁体（即使磁场很强）使 X 射线有任何偏转．"[③]

伦琴在完成了一系列实验之后，于 1895 年 12 月 28 日向维尔茨堡物理学医学学会递交了他的论文——《论一种新的射线》．在这篇论文中，记述了实验的装置和实验的方法，并初步说明了 X 射线的性质．

论文发表后，伦琴对 X 射线的发现引起人们极大的兴趣，他的论文在 3 个月内被印刷 5 次，第五版同时用英、法、意、俄等国文字印刷．尤其是他所拍摄的人的手骨像（图 9-1），引起了医学界的重视，并立即得到应用，这些都可以从以下事实得到证明：在 1896 年 1 月 4 日，X 射线的照片被列为由柏林物理研究所举办的"纪念柏林物理学会成立五十周年"展览会展品，1 月 5 日维也纳《新闻报》抢先做了报道．次日，伦敦《每日记事》向全世界发布了发现 X 射线的报道．

---

① Niels Hugh de Vaudrey Heathcote. Nobel prize winners in physics[M]. H. Schuman，1953：5—7.

② 同上书．

③ 同上书．

当时关于 X 射线的宣传和报道，大多关注于 X 射线在医学和照相术上的应用．而伦琴的本意是要探究 X 射线的本质，所以他不满足于已有的荣誉，也不被当时宣传所干扰，继续他在这方面的实验工作．终于在 1896 年 3 月送出了第二篇论文《一种新的射线》（续篇），次年 3 月又送出了第三篇论文《关于 X 射线性质的进一步观察》．

伦琴射线的发现对物理学进一步的发展具有深远的影响，它展示了物理学尚有亟待探索的未知领域，给物理学的发展打开了新的局面．通过 X 射线谱的研究，为认识物质的微观结构提供了重要的途径．X 射线衍射成为研究晶体结构的有力工具．同时也和后来揭示出实物的波粒二象性的一些实验有关．由于伦琴工作的重大成果，他被评为 1901 年第一届诺贝尔物理学奖的获得者（图 9-2）．

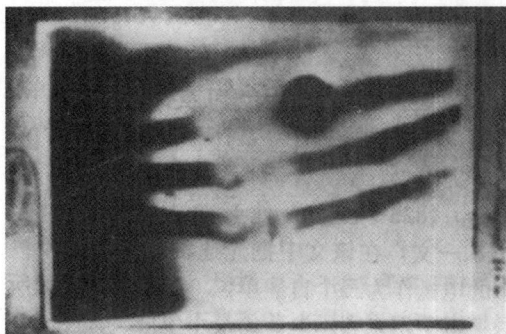

图 9-1　手骨像

图 9-2　伦琴获得的诺贝尔奖章

9.2　电子的发现

第一个提出"电子"这一术语的是斯东尼（G. Johnstone Stoney，1826—1911）．他于 1891 年发表了《自然界的物理单位》一文，在该文中把光速、引力常数和"电之原子"所带的电量作为三个自然单位．和后来的习惯所不同的是，此处把电子用来表示电荷的最小单位．

第一个用实验证明电子的存在，说明电子是基本粒子的是 J. J. 汤姆逊（Joseph John Thomson，1856—1940，图 9-3）．他曾在剑桥大学攻读数学．当时，正是麦克斯韦理论创建的时期，他对此很感兴趣，并对电磁场理论进行了研究，认为电和实物的关系非常密切，并设想用实验加以证明．

1884 年，卡文迪许实验室主任瑞利（Lord Rayleigh，1842—1919）教授推荐汤姆逊接替他的工作．此时阴极射线已经被发现，而对阴极射线的性质如何则争论不休．有些人根据它的直线传播，能引起机械作用，特别是在磁场作用下发生偏转等性质，推断阴极射线是一种带电粒子流．另外一些人则从阴极射线能穿透薄金属窗，认为这种射线不会由粒子组成．再加上赫兹（1857—1894）在实验中没有观察到电场对阴极射线的偏转作用，从而更加深了阴极射线是同光线一样的电磁波的观念．

图 9-3　J. J. 汤姆逊

当时的卡文迪许实验室，在汤姆逊领导下的一批研究生，如卢瑟福（Ernest Ruth-erford，1871—1937）、威尔逊（C. T. R Wilson，1869—1959）、里查森（Owen Williams Richardson，1879—1959)等也卷入了这一争论. 他们设法用实验来研究阴极射线的本质. 经过一系列实验研究后，汤姆逊于 1897 年 4 月 30 日在英国皇家学院星期五晚会上作了题为《阴极射线》的报告，随后公开发表在《哲学杂志》上①.

他首先用实验证明阴极射线是由阴极发射出来的. 其次做了阴极射线在静电场中偏转的实验，如图 9-4. 这个实验赫兹在 1893 年曾做过，但因真空技术不过关，引起管内残存气体的电离，使静电场不能建立，因此没有成功. 汤姆逊做此实验时，真空技术已大有发展，所以他取得了成功. 于是汤姆逊得出结论："偏转的方向表明，形成阴极射线的那些粒子是带负电的."②

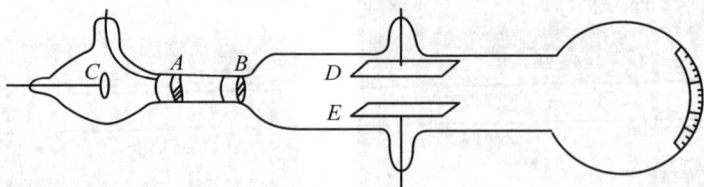

图 9-4　汤姆逊阴极射线管

接着汤姆逊为自己的研究提出了进一步的问题，他提出：这些粒子是什么？它们是原子还是分子，还是更小的物质微粒？为了搞清这些问题，他对这些带电粒子的质量与电荷之比，进行了一系列的测量，并用了两个独立的方法.

第一个方法是：考察一束均匀的阴极射线，令 m 为每个粒子的质量，e 为粒子的带电量，N 为一定时间内穿过某一截面的粒子数，则这些粒子所带总电量为

$$Ne = Q$$

用静电计可以测出 Q. 用射线照射固体，通过对固体温度升高的测定，可以测得动能 W，再假设粒子的速度为 v，则

$$\frac{1}{2}Nmv^2 = W$$

如果假设 R 是射线在均匀磁场 H 中轨迹的曲率半径，则

$$\frac{e}{mv} = \frac{1}{RH}$$

由以上三个方程可以得出

$$v = \frac{2W}{QHR}$$

$$\frac{e}{m} = \frac{2W}{QH^2R^2}$$

第二个方法是：当电场方向和磁场方向以及带电粒子的速度方向互相垂直时，如

---

① 《Philosophical Magazine》Vol，44，Series 5，p. 293，1897.

② Joseph John Thomson. Recollections and reflections[M]. Arno Press，1975：332.

果电力和磁力平衡，得出

$$eE = Hev$$

如果撤去电场，则粒子在磁场中的圆形轨迹的半径 R 将是

$$R = \frac{mv}{He}$$

由以上二式可以得出

$$v = \frac{E}{H}$$

$$\frac{e}{m} = \frac{E}{HR}$$

因为 H 和 E 为已知，R 可以直接测量，则 v 和 $\frac{e}{m}$ 即可求出.

汤姆逊在管中充以不同气体(空气、氢、二氧化碳)，用以上两种方法来测量射线粒子的 $\frac{e}{m}$，其数量级为 10^7. 后来又发现，换用不同的电极(铝、铂或其他金属)，对于 $\frac{e}{m}$ 的值没有影响. 更换放电管玻璃的种类也不引起任何改变. 对于粒子的质量，汤姆逊指出："如果 e 跟一个氢原子所带的电量相同(日后证明确实如此)，阳极射线粒子的质量 m 就不能越过迄今公认为最小质量的一个氢原子质量的千分之一."[1]还证明了这些粒子的质量不依赖于放电管中气体的性质.

后来，汤姆逊又测定了在光电效应和热电子发射过程中带负电粒子的 $\frac{e}{m}$，其数值和阴极射线中的 $\frac{e}{m}$ 数值相等. 随后汤姆逊又用威尔逊云室测定了电子的电荷 e，确认了它的数值就是电解中一个氢原子所带的电量. 根据这些结果，他坚信以下结论是正确无误的.

(1)原子不是不可分割的，因为借助于电力的作用，快速运动的原子的碰撞，紫外线或热，能够从原子里扯出带负电的粒子.

(2)这些粒子具有相同的质量并带有相同的负电荷，无论它们是从哪一种原子里得到的，并且它们是一切原子的一个组成部分.

(3)这些粒子的质量小于一个氢原子的质量的千分之一.

汤姆逊起初把这种粒子叫作微粒，后来认为还是叫"电子"更为合适.

汤姆逊的工作既解决了对阴极射线本质的争论，同时也回答了一个疑问：射线既然由粒子组成，为什么能穿过金属薄层？汤姆逊的回答是：因为粒子的速度相当大，而 $\frac{e}{m}$ 也相当大，说明质量相当小，因此有可能穿透金属薄片. 当然电子的发现不仅是解决了关于"阴极射线"本质的争论问题，更重要的是它为原子结构的进一步研究奠定了基础，为物理学的发展创造了一个新纪元. 但是后者却迟迟未被人们所认识.

---

① Joseph John Thomson. Recollections and reflections[M]. Arno Press，1975：337.

汤姆逊发现电子,第一次发表于1897年4月30日的一次报告会上.也许由于材料过于新奇,没有得到与会者的公认,更谈不上对它的重要意义的认识.直到1899年汤姆逊又明确提出"电子"的发现,才逐渐引起重视.

1906年,汤姆逊获得了诺贝尔物理学奖,但是当时获奖的原因是为了表彰他在"气体导电方面的理论和实验研究",并没有提到他关于证实电子存在的这一伟大贡献.

9.3 放射性的发现

X射线发现后,法国科学家庞加莱(Henri Poincare,1854—1912)在1896年1月20日法国科学院每周例会上,展示了伦琴寄给他的有关照片.当时在场的法国物理学家贝克勒尔(Henry Becquerel,1852—1908)以光学研究者特有的敏锐性,想到X射线可能同荧光物质有关.于是他开始研究究竟哪些物质能发射X射线.

贝克勒尔所以能想到其他人没有想到的问题,在很大程度上取决于他的家庭环境和本身工作的条件.他生长在法国巴黎,家庭成员中有许多著名的学者,祖父和父亲都是研究磷光和荧光闻名于世的物理学家.这个家族从事这方面的研究工作已有60年的历史,他们的实验室中收集大量的荧光物质.生长在这样家庭的贝克勒尔,就好像生长在法国科学的摇篮之中,使他从小就有这方面的天赋.贝克勒尔本人曾在综合技术学校学习,而后到公路桥梁学校就读,在那里受到工程技术方面的训练,并取得工程师的职位.这些经历为他在实验上的发现打下了基础.

贝克勒尔早期的研究几乎全部集中在光学方面,但这些工作比起他发现放射性现象,则显得无足轻重.贝克勒尔开始研究放射性现象,是在他43岁的时候(1896年),他受到庞加莱的提示:所有荧光足够强的物体都会同时发射光线和X射线,而不管引发荧光的原因是什么.他为了弄清荧光和X射线之间是否存在必然的联系,投入了他的实验工作.

1896年2月,贝克勒尔选择铀盐(硫酸铀酰钾)作为实验材料.把铀盐放在用黑纸包严的照相底片上,放在日光下照射,很容易发现底片被感光.起初他以为这是由于阳光激起荧光,发出贯穿射线所引起.进一步的实验被连续的阴天所打断,但是细心的贝克勒尔发现,放在抽屉中的底片上面有铀盐的轮廓,意味着底片仍然被感光.于是,他推断底片的真实感光的原因必定是由于铀盐自身发出的一种神秘射线.他说:"这种射线不依赖于任何的激发方式:光的、电的、热的,于是它是一种新型的自发现象"[1].贝克勒尔进一步发现,这种新型的辐射的强度不随时间而变;也发现了这种射线能引起电离.后一种发现提供了对射线进行定量研究的方法.而照相法在当时只是定性的方法.用以上两种方法研究射线后,贝克勒尔得出:"一切铀盐……都放射相同性质的辐射,这一性质是同铀这种元素相关的一个原子的性质相类似,并且金属铀比在第一批实验中所用的盐类要强大约三倍半."[2]这就明确地表示了放射性是由原子自身

---

① Niels Hugh de Vaudrey Heathcote. Nobel prize winners in physics,[M]. H. Schuman,1953:21.

② 同上书.

的性质所决定的，它是放射性研究中具有指导意义的思想.

贝克勒尔对放射性的发现，引起人们极大的兴趣. 玛丽·居里（Marie Curie，1867—1934）于 1897 年投入这一项工作. 她选择了"放射性"作为她考取博士学位的论文题目. 目的是回答放射性来自何处这一问题. 她的第一步工作是测量射线使空气电离时所引起的弱电流. 她所用的设备只是一个简单的"电离室". 一个居里测电器和一个压电石英静电计. 实验结果表明辐射的强度与化合物的含铀量成比例，而与它所处的物理和化学条件无关.

对铀得出以上结论后，居里夫人又提出了一个问题，除了铀具有以上性质外，其他元素是否也有同样性质？于是她着手研究当时已知的所有元素和化合物，随即发现钍具类似的性质.

居里夫人不仅对盐化物和氧化物作了检查，而且也检查了矿物中的样品，发现某一种矿物中发射出放射性比铀和钍的含量所预计的应有强度大得多. 多次实验，得出同样结果. 于是她提出了一个大胆的假定：在这些矿物中一定含有放射性较强而未被人们所知的一种新元素. 接着于 1898 年 4 月，她在提交给理科博士学院的一篇报告中宣布："在铀沥青矿的矿石中大约有一种新物质，具有很强的放射性"，"它使人相信，这些矿物质中含有一种比铀放射性强很多的元素."[①]

居里夫人的工作得到丈夫皮埃尔·居里（Pierre Curie，1859—1906）的热烈支持，他暂时放弃了自己的关于晶体的研究，与夫人一起共同致力于新放射性元素的探索.

当时的条件是极度困难的，这从居里夫人的"自传"中可以看出. 她说："对于达到这样的目的，设备是极其简陋的，而常常要对大量的矿物进行精细的化学处理，对于我们的重大且困难的事业来说，我们没有资金，没有适宜的实验室，没有任何帮助. 这就好像平地起家一样."更困难的是对被研究的东西一无所知，她说："开始时对于要分离的这种物质的化学性质我们一无所知，我们所知道的只是它放射一些辐射，必须借助于这些辐射去寻觅."[②]

经过艰苦的努力，终于在 1898 年 7 月居里夫妇宣布发现了另一种放射性元素. 为了纪念居里夫人的祖国波兰，故起名为"钋".

接着在同年 12 月，居里夫妇又宣布发现了一种放射性更强的新元素——镭. 消息公布后，物理学家和化学家都抱谨慎的态度，由于当时镭的原子量还没有测定，故有人挑衅地提出："没有原子量就没有镭，镭在哪里？拿镭出来看嘛!"居里夫妇为了让人们能看到纯的钋和镭，仍在低矮的棚屋里艰苦地工作了 4 年整. 终于在 1902 年从 8 吨铀沥青矿渣中提炼出微量的氯化镭，并初步测出镭的原子量为 225. 镭的射线比铀强二百多万倍，从而使科学家们确信无疑.

居里夫妇的工作（图 9-5）不仅只是从实验中发现了新的放射性元素，同时也从理论上提出了放射性现象的实质性假说：认为辐射过程是一种物质的发射过程，它伴随着

---

① 吴芝兰，郑钦贵. 诺贝尔物理学奖获得者[M]. 福州：福建教育出版社，1983：22.

② 转引自 Q. A. Старосетлъская-Никитива，История Радиоая яивпости и Вознкновения Ядернои Физики，стр. 39，38.

图 9-5　居里夫妇在实验室工作

放射性物质重量的减少，同时也是一个能量递减的过程．居里夫人特别指出，这个过程可能和元素的演化有联系．

由于居里夫妇和贝克勒尔发现了放射性元素，并对它们的性质进行了研究，因此在 1903 年共同荣获诺贝尔物理学奖．1911 年居里夫人又获得诺贝尔化学奖，这是由于她在 1910 年用电离法分离出了纯镭．由此她成为第一个在不同学科内两次荣获诺贝尔奖的科学家．

从 1895 年到 1897 年，连续三年之内出现了三大发现，这对物理学界和哲学界都具有深远的意义．它标志着物理学的研究由宏观步入了微观．当时适用于宏观现象的经典物理学大厦已经建成，而对物质结构的微观机制的研究只是刚刚迈步．X 射线、电子、放射性的发现在人们面前展示了物质的微观图像，它为以后的粒子物理的研究开创了新路．对物理学来说，当时是一个充满了怀疑、困惑和论争的时期，也是一个孕育着革命——产生新理论的时期．正如庞加莱在总结这一时期的物理学形势时认为：有发生严重危机的迹象，但他认为这是吉兆，并非凶兆．列宁在分析当时所处的时代时指出：现代物理学是在临产中，它正在生产辩证唯物主义．

第 10 章　量子理论的产生和发展

经典物理和现代物理的判据，可以用两个基本量来确定，一个是光速 $c = 3 \times 10^8$ m/s，当物体的速度远小于它时，可以"非相对论"地讨论问题，接近于它或等于它时，必须"相对论"地讨论问题. 另一个是普朗克常数(作用量子) h，它告诉我们什么时候必须用量子力学，什么时候又可以应用经典物理学来处理问题. 因此，普朗克常数的发现，标志着物理学由经典迈入了量子时代. 显然当谈论量子理论的产生和发展时，必须要从普朗克常数的发现说起. 而直接导致普朗克常数发现的原因，是经典物理学对不断出现的各种新现象的解释所遇到的困难.

20 世纪初，新的实验现象不断被发现，经典物理在解释这些现象时陷入了困境，其中表现最为明显的是以下三个关键问题：

(1)黑体辐射问题；

(2)光电效应的解释；

(3)原子的稳定性和大小.

普朗克(Max Planck，1858—1947)对第一个问题进行了研究，提出了作用量子 h；爱因斯坦(Albert Einstein，1879—1955)发展了普朗克的量子理论，用以解释光电效应从而提出光量子理论；第三个问题是玻尔(Niels Bohr，1885—1962)把量子物理运用于原子结构，正确的解释了氢原子光谱和原子的稳定性. 对以上三个问题的研究和解决的过程，也就是量子物理建立的过程，它为量子力学的建立打下了基础. 一般把量子物理的发展史称为量子力学的初期史.

10.1　黑体辐射和普朗克量子假说

19 世纪末，对黑体辐射已经进行了仔细的测量，发现来自小孔的辐射强度随波长变化的规律，可用图 10-1 表示，它是一条长波和短波方向都降落到零的平滑曲线，而在某一波长处有一极大值，此波长以简单的方式依赖于腔壁的温度 T，即 $\lambda_m T = C$，这就是维恩的位移定律. 其突出的理论问题是要从基本原理推导出辐射定律，也就是推导出腔内辐射密度作为波长和温度函数的表达式. 当时已有两个公式表示，一个是于 1896 年发现的维恩(Wilhelm Wien 1864—1928)定律：

$$\rho(\nu, T) = B\nu^3 e^{-A\nu/T}$$

另一个是于 1900 年初得出的瑞利-金斯定律：

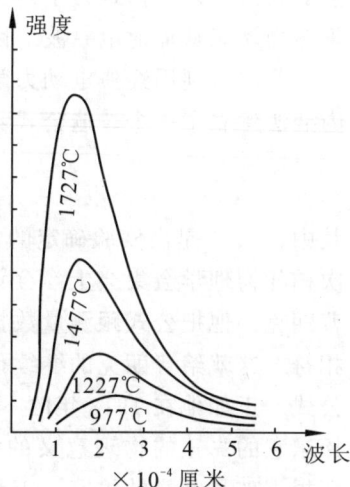

图 10-1　辐射强度随波长的变化

$$\rho(\nu, T) = \frac{8\pi\nu^2}{C^3}kT$$

前者在短波区和实验结果符合，而后者在长波区和实验结果相符.

用瑞利-金斯公式计算辐射能量时，当辐射的波长接近紫外，则计算出的能量为无限大，这就是所谓的"紫外灾难". 由于瑞利-金斯公式是根据经典物理学中能量按自由度均分原理得出的，因此所谓"紫外灾难"也就是经典物理学的灾难.

对黑体辐射的研究，给人们提出了这样的问题：关于黑体辐射，能否找到一个既适用于长波区又适用于短波区的统一的公式，并且又能圆满地解决"紫外灾难"的问题，这就为普朗克的研究工作提供了课题.

马克思·普朗克（1858—1947，图 10-2）诞生于法国基尔城，父亲是基尔大学的法学教授，后来（1867 年）去慕尼黑大学任教. 普朗克中学毕业后，进入慕尼黑大学，攻读数学和物理. 选择专业时，他踌躇于物理和音乐之间. 当时他的老师约当和焦耳都劝他不要选物理作为专业方向，理由是物理学在能量转化和守恒定律发现后，已基本完成，不可能再期望从物理的研究中，得出什么新的东西. 但是普朗克仍然选择了物理作为自己的研究方向.

图 10-2 马克思·普朗克

普朗克所以取得了伟大的成就，其原因之一是他有不少好老师. 在慕尼黑任教的数学家泽德尔和鲍威尔曾向普朗克传授数学，尤其是鲍威尔对普朗克的影响更大. 他造就和发展了普朗克的精确的数学思维，为他在理论物理上的成就打下了基础. 后来，普朗克在柏林大学旁听了一年，其中亥姆霍兹和基尔霍夫的讲学，对他起了决定性的作用.

以后对普朗克有影响的是克劳修斯关于热力学的研究，他就是从这方面开始自己的科学研究的. 他在 1879 年 6 月 28 日通过的博士论文，是关于热力学第二定律的内容. 在短短的一年以后，又提出了《关于绝缘物体的平衡状态》的论文，由此获得副教授的头衔. 以后仍致力于热力学的研究. 在麦克斯韦建立电磁场理论以后，他注意到炽热物体能够辐射电磁波. 因此，产生了把热力学和电动力学联系起来的想法.

普朗克利用经典电动力学和熵增加原理于黑体辐射，在维恩和金斯公式之间利用内插法建立了一个普遍公式：

$$\rho(\nu, T) = \frac{b\upsilon^3}{e^{a\upsilon/T} - 1}$$

其中，a、b 是由实验确定的常数. 这就是普朗克定律，发表在 1900 年 10 月 19 日的一次柏林物理学会集会上. 会议的第二天，鲁本斯（Heinrich Rubens，1865—1922）告诉普朗克：他把公式跟测量数据详细地作了比较，发现它们在任何情形下都令人满意地相符. 这就给普朗克的继续研究增强了信心. 然而，普朗克意识到它毕竟是一个经验公式. 正如他在 1918 年的一次演讲中所说的那样："从它的确立之日起，我就面临着探求它的真正的物理意义的任务，并且这个问题引导我去考察熵和概率之间的联系，即根据玻耳兹曼的思路. 正是遵循着这一方向，在经过了我生平最紧张的几个星期的工作之后，乌云消散，开辟了新的出乎意料的前景."[1]

1900 年 12 月 14 日，他再一次在物理学会宣读了一篇题为《关于光谱中能量分布规律的理论》的论文．在这篇文章中，普朗克提出了一个大胆的假说：一个振子的能量正是由一些维数完全确定的，有限又相等的部分组成的．并推测作为经典物理基础的能量均分定理在黑体辐射的条件下可能不再成立．因此，普朗克辐射定律变为

$$\rho(\gamma) = \frac{8\pi h \upsilon^3}{C^3} \frac{1}{e^{h\upsilon/kT} - 1}$$

不过，这里的出发点仍是经典的，还不是从电动力学出发，而是从统计理论出发的，这一点正是普朗克在这以前所忽视的．

当 $\upsilon \to 0$，即在长波范围，有

$$e^{h\upsilon/kT} = 1 + \frac{h\upsilon}{kT} + \cdots$$

普朗克定律变为

$$\rho(\upsilon, T) = \frac{8\pi \upsilon^2}{C^3} kT$$

这就是瑞利—金斯公式．当 $\upsilon \to \infty$，即在短波范围，公式变为

$$\rho(\upsilon, T) = \frac{8\pi \upsilon^2}{C^3} e^{-h\upsilon/kT}$$

这又是维恩公式．

普朗克辐射定律的确立，不仅解决了物理学中的所谓"紫外灾难"问题，同时也统一了维恩和瑞利-金斯公式，更重大的意义在于提出了能量量子化的概念和引进入了一个普适常数 h．这就为量子物理的发展奠定了基础，为量子力学的建立提供了条件，从而使物理学的发展进入了一个新的革命时期．由于普朗克提出量子假说，正好在 1900 年，所以说现代物理学真正开始于 20 世纪．普朗克本人也由于创建量子论，于 1919 年荣获诺贝尔物理学奖.

另外需指出的是：普朗克本人接受这个背离经典物理学的假说时是非常勉强的．他曾企图从纯经典的观点来理解作用量子 h．他在自传中回忆道："我当时打算将基本作用量子 h 归并到经典理论的范畴中去，但是这个常数对所有这种企图的回答都是无情的."又写道："企图使基本作用量子与经典论调和起来的这种徒劳无功的打算，我持续了很多年(直到 1915 年)，它使我付出了巨大的精力."普朗克对量子论接受的勉强还表现在他的行动上，他对量子论几经修改，时而又认为发射过程是量子化的，而吸收是连续的，时而又认为吸收和发射都是量子化的，但电磁波的传播仍然是一种连续的过程，等等．

起初，量子论并没有引起应有的重视，但当它成功地运用于光电效应和原子光谱中，并做出了圆满的解释时，才得到了物理界的公认.

---

[1]　引自 Макс Нланк(1858—1958)，AH CCCP. стр. 37.

10.2　光电效应和爱因斯坦光量子理论

19 世纪末 20 世纪初，人们已经从实验中发现以下现象：当光(可见光或紫外光)照射在金属表面时，会逸出电子，这就是光电效应．这个现象并不奇怪，因为光是一种电磁波，具有一定能量，它的电场对金属中的电子会施加一个作用力，当这个力足够大时，就会使电子逸出，但奇怪的是当照射光的频率达某一值时，才有电子逸出，而逸出的电子的动能和光的强度无关，只依赖于光的频率．光强度的增加只能影响单位时间内逸出的电子数目，而不影响电子的动能．这个现象很难用经典理论加以解释．

1905 年，在伯尔尼联邦专利局工作的爱因斯坦出人意料地，在 3 个月内连续发表了三篇文章，其中一篇的题目是《关于光的产生和转化的一个启发性观点》[①]．在这篇文章中，爱因斯坦提出了对光电效应现象的一个解释，认为一束单色光中的能量是成包到来的，每包大小为 $h\upsilon$．当光照射金属表面时，这些能量量子全部转给金属中的电子，使它具有能量 $E=h\upsilon$．但要使电子从金属表面逸出，则要损失一定的能量．故逸出电子的能量应为

$$E_k = h\upsilon - W(W\ 是逸出功，和材料有关)$$

这就是爱因斯坦的光电方程，用它能说明光电效应的某些定性的特征．

爱因斯坦所以能得出光电方程，并对光电效应进行正确的解释，主要是由于他对黑体辐射现象的深入理解，得到了普朗克量子假说的启发，再加上他的坚实的知识基础和创新的精神，致使他对普朗克量子理论作出了进一步的发展，从而提出了光量子理论．

爱因斯坦注意到：如果假定空腔中的电磁辐射有粒子性，即假定辐射能由大小为 $h\upsilon$ 量子组成，就能理解普朗克的奇怪的黑体辐射定律的某些方面．而光是电磁波，也可以看作由光量子组成，每个光量子的能量也是 $h\upsilon$．由此可见，普朗克认为电磁波只有在发射和吸收时能量是一份份的(量子化)．而爱因斯坦则进一步认为：电磁场实际上以量子形态存在，它不仅在吸收和发射时能量是分立的，就是在传播过程中，也具有同样性质．电磁场由光量子组成，每一个光量子的能量为 $h\upsilon$．很明显，爱因斯坦比普朗克大大前进了一步．

爱因斯坦的光量子理论虽然正确地解释了光电效应，但没有被当时的物理学家所广泛承认．就是连最早提出量子论的普朗克也认为爱因斯坦提出光量子理论是"太过分"了．他在 1907 年给爱因斯坦的信中写道："我为作用基本量子所寻找的不是它在真空中的意义，而是它在吸收和发射处的意义，并且我认为真空中的过程已由麦克斯韦方程作了精辟的描述．"即便如此，一个正确的理论，终究是经得起时间考验的，当密立根在 10 年以后，用实验证实光电方程的正确性时，就完全证明了爱因斯坦光量子理论的伟大．

美国物理学家密立根(Robert Andrews Millikan，1868—1953)一直反对光量子理

论，用了 10 年时间企图从实验中得出否定结果，但却于 1915 年宣布：他从实验中证实由光量子理论得到的 h 和普朗克公式得到的 h 值完全一致，从而证明了爱因斯坦光电方程的正确性.

图 10-3 示意地说明了密立根的实验，当一定频率的单色光照射到金属板 B 时，引起电子逸出. A 极相对于 B 极有任意的电压 $-V$，它有抑制电子向 A 极运动的作用. AB 间的光电子电流可以测量. 如果承认爱因斯坦光电方程正确，则当 $eV > E_k$ 时，没有一个电子能达到 A 极，当 $eV < E_k$ 时，AB 间有电流出现，如果 V_0 是电流恰为零时的电势（截止电势），则有 $eV_0 = h\upsilon - W$，$V_0 = \dfrac{h}{e}\upsilon - \dfrac{W}{e}$.

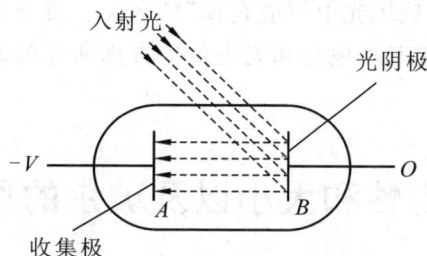

图 10-3　密立根实验示意图

说明截止电势 V_0 与照射光的频率有关，若改变入射光的频率 υ，则截止电势 V_0 对频率 υ 的图线将是一条直线（图 10-4）[1]. 由这条直线的斜率可以求出

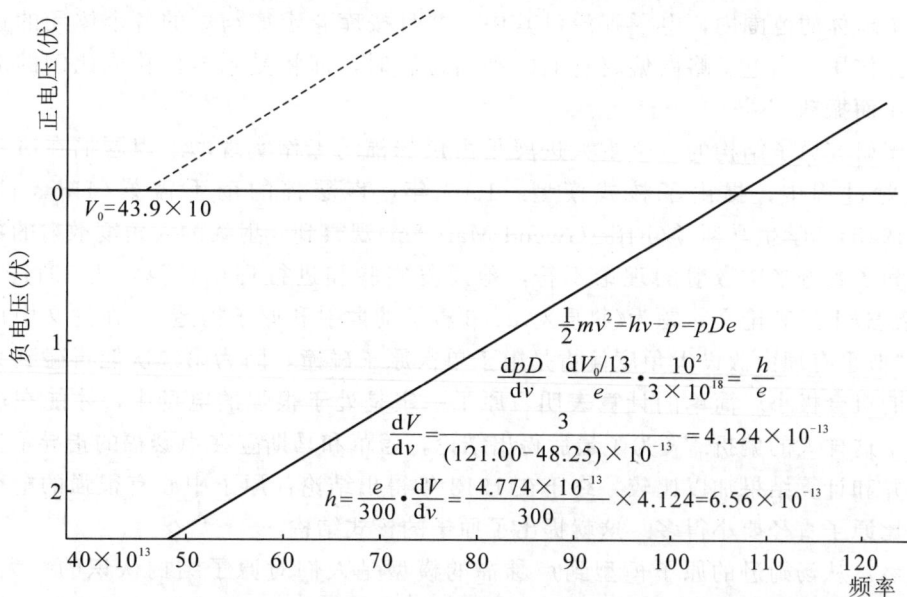

$$V_0 = 43.9 \times 10$$

$$\frac{1}{2}mv^2 = h\upsilon - p = pDe$$

$$\frac{\mathrm{d}pD}{\mathrm{d}\upsilon} \quad \frac{\mathrm{d}V_0/13}{e} \cdot \frac{10^2}{3 \times 10^{18}} = \frac{h}{e}$$

$$\frac{\mathrm{d}V}{\mathrm{d}\upsilon} = \frac{3}{(121.00 - 48.25) \times 10^{-13}} = 4.124 \times 10^{-13}$$

$$h = \frac{e}{300} \cdot \frac{\mathrm{d}V}{\mathrm{d}\upsilon} = \frac{4.774 \times 10^{-13}}{300} \times 4.124 = 6.56 \times 10^{-13}$$

图 10-4

---

[1]　见 R. A. Millikan，phvs. Rev. 7. 355(1916).

常数 $\dfrac{h}{e}$，由直线与 V_0 轴的截距可以求出与材料有关的常数 $\dfrac{W}{e}$，密立根算出的 $h=6.56\times10^{-27}$ 尔格·秒，和普朗克算出的 $h=6.55\times10^{-27}$ 尔格·秒很相近．这证明了爱因斯坦光电方程的正确性．

爱因斯坦光量子理论的重要意义，不仅在于对光电效应作了正确的解释，更重要的是使关于光的本性的争论更前进了一步，使光的波粒二象性的观点更趋完善，为波粒二象性的提出作了准备．爱因斯坦被评为 1921 年诺贝尔物理学奖的获得者．其实，关于授予爱因斯坦诺贝尔奖的问题已酝酿多年，但当时不少人对爱因斯坦提出的相对论有偏见，故对授奖问题悬而未决．瑞典科学院作出折中的决定，回避相对论的争论，以"在理论方面的贡献和发现了光电效应定律"的名义，授予爱因斯坦 1921 年的诺贝尔物理学奖．密立根由于他在基本电荷和光电效应方面所作的研究成果，而获得 1923 年诺贝尔物理学奖．

10.3　原子的稳定性和大小以及玻尔的原子模型

早年关于原子结构的各种模型，大多是一些设想和假说，并没有实验证明．最早从实验中得出原子模型的是 J.J. 汤姆逊．他在 1897 年用实验证明了电子的存在，于 1904 年发表了论文，题目是《论原子的构造：关于沿一圆周等距分布的一些粒子的稳定性和振荡周期的研究》[1]，在这篇文章中提出了下述原子模型："原子中的正电荷均匀分布在一个球体的范围内，电子则浸没其中，并且按库仑定律与球的各个体元的正电荷发生相互作用．当电子略微偏离它们的平衡位置时，即将受到与位移成比例的准弹性力的作用而振动．"[2]

关于研究原子结构的一个重大进展是由卢瑟福的工作实现的．卢瑟福在研究 α 粒子的散射过程中，提出了核式模型．1909 年，卢瑟福的助手盖革（Hans Geiger，1882—1945）和学生马斯登（Effie Gwend Marsden）观察到 α 射线的大角度散射的数目繁多，这和汤姆逊多次散射的理论不符，他反复实验和进行理论计算，于 1911 年，在《哲学杂志》上发表论文，题为《物质对 α、β 粒子的散射和原子构造》．在论文中卢瑟福写道："似乎有理由假设大角度偏折是由于单次原子碰撞，因为第二次能再碰到大偏折的碰撞的机会极小．简单的计算表明，原子一定是处于很强的电场中，才能在单次碰撞中产生这样大的偏折．"[3]为了最后得出结论，盖革和马斯登在卢瑟福的指导下反复进行实验并和计算结果加以比较．终于在 1913 年得出结论：原子中心有很强的电荷，这个中心比原子直径要小得多．这就提出了原子的核式结构．

虽然，从汤姆逊的原子模型到卢瑟福的模型是人们对原子结构认识的一大进步，但是从经典物理的角度来观察问题，仍然存在不少矛盾，主要是：根据原子的核式结

---

① J. J. Thomson，Phil，Mag. 7(1904)137.

② Ibid 237.

③ E. Rutherford，Phil. Mag. 21(1911)669.

构,可以认为当电子围绕原子核不断转动时,则会连续向外辐射电磁波,致使电子的能量不断减少,最后落入核内,这和原子的稳定性相矛盾. 另外由于电子不断向外辐射电磁波,使电子轨道的半径越来越小,使发出的光频率不断变化,出现连续光谱,而这和实验事实不符合. 这些矛盾的出现,后来导致玻尔原子模型的提出.

尼尔斯·玻尔(图 10-5)是丹麦物理学家,他毕业于哥本哈根大学. 他的博士论文是对金属电子论的研究. 在他做博士论文时接触到了电子理论,1911 年赴英国剑桥大学学习和工作,曾在卡文迪许实验室工作. 1912 年在曼彻斯特大学卢瑟福实验室工作过四个月,参加了 α 射线散射的实验工作. 1943 年希特勒军队侵占丹麦,玻尔离开祖国赴美,参与制造第一批原子弹的理论工作.

玻尔的一生,虽然对表面张力、原子粒子穿过物质以及带电粒子穿过物质等问题进行研究,但他的大半生,主要还是研究原子、分子和原子构造的量子理论方面的问题.

玻尔的研究工作是在前人的工作基础上进行的,关于这一点,玻尔自己曾指出:他认为在讨论原子系统行为时,是爱因斯坦最早指出了普朗克理论的普遍重要性,而这种思想后来被斯塔克(Johannes Stark,

图 10-5　尼尔斯·玻尔

1874—1957)、能斯特、索末菲(Arnold Sommerfeld,1868—1951)等人发展并应用. 他又指出:A. E. 哈斯(A. E. Haas,1884—1941)利用氢原子的线度和频率,在 J. J. 汤姆逊原子模型的基础上,曾尝试说明普朗克常数的意义和价值. J. W. 尼科尔松(J. W. Nicholson)也曾联系普朗克理论来讨论粒子之间的作用力随距离平方反比变化的系统. 这说明在玻尔以前已经有人把量子理论和原子结构结合起来考虑.

玻尔在前人研究的基础上,分析了原子构造和光谱之间的矛盾,深信核式模型的正确性,也了解卢瑟福模型所面临的困难,他认为要解决原子的稳定性问题,必须对经典概念进行一番改造,把量子假设应用到原子中去. 他创造性的继承前人的成果,勇敢地冲破旧理论的束缚,进行了详细的计算,大胆地提出以下假设.

(1)电子的轨道不能是任意的,而只能取有数的分裂的几个. 如果考虑圆轨道的话,它的角动量 $\frac{h}{2\pi} \times$ 整数.

(2)在以上轨道运动的电子,不向外辐射电磁波,电子处于某一定态.

(3)电子在某一个轨道上具有一定的能量 W_1,跳到另外一轨道,又具有另外一个能量 W_2,如果 $W_1 > W_2$ 如 $W_1 - W_2 = h\upsilon$,则放出一个光子,其频率为 υ.

用以上假定来解释氢和类氢原子的光谱,得到了很好的结论,玻尔进一步计算出电子从第 n 个轨道跳到第 s 个轨道时,放出光的频率为

$$\frac{1}{\lambda} = \tilde{\upsilon} = R\left(\frac{1}{s^2} - \frac{1}{n^2}\right)$$

其中，$s=2$，$n=3$，4，5，…时，为巴耳末系．当 $s=1$，$n=2$，3，4，…，为赖曼系等．

关于以上的观点和计算，记载在玻尔的题为《原子构造和分子构造》的论文里，发表在 1913 年的《哲学杂志》上．

虽然玻尔理论对氢和类氢原子光谱的解释是成功的，但它不能解释氦原子以及更复杂的原子光谱．从理论上来看，它又是经典和量子物理的混合物．因此玻尔理论本身就存在着内在的矛盾，这种矛盾在日新月异的实验物理和理论物理中暴露得更加充分．于是最后终于让位给新量子论——量子力学．

10.4 量子力学的建立

量子力学的发展是 1920 年到 1930 年的事．当时理论物理向三个方面发展．

(1)从经典电动力学的研究，进入相对论的研究，并向广义相对论发展．

(2)统计物理的发展，由麦克斯韦、玻耳兹曼到 20 世纪初，吉布斯建立的统计物理研究，发展到玻色-爱因斯坦统计和费米-狄拉克统计．

(3)关于原子结构的研究，导致量子力学的诞生．

当时搞理论物理的中心集中在德国，其次是瑞士、丹麦、英国、荷兰等地．研究理论物理的科学家也很多，如洛伦兹(Handrik Antoon lorentz，1853—1928)、普朗克(1858—1947)、爱因斯坦(1879—1955)、玻恩(Max Born，1882—1970)、玻尔(1885—1962)、德拜(Peter Debye，1884—1966)、薛定谔(Erwin Schrödinger，1887—1961)、朗之万(Paul Langevin，1872—1946)、朗道(1908—1968)等，可见理论物理方面的人才相当多，老的奠定了基础，培养了年青一代．也就是那些当时 20～40 岁的人建立了量子力学．如德布罗意(Louis de Broglic，1892—1987)提出物质波时才 31 岁(1923年)；海森伯(Werner Heisenberg，1901—1976)提出矩阵力学时只有 24 岁(1925 年)；薛定谔提出波动方程时是 39 岁(1926 年)；狄拉克(Paul Adrien Maurice Dirac，1902—1984)最后完成非相对论量子力学时才 24 岁(1926 年)．这说明一个科学家在这一年龄阶段，精力最充沛、最富有创造力，因而也最容易出成果．

量子力学开始研究于原子物理中的一些不能解释的问题，由此可以说量子力学是从讨论原子结构入手的．它的发展有两条路线，一条路线是由德布罗意提出物质波，后来薛定谔引入波函数，直到建立薛定谔波动方程；另一条路线是海森伯提出了矩阵力学和玻恩等提出了力学量算符表示法．从两条不同的道路解决了同一个问题，即微小粒子的力学方面的运动规律．二者的统一工作主要由狄拉克完成的，并加以普遍推广，最后完成了非相对论量子力学．

10.4.1 德布罗意波的提出和薛定谔波动方程的建立

德布罗意生于 1892 年 8 月 15 日塞纳河下游的蒂浦．1913 年大学毕业后曾在军队里工作 6 年．原来从事历史学的研究，但受其兄莫里斯·德布罗意(M. de Broglie)一个法国实验物理学家的影响，改行研究物理学．

1911 年，召开第一届索耳威会议①，讨论量子物理有关问题，会后出版阐述量子论的文集．德布罗意看到后深受鼓舞，他表示要以青春的活力醉心于这些已被深入研究而又饶有兴趣的问题，立誓要不遗余力地去弄懂这些量子的真正本性，并指出虽然普朗克在 10 年前就把它们引进到理论物理中来，但那时还不了解它们的重大意义．德布罗意抱着很大的热情和兴趣开始了他的工作．

德布罗意在 1923 年提出物质波以前，已经做了不少理论方面的工作．他在 1922 年的一篇关于黑体辐射的文章中，用光量子假设和热力学分子运动论推导出维恩辐射定律；在光子气的假设下，得出了普朗克定律．说明他对辐射的粒子性有深刻的理解．从而使他站在当时的物理学前沿．

1923 年夏天，德布罗意在爱因斯坦提出的光量子理论的基础上，开始酝酿波、粒二象性问题．他认为在研究光的理论中，必须"同时引进粒子概念和周期性概念"，即光具有粒子性又具有波性．他把"有生物体"的力学与光作了类比，注意到光有微粒说和波动说两种理论，对应物理学中的几何光学和物理光学，而光的波粒二象性又把二者统一了起来．认为传统力学和几何光学类似，主张建立一种新力学——波动力学来和物理光学相对应．因此，传统力学和波动力学的关系，相当于几何光学和物理光学的关系，于是，他大胆设想，不仅光有粒子和波动两种性质，一般物质也具有这两种性质．

同年 9 月 10 日在法国科学院《会议通报》第 177 卷上，德布罗意发表了题为《波和粒子》的论文②．提出了物质波的概念．认为一个能量为 E，动量为 p 的粒子与频率为 v 和波长为 λ 的波相当．仿照爱因斯坦关系，粒子的能量、动量与相应的频率和波长有如下关系：

$$E = hv \qquad |p| = \frac{h}{\lambda}$$

这就是德布罗意关系式．

德布罗意利用物质波的概念分析了玻尔的量子化条件的物理基础，从而推导出玻尔量子化条件．他认为电子具有波性，则有关系式

$$p = \frac{h}{\lambda}$$

又从索末菲的条件

$$\int p\,\mathrm{d}q = nh$$

出发，而推导出

$$\int \mathrm{d}q = n\lambda$$

这说明电子的轨道必须是波长的整数倍．如果轨道是一个圆，则下式成立

---

①　索耳威会议是由比利时的工业家 E. 索耳威（E. Solvay）赞助的一系列国际会议，内容主要是讨论关于物理方面的重大问题，会址设在比利时首都布鲁塞尔．

②　此文发表在法文 *Comptes Rendus* 杂志上．

$$2\pi r = n\lambda \qquad (r \text{ 为电子绕核的轨道半径})$$

再利用德布罗意关系 $p = \dfrac{h}{\lambda}$，可以得出玻尔量子化条件：

$$\text{角动量} = r \cdot p = n\frac{h}{2\pi}$$

1923 年 9 月 24 日，德布罗意又发表了第二篇文章，题为《光量子、衍射和干涉》，在该文中引进了相波的概念，并谈到了用实验验证粒子的波动现象的可能性。他预言：一束电子穿过非常小的孔可能产生衍射现象，这也许是实验上验证我们想法的方向。

同年 10 月 8 日，德布罗意又写出了第三篇论文，论文中给出了光学和经典力学的类比。

1924 年 11 月，德布罗意综合他的三篇文章，写出题为《量子理论的研究》一文，作为他的博士论文通过答辩。遗憾的是文中没有实验证明，而只提出了一个设想的实验。直到 1927 年由戴维逊（Clinton Joseph Davisson，1881—1958）和 G.P 汤姆逊通过电子衍射的实验，才加以证明。该文发表在德国科学院会议周报上，开始没有引起人们的注意。德布罗意的导师朗之万把文章寄给爱因斯坦，受到爱因斯坦的重视，他在给朗之万的回信中说：德布罗意"揭开了巨大面罩的一角"，并在自己研究气体简并问题的文章中引用了德布罗意物质波的概念。爱因斯坦积极向其他科学家推荐德布罗意的观点。薛定谔接受了这一观点，创造了波动力学，对量子力学作出了突出的贡献，从而荣获 1933 年诺贝尔物理学奖。

薛定谔是奥地利的理论物理学家。在中学学习时，他并不注重主课的学习，却喜爱数学和物理，也喜欢古老语法的严谨逻辑，特别厌烦记忆那些偶然的历史事件的年代和史实。在大学学习期间，受玻耳兹曼理论的影响较深，后来从事这方面的研究工作。1924 年，爱因斯坦以玻色—爱因斯坦统计发表《单原子理想气体的量子理论》一文时，薛定谔表示不能理解。经过和爱因斯坦多次通信和讨论，尤其当看到德布罗意的论文后，于 1925 年 11 月 3 日，薛定谔在给爱因斯坦的信中写道："几天前，我怀着极大的兴趣拜读了德布罗意的独创性论文，并终于掌握了它。有了这篇论文，我就第一次理解了你的论文……"但是他认为德布罗意的工作"没有从普遍性上加以说明"。为了寻求更普遍的规律，激励薛定谔发现了波动力学。

薛定谔最初找到的是一个满足相对论形式的波动方程，用此方程解氢原子问题时，发现结果和实验不符，他很失望。后来德拜（1884—1966）邀请薛定谔介绍德布罗意的论文，促使薛定谔继续研究波动理论。接着于 1926 年 1 月、2 月、5 月、6 月在《物理年鉴》上相继发表四篇论文，总题目是《作为本征值问题的量子化》。第一篇论文中提出了与时间无关的薛定谔方程；第二篇文章建立了含时的薛定谔方程；第三篇详细叙述了与时间无关的薛定谔微扰理论，并第一次提出"波动力学"一词。最后一篇是讨论了含时的微扰论。薛定谔在这四篇论文中完成了波动力学的创建工作。

值得注意的是薛定谔在建立波动方程过程中，采用了类比的方法。他认为经典力学和几何光学的一些规律具有完全相似的数学形式，而量子力学又和物理光学类似。因此也必然存在一个物质波的波动方程和光的波动方程相类似。于是他仿照 18 世纪数学家拉普拉斯提出的波动方程的具体形式，得出薛定谔的波动方程。

　　因为在建立薛定谔波动方程中有两个基本假设，第一不发生实物粒子的产生和湮没；第二实物粒子的速度远小于光速．所以薛定谔方程是非相对论性的波动方程．它在原子物理学的世界文献中属于应用最广泛的公式．爱因斯坦也认为：薛定谔的著作的构思证实着真正的独创性，但薛定谔却常谦逊地说：建立波动力学是受到德布罗意的影响．并在给爱因斯坦的信上说：如果不是爱因斯坦和德布罗意的启发，如果不是德布罗意的想法的重要性，波动力学不可能建立，可能永远不会建立．

10.4.2　矩阵力学的诞生

　　海森伯(1901—1976)提出矩阵力学是在薛定谔的波动力学之前．

　　海森伯在中学学习感到功课很简单，他常用一些时间练习钢琴或作长途旅行，多余时间喜欢思考数学和物理问题，但他的成绩总是名列前茅．19 岁考入慕尼黑大学，自学赫尔曼·魏尔著的《空间—时间—物质》一书，这是一本关于爱因斯坦相对论原理的数学表述方面的著作，使他着了迷．从此决心学习数学．后来成为索末菲的学生．索末菲教导他：不能要求太高，不能从最难的东西开始而希望容易的东西会自己掉到怀里来．并且劝慰他：应该在传统物理学领域里开始做些要求不高的、仔细的工作．索末菲的教导，使他铭记在心．以后，他就是从研究量子理论在原子物理中的应用而提出矩阵力学的．

　　1922 年，玻尔在哥廷根作报告，提出了电子轨道的量子化条件问题，认为用它可以解决一些原子物理方面的矛盾．当时海森伯也参加了会议．虽然他对玻尔很尊重，也在玻尔手下工作过，对玻尔主张的"实验的结果要用与之对应的理论来解释"很赞赏，但是对玻尔提出的轨道量子化理论有所怀疑，认为它不严格，用了位置和速度的经典概念，在走投无路时才引入量子化条件．

　　当时玻尔和索末菲是两大派，互相争论，玻尔一派认为轨道量子化理论很好、很灵活，索末菲一派认为它是个大杂烩．海森伯接受了二者的长处，形成了他自己的观点．他一方面赞同玻尔关于"概念的东西应该根据实验的结果去修正"；另一方面又赞同索末菲的观点"分析性和严格性"的要求．他认为一开始就应该有严格的形式，但应把物理量建立在可观察的基础上．在上述观点指引下，他认为原子物理中所谓在轨道上运行的电子的位置和速度是不可观察的，而可观察的却是原子发射出谱线的频率和强度．因此对电子的频率和所属的振幅的测定，就可以知道电子所处的状态．海森伯基于这一思想建立了原子的新力学．

　　于 1925 年 7 月，海森伯完成了题为《关于运动学和动力学关系的量子论解释》一文．在这篇文章中，海森伯分析了经典力学中用频率和振幅表示坐标的方法，即

$$x(t) = \sum_{n=-\infty}^{\infty} A_n e^{inwt}$$

$x(t)$作为一个数集，采用了傅里叶级数，又使频率量子化，得出两个坐标 $x(t)$ 和 $y(t)$ 相乘，即两个数集相乘，这就是海森伯乘法规则．即两个矩阵相乘．这是海森伯关于矩阵力学的第一篇论文．

　　海森伯把自己的论文寄给泡利(Wolfgang Pauli, 1900—1958)和玻恩(1882—

1970)，当玻恩看到此文章时，认为很重要，把它推荐给《物理纪事》(*Zeitschrifur physik*)的编辑，予以发表. 但对它的意义的认识是在冥思苦想了八天之后，才恍然大悟. 意识到这就是自己在 1903 年大学学习时曾学过的矩阵. 故海森伯所发现的力学被称为矩阵力学，也称量子力学. 玻尔在得知此文消息后，同年 8 月底，在哥本哈根的一次学术会议上说"可以期望，力学和数学的相互促进的时代开始了".

当时懂矩阵的人很少，玻恩想找泡利合作，共同研究矩阵，但遭到拒绝. 在一个偶然的机会，玻恩在旅行的车厢内谈起了海森伯的工作，被约尔丹听见，约尔丹(Pascual Jordan, 1902—1980)向玻恩作了自我推荐. 于是，玻恩和约尔丹合作，写出了长篇论文《量子力学 I》.

当时海森伯用矩阵只表示周期运动的振幅和频率，而《量子力学》对此加以扩大，把矩阵用来表示坐标 q（广义坐标）、动量 p、角动量 L. 后来，玻恩、约尔丹、海森伯合作，联合发表了第二篇文章《量子力学 II》，比较系统地阐述了矩阵力学的原理和方法.

海森伯在数学上又推广至非周期系统，特别是无限多个矩阵元. 当时美国人 Wiener 发表了对算符的讨论，很快意识到它是矩阵的推广. 玻恩和 Wiener 合作写文章，把算符引入量子力学中.

1925 年泡利用海森伯的矩阵力学解决了三方面的问题：①氢原子的能级；②用矩阵推导了斯塔克效应；③氢原子在电、磁场中能级的移动. 从此矩阵力学完全建立起来了.

由于海森伯对量子力学的贡献，荣获 1932 年诺贝尔物理奖.

波动力学和矩阵力学是从两个不同的方面研究了一个共同的问题，它的效果是相等的. 但是在这两种理论刚建立的初期，互相并不了解. 海森伯曾写信给泡利谈及薛定谔提出的波动力学："我越是思考薛定谔理论的物理内容，我对它就越讨厌."薛定谔也对矩阵力学提出批评："这种超越代数的方法简直无法想象，它如果不是使我拒绝的话，至少也使我气馁."尽管如此，薛定谔还是深入研究了海森伯的论文. 并于 1926 年4 月，发表了题为《关于海森伯-玻恩-约尔丹的量子力学与我的波动力学之间的关系》一文. 在这篇文章中，薛定谔证实了波动力学和矩阵力学的等价性. 认为可以通过数学变换从一个理论转换为另一理论，两个理论都是以微观粒子具有波粒二象性这一实验事实为基础的；也都是通过与经典物理对比而建立理论的. 所以后来把矩阵力学和波动力学合并在一起，统称为量子力学.

使量子力学大大前进一步的是由于狄拉克的工作. 狄拉克在剑桥大学当研究生时，正是由于普朗克、爱因斯坦、玻尔等人的工作使物理学处于兴旺发达的时期. 所以狄拉克说：自己是生逢其时，使他有可能加入这个先进的行列. 他对量子论颇有兴趣，对玻尔理论印象很深，精读过索末菲的文章，还钻研了哈密顿力学，因此当他接触到波动力学和矩阵力学时，虽然开始不够重视，但是很快就认识到他们的重要性. 并致力于它们的统一.

狄拉克于 1925 年 11 月，在英国皇家学会的会刊上，发表了《量子力学的基本方程》一文. 该文是将海森伯的不可对易乘法规则纳入哈密顿理论体系中，使矩阵力学具有更严密的体系. 1926 年 12 月又提出了变换理论, 从矩阵力学导出了薛定谔方程, 1930 年狄拉克对量子力学理论作了全面总结, 发表了《量子力学原理》一书.

除此之外, 狄拉克实现了量子力学和狄狭相对论的第一次综合, 提出了相对性方程即狄拉克方程. 并由此得出反粒子存在的预言以及阐明了新的真空的概念. 关于正电子的存在, 于 1933 年由安德逊(Carl D. Anderson, 1905—1991)对宇宙线的观测中得到了证实.

狄拉克由于对量子理论的贡献, 荣获 1933 年诺贝尔物理奖.

10.4.3　玻尔、爱因斯坦关于量子力学的解释之争

1927 年以后, 量子力学的理论基础和描述方法已经被大多数物理学家接受. 但是对它的解释存在不同的观点. 由此引起了一场世界性的大论战. 论战一方的代表是玻尔; 另一方代表是爱因斯坦. 在论战中逐渐形成了量子力学哥本哈根学派, 它以哥本哈根理论物理研究所为中心, 以玻尔为首, 主要成员有海森伯、狄拉克、玻恩、泡利等.

论战的问题涉及量子力学的基本理论基础以及与此直接联系着的实在性、因果性等哲学问题. 主要是对波、粒二象性的认识问题; 关于对波函数的概率解释问题; 对测不准原理的理解等问题的不同观点的争论.

量子力学的哥本哈根学派可以说是正统派或主流派. 他们的主要观点已反映在现用的量子力学教材之中. 另外, 为了说明理论的正确性, 找出一些观点作为依据, 于是玻尔提出了"对应原理". 认为量子理论能以一定的方式同经典理论一致. 海森伯正是按这一原理创立了矩阵力学, 波动力学也是通过量子和经典的对应而建立起来的.

1927 年, 在纪念伏打(Alessandro Volta, 1745—1827)逝世 100 周年的国际物理会议上, 玻尔在演讲时, 又提出了"互补原理", 用以解释波、粒二象性和物理测量. 认为微粒和波的概念是互相补充的, 同时又是互相矛盾的, 它们是运动过程中的互补图像; 认为微观客体和测量仪器之间的相互作用是不可控制的, 其数学表示就是"测不准关系", 因此决定了量子力学的规律只能是概率性的, 而必须抛弃决定性的因果原理. 因为量子力学能精确地描写单个粒子体系状态, 所以它是完备的. 玻尔特别强调微观客体和行为有赖于观测条件, 认为一个物理量不是本身即存在, 而是在人们观测时才有意义. 这一点正好被爱因斯坦用来说明玻尔是一个实证主义者.

爱因斯坦坚决反对量子力学的概率解释. 认为量子力学只能描写处于相同环境中为数众多而又互相独立的粒子全体, 而不能描写单个粒子的运动状态, 因为单个粒子运动状态必须是决定性的, 不能是统计性的. 由此得出量子力学理论是不完备的. 爱因斯坦精心设计了一个"光子箱"的理想实验, 企图证明能量和时间不确定性不满足测不准关系:

$$\Delta E \cdot \Delta t \geqslant h$$

"光子箱"的装置如图 10-7, 用弹簧悬挂起光子箱, 左边的标尺用来表示光子箱的位置, 箱内有一用时钟控制的光阑. 当光子从光子箱辐射出来后, "光子箱"的质量减少, 其能量的变化, 可按相对论质能关系 $\Delta E = (\Delta m) c^2$ 精确测出, 光阑打开的时间由

时钟控制，可以精确测定，因此可使 $\Delta E \cdot \Delta t$ 趋于任意小的值，由此得出能量和时间的测不准关系不被满足.

爱因斯坦光子箱（图 10-6）实验是在第六届索耳威会议上提出的. 会议原订主题是讨论"物质的磁性"，但是量子力学基础讨论却成了主要内容. 玻尔为了回答爱因斯坦的挑战，经过了一个不眠之夜的紧张思考，终于发现可用广义相对论的红移公式来驳倒爱因斯坦，使 $\Delta E \cdot \Delta t \geqslant h$ 仍然成立. 因此爱因斯坦企图推翻测不准关系的尝试失败了. 但是，他仍坚持认为量子力学不是微观体系的完备的最终的描述. 1935 年 5 月，爱因斯坦和波多尔斯基（Podolsky）、罗森（Rosen）共同发表了题为《能认为量子力学对物理实在的描述是完备的吗？》一文. 即所谓 EPR 悖论. 但是没能说服哥本哈根学派.

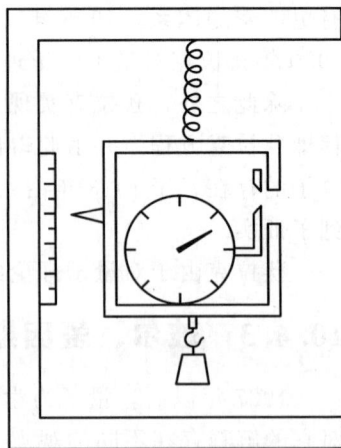

图 10-6　爱因斯坦光子箱草图

第二次世界大战的到来，使论战平息了一个时期. 1949 年为纪念爱因斯坦七十大寿发行了《爱因斯坦：哲学家—科学家》论文集[1]，玻尔在论文集中发表了《就原子物理学的认识问题和爱因斯坦进行的商榷》一文，全面系统地阐述了自己的观点，总结了他和爱因斯坦的论战. 爱因斯坦在《对批评的回答》一文中[2]，对玻尔的文章作了回答，同时批评了哥本哈根学派的实证主义倾向.

论战持续了几十年之久，直到 1955 年和 1962 年爱因斯坦和玻尔相继逝世后，这场争论还没有结束.

后来，玻姆和贝尔为了进一步研究爱因斯坦的有关观点，引入了隐变量，企图从数学上加以阐述. 隐变量的提出是建立在概率是由于认识不清楚而形成的这样一个概念之上的. 1965 年又提出了 Ball（贝尔）不等式. 在测定光子线偏振的实验中证实它并不成立. 这一结论有利于玻尔的观点. 但问题是隐变量是别人引入来描写爱因斯坦观点的，这种表述是否恰当，还需作进一步探讨. 因此，结论并不那么轻易就能得出.

当然，争论的目的并不在于最后得出谁胜谁负，而是应该注意到在争论中澄清了什么问题，也应注意到争论本身有利于量子力学的建成和完善，并为量子力学进一步发展提出了新的问题.

[1]　P. A. Schilpp, Albert Einstein, Philosopher-Scidntist，1949 年，纽约 Tudou 出版公司.
[2]　同上书，655—688 页.

第 11 章　相对论的建立

相对论是关于时间和空间的学说，但不是始于对牛顿时空观的批判，而是由于对运动媒质中的电磁现象(具体地说，是光学现象)的研究引起的. "媒质"在当时称为"以太". 它有各种模型. 因此相对论的建立和"以太"是密切相关的，也和在"以太"(静止和运动)中光速的测定有密切的关系.

11.1　"以太"的兴衰

"以太"的提出，是为了解释光在真空中以及高速的空间中都能传播这一事实. 当时，认为光必须有一个载体才能传播，而这种载体当光在真空中传播时更显得必要. 为了解释真空不空，笛卡儿(1596—1650)于 17 世纪第一个提出了"以太"的假说，并把"以太"描述为："以太是充满整个空间的一种物质，真空中没有空气，但却有这种无所不入的'以太'."

18 世纪，由于牛顿力学的建立，提出了超距作用的观点，这观点无须"以太"作为媒质，而认为力是超距作用的. 因此"以太"也随之被遗弃.

至 19 世纪上半叶，当光具有波动性被大多数物理学家承认时，"以太"假说又获得了新的支持. 于是 19 世纪末的物理学界，牢固地确立了一种思想，认为有一种到处存在的、能穿透一切的介质，并充满所有物质的内部和它们之间的空间，它的作用是作为传播光波的基础. 惠更斯把它叫作"以太"(光以太)，后来又被叫作法拉第管(电磁以太)，被认为是引起带电体和磁化物体之间相互作用的原因. 麦克斯韦的工作使这两种假想的介质统一起来了. 他指出光是传播的电磁波，并建立了一个优美的数学理论，把所有涉及光、电和磁的现象结合在一起. 光以太也就是电磁以太. 这时"以太"的存在似乎无可置疑了. 但是，如果用描写气体、固体和液体这类常见介质的办法来描写"以太"那是不可能的. 这些都导致了难以解决的矛盾. 不管对于光以太还是电磁以太，这些矛盾都是显而易见的.

例如，光的偏振现象证明了光是一种横波，即是垂直于传播方向的一种往返的物质运动. 但是横向振动只能在固体中存在，因为固体和液体、气体不同，它要反抗任何想改变其形状的企图，所以必须把"光以太"看作是一种固体物质. 这就是"准刚性"光以太理论.

横波在媒质中传播的速率为

$$u=\sqrt{\frac{G}{\rho}}，其中，G 为切变模量，\rho 为介质密度.$$

因为光的传播速度很大，因此要求 G 很大，即介质刚性很强(很硬). 如果这样的介质(宇宙以太)充满了我们周围整个空间的话，我们怎么能在地上跑来走去，行星又怎能千百万年地绕太阳转动而丝毫不受阻力呢？因此这种"光以太"本身就具有很大的矛盾性.

英国的物理学家开尔文爵士，为了解决以上矛盾，认为宇宙以太有着类似鞋匠所用的鞋胶或鞋蜡那样的性质，这类物质具有一种"可塑性"，当快速加上强力作用时，它们能像玻璃那样断开，但在很弱的力（例如，它们本身的重力）的作用下，它们会像液体那样流动. 他认为在光波的情况下，力的方向每秒要改变千百万次，这宇宙以太的行为就像硬的弹性物质那样，而在人、鸟、行星或恒星的缓慢得多的运动情况下，它实际上不会产生什么阻力. 但是，如果法拉第管是宇宙以太的张力和压力的话，永久磁石和静电荷即使存在很短的时间也是不可能的了，因为在这种神秘的物质中，压缩会由于塑性变化而很快松弛下来. 因此矛盾还是没有解决.

对于"以太"，人们往往以旧的观念加以认识. 如俄国化学家门捷列夫在他的元素周期表中曾把宇宙以太列为周期表中原子序数等于零的物质.

令人惊异的是，19世纪竟没有一个物理学家认识到，假如"以太"存在的话，它的性质应当完全不同于我们熟悉的普通实物所具有的那些性质. 正是由于爱因斯坦的天才，才把陈旧的和自相矛盾的宇宙以太完全抛弃，并代之以推广的电磁场概念. 这种电磁场是一种物理实在，与任何普通实物是一种物理实在一样，这就完全摒弃了"以太"这一概念.

11.2　光在媒质中速度的测定

由于"以太"一直被认为是传播光波的媒介，因而引起19世纪物理学界的重视. 为了弄清楚"以太"的性质，不少物理学家进行了各种有关光的传播的实验.

光在真空中的速度，已经由法国物理学家菲索（Armand Hippolyte Louis Fizeau，1819—1896）和佛科（Jean Leon Foucault，1819—1868）先后用旋转齿轮和旋转镜法加以测定，其数值和根据丹麦的天文学家勒麦（Olaf Römer，1644—1710）的实验计算出来的结果相符.

光在运动媒质中的速度的测定，比较著名的实验有菲索实验和迈克尔逊—莫雷实验.

11.2.1　菲索实验

菲索在1851年完成了一个重要的实验，实验的目的是为了考察介质的运动对在其中传播的光的速度有什么影响，从而测定以太是否被拖曳，实验装置如图11-1所示. 光束从光源 L 发出，经半透明镜 M_1 后分为两束，一束光的传播方向两次和水流方向一致，而另一束光则两次相反. 两束光存在光程差，在 E 处产生干涉条纹.

如果"以太"被流水拖曳，拖曳系数为 K，水流的速度为 v，则以太被拖动的速率为 Kv，若 $K=1$，则以太被全部拖动，若 $K<1$，则以太被部分拖动. 假定水管总长为 $2L$，水的折射率为 n，顺水流方向传播的光通过管子所需的时间为 $2L/(\frac{c}{n}+Kv)$，逆

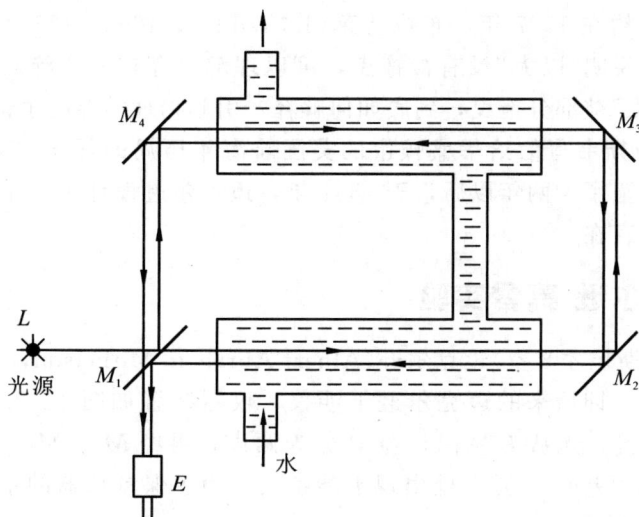

图 11-1

水流方向传播的光通过管子所需时间为 $2L/(\frac{c}{n}-Kv)$，两束光从 L 发出经过水管后到达 E 处的时间差为

$$\Delta t = 2L\left(\frac{1}{\frac{c}{n}-Kv} - \frac{1}{\frac{c}{n}+Kv}\right)$$

$$= \frac{4LKv}{\left(\frac{c}{n}\right)^2 - K^2v^2}$$

当 $v \ll c$ 时，$\Delta t \approx 4n^2 LKv/c^2$

条纹移动

$$d = \frac{c}{\lambda}\Delta t \approx \frac{4L}{\lambda}n^2\frac{Kv}{c}$$

在菲索的原始实验中，管长为 1.5 米，水速为 7 米/秒，用钠 D 线作光源，测得 $d = 0.19$，相当于 $K = 0.46$. 后来又用各种不同的水流速度进行精确测量，发现光在流水中的速度不同于静水中的数值，并且得出光在运动液体中的速度一般地可以用如下的经验公式表示：

$$V = \frac{c}{n} \pm Ku$$

式中，n 是有关液体的折射率，u 是水流速度，K 为一个常数，它正是 1817 年由菲涅耳从理论上推导出的以太被物体拖曳的常数 $\left(1-\frac{1}{n^2}\right)$. 只不过菲索的实验值为 0.46，而理论值为 0.44.

菲索实验的结论说明了如果"以太"存在，则证实了"以太"被水流"部分"拖曳. 但是，对以上公式的意义，当时没有任何人能加以说明，直到半个世纪以后，才由爱因斯坦指出，这个神秘的经验公式乃是相对论的直接结果.

在这以前，大约在 1727 年，布拉特莱(J. Bradlley，1693—1762)报道了他的光行差实验，实验结果说明“以太”没有被拖曳，可以理解为存在一个绝对静止的坐标. 而菲索实验说明“以太”被部分拖曳，到底如何解释？引起物理学界的争论.

1879 年，麦克斯韦写信给华盛顿市的美国航海年历局的托德(P. Todd)提起这件事，被迈克尔逊知道了. 两年以后，于 1881 年，迈克尔逊设计了一个实验，企图说明有静止不动的以太存在.

11.2.2 迈克尔逊-莫雷实验

1881 年(爱因斯坦才 8 岁)迈克尔逊(Albert Abraham Mithelson，1852—1931)设计了一个精密的仪器，即后来的迈克尔逊干涉仪，仪器装置如图 11-2. P 是半镀银镜，M_1、M_2 是二反射镜，光从 L 发出，经 P 分为两束，再经 M_1、M_2 反射后到达 T 处，当二光束有一定光程差时，在 T 处出现干涉条纹. 为了保持仪器的水平，迈克尔逊把仪器放在水银槽上.

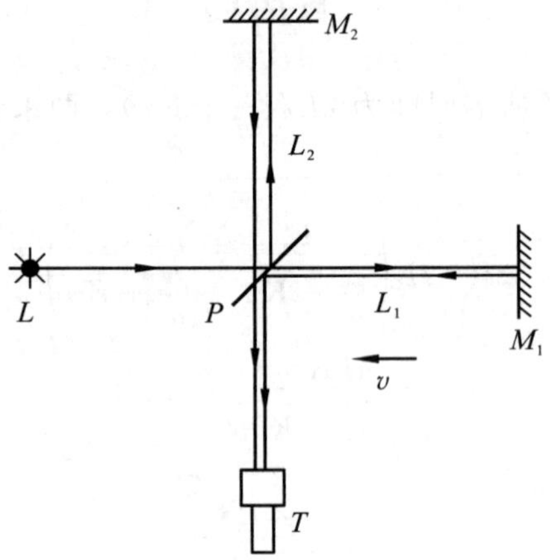

图 11-2

迈克尔逊认为：如果“以太”是静止不动的，则由于地球在其轨道上绕太阳转动的速度大约是 30 km/s，因此应当有“以太风”刮过地球表面，这“以太风”相当于菲索实验中流动的水. 如果把仪器转动 90°，观察转动前后的干涉条纹的变化，必然会出现条纹的移动. 移动的数值由前、后两个位置中两束光的时间差决定.

用旧“以太”理论计算时间差如下：设干涉仪的两臂长分别是$\overline{PM_1}=L_1$，$\overline{PM_2}=L_2$，以太漂移的速度为 v，方向如图，按照以太理论，沿$\overrightarrow{PM_1}$方向的光速是 $c-v$，沿$\overrightarrow{M_1P}$的光速是 $c+v$，沿$\overrightarrow{PM_2}$和$\overrightarrow{M_2P}$方向的速度是 $\sqrt{c^2-v^2}$，因此第一束光从 P 到 M_1 再回到 P 所需时间为

$$t_1=\frac{L_1}{c-v}+\frac{L_1}{c+v}=\frac{2L_1c}{c^2-v^2}$$

第二束光从 P 到 M_2 再回到 P 所需时间为

$$t_2=\frac{2L_2}{\sqrt{c^2-v^2}}$$

两束光达到 T 处时的时间差为

$$\Delta t = t_1 - t_2 = \frac{2}{c}\left(\frac{L_1}{1-\left(\frac{v}{c}\right)^2} - \frac{L_2}{\sqrt{1-\left(\frac{v}{c}\right)^2}}\right)$$

将仪器在图平面内转动 90°，这时"以太"漂移的速度将与 $\overline{PM_2}$ 平行，这时两束光重新会合的时间差为

$$\Delta t' = -\frac{2}{c}\left(\frac{L_2}{1-\left(\frac{v}{c}\right)^2} - \frac{L_1}{\sqrt{1-\left(\frac{v}{c}\right)^2}}\right)$$

干涉仪转动 90°前后时间差的改变为

$$\delta t = \Delta t - \Delta t' = \frac{2(L_1 + L_2)}{c}\left(\frac{1}{1-\left(\frac{v}{c}\right)^2} - \frac{1}{\sqrt{1-\left(\frac{v}{c}\right)^2}}\right)$$

$$\approx \frac{L_1 + L_2}{c}\left(\frac{v}{c}\right)^2$$

相应的干涉条纹移动量应为

$$\Delta = \frac{c}{\lambda}\delta t$$

当时估计应有 0.4 条纹的移动，但实验结果却只有 0.01 条纹的移动，这一微小的数值可以理解为实验中的误差所引起，于是只能得出以太被地球完全拖动，或者根本不存在以太的结论. 6 年之后，即 1887 年，迈克尔逊和莫雷（Edward Williams Morley，1838—1923）合作，对原有仪器作了进一步改进，又重复实验. 但实验仍然得出"零结果".

实验的"零结果"否定了绝对静止坐标的存在，同时对以太是否存在也提出了怀疑. 这个结果是迈克尔逊不愿得出的. 他曾说过："想不到他的实验竟引导出一个怪物（指相对论）."实验的零结果使物理学界感到震惊，也被汤姆逊（开尔文）说成是经典物理学上空的"一朵乌云"，因此引导不少物理学家在不同时间（春、夏、秋、冬）、不同地点（地下室、棚屋、高空）重复类似的实验，历时 50 年之久. 但实验都得出了同样的结果.

迈克尔逊实验的"零结果"，是建立相对论的前奏. 迈克尔逊由于这方面的贡献，荣获 1907 年诺贝尔物理奖.

迈克尔逊实验公布之后，不少物理学家企图用各种理论解释这一现象，其中以洛伦兹（1953—1928）的长度收缩最为典型. 1892 年，荷兰人洛伦兹提出了在以太中以速度 v 运动的物体，在沿运动的方向上，长度有所收缩. 如果收缩的比例因子是 $\left(1-\frac{v^2}{c^2}\right)^{1/2}$ 的话，那么就很容易解释迈克尔逊实验中条纹移动为零的结果. 如在迈克尔逊干涉实验中，Δt 中的 L_1 变为 $L_1\sqrt{1-\left(\frac{v}{c}\right)^2}$，则得

$$\Delta t = \frac{2}{c}\left(\frac{L_1\sqrt{1-\left(\frac{v}{c}\right)^2}}{1-\left(\frac{v}{c}\right)^2} - \frac{L_2}{\sqrt{1-\left(\frac{v}{c}\right)^2}}\right)$$

当仪器转动 90°以后，$\Delta t'$中的 L_2 变为 $L_2\sqrt{1-\left(\frac{v}{c}\right)^2}$，则得

$$\Delta t' = -\frac{2}{c}\left(\frac{L_2\sqrt{1-\left(\frac{v}{c}\right)^2}}{1-\left(\frac{v}{c}\right)^2} - \frac{L_1}{\sqrt{1-\left(\frac{v}{c}\right)^2}}\right)$$

于是 $\Delta t - \Delta t' = o$，因此条纹没有移动. 这就很好地解释了迈克尔逊-莫雷实验的"零结果".

洛伦兹把自己的设想告诉了爱尔兰人斐兹杰惹（G. F. Fitz gerald 1851—1901），斐兹杰惹说："我长时间以来，已在自己的讲座中阐述了这个假说."这说明他们两人各自独立地得出同样的结果. 关于长度收缩的观点，洛伦兹于 1903 年发表的《迈克尔逊的干涉实验》一文中，有所阐述.

洛伦兹和斐兹杰惹提出的收缩假说，是为了解释迈克尔逊实验的"以太零结果"，从数学上凑出来的，他们对牛顿的时空观仍是深信无疑，并加以采用. 因此收缩假说存在致命的弱点，首先，它没有说明收缩的原因是什么？其次，又没有说明收缩因子为什么和臂长的物质结构毫无关系. 后者引导一些人改变迈克尔逊实验中的臂为木结构和钢结构，但是却得到了同样的结果.

当时也有人企图从物质的原子间的电力和磁力的相互作用来解释收缩原因，但都没有成功.

爱因斯坦独具慧眼，提出了和牛顿时空观决然不同的新时空观，从而创建了相对论.

11.3　爱因斯坦和相对论

11.3.1　爱因斯坦的两个基本假设

在以上所述的历史背景下，爱因斯坦提出了狭义相对论. 他的观点发表在《论动体的电动力学》的论文中. 论文发表在 1905 年 9 月的德国《物理学杂志》（*Annalen der Physik*）第 4 编 17 卷上. 文中提出了两个基本公设.

在力学中伽利略相对性原理是大家所熟知的，而爱因斯坦把这一原理推广到包括电光现象在内的其他自然现象中去. 认为凡是对坐标系 A 有效的自然界的普遍规律，对于一个相对于 A 作匀速平移运动的坐标系 B，必定有效. 他在论文中写道："诸如此类的例子以及企图证实地球相对于'光媒质'运动的实验的失败，引起了这样一种猜想：绝对静止这一概念，不仅在力学中，而且在电动力学中也不符合现象的特征，倒是应

当认为凡是对力学方程适用的一切坐标系,对于上述电动力学和光学的定律也一样适用."①

相对性原理的得出,是由于爱因斯坦以清晰的逻辑思维砍断了以太桎梏,把宇宙以太拧碎扔出物理学厅堂的窗外的结果. 当充满整个宇宙空间的以太不复存在时,也就不可能有什么绝对运动了,因为我们不能相对于虚无运动. 爱因斯坦认为只能谈论一个物体相对于另一物体或者一个参照系相对于另一参照系的相对运动. 处于这两个参照系的两个观察者,有同等的权利说:"我是静止的,对方在运动."所以,迈克尔逊—莫雷在他们的实验里测量不同方向的光速时,无法探测到他们的实验室和地球本身是否在空间中运动,也就不足为奇了.

第二是真空中光速不变原理.

在同一论文中,爱因斯坦提出:"光在虚空空间里总是以一确定的速度 V 传播着,这速度同发射体的运动状态无关."②用这一假设可以圆满解释迈克尔逊-莫雷实验的"零结果".

以上两个假设的提出,是物理思想发展史上一个巨大的进展,是人们对时空观认识的一个变革.

11.3.2 狭义相对论创建的思想渊源

狭义相对论的提出,其原因之一是为了解决"以太之谜",即迈克尔逊-莫雷实验的"零结果". 而实际上相对论的提出是酝酿已久的,是有坚实的思想基础的,是爱因斯坦统观了经典物理的理论,进行了长期、周密地考虑的结果.

爱因斯坦曾总结过 19 世纪的物理学状况,他说:"可以说上一世纪所有物理学家,都把古典力学看作是全部物理学的,甚至是全部自然科学的牢固的和最终的基础,而且他们还孜孜不倦地企图把这一时期逐渐取得全面胜利的麦克斯韦电磁场理论也建立在力学的基础之上.""是恩斯特、马赫(E. Mach,1838—1916)在他的《力学史》中冲击了这种教条式的信念."马赫的观点对爱因斯坦的影响很大. 爱因斯坦在自述中说:"马赫的真正伟大,就在于他的坚不可摧的怀疑态度和独立性."③

马赫的影响,使爱因斯坦形成了两个观点:第一,理论不应和经验事实相矛盾;第二,理论本身应该具有"内在的完备性"如"自然性""逻辑的简单性"等. 用这样两个观点去度量当时物理学中所发生的问题,爱因斯坦看到把力学推广到电磁学中引起的疑虑. 如电磁场的机械模型、以太的性质、麦克斯韦场的连续性等,都难以使人理解.

爱因斯坦也注意到牛顿力学需要有一个脱离开物体之外的绝对空间,同时令人讨厌的还必须存在有无限个相互作匀速平移运动的惯性系,它们比一切别的刚性坐标系都要优越. 这一切都引起了爱因斯坦对经典力学的怀疑. 对旧理论的不满足和怀疑,是引导爱因斯坦建立相对论的思想基础.

---

① 爱因斯坦. 爱因斯坦文集:第二卷[M]. 北京:商务印书馆,1976—1979:85.
② 同上书,84 页.
③ 爱因斯坦. 爱因斯坦文集:第一卷[M]. 北京:商务印书馆,1976—1979:10.

爱因斯坦在学生时代，对麦克斯韦场方程非常着迷，赞赏麦克斯韦只引进一个位移电流及其磁效应，就可以用微分方程表示场的性质．但当时对场的载体是空间还是物质，并没有得到解释．爱因斯坦之所以能把力学中的相对性原理推广到电磁场中，是因为他深入地研究了经典力学，同时又深入地探讨了电磁场后，才得出了结论．

爱因斯坦的思想是广阔的，对当时物理学前沿非常注意，并能从中得出教益．1900 年，普朗克提出量子假说，它给爱因斯坦很大启发．他认为："根据已知事实用构造性的努力去发现真实定律的可能性是绝望了．"因此他想："只有发现一个普遍形式的原理才能使我们得到可靠的结果．"

另外，爱因斯坦注意到，热力学第一、第二定律的建立，是在否定了永动机的不可能之后，因此，认为要解决迈克尔逊-莫雷实验的"零结果"等一系列问题，一定要否定一些陈旧的观念，才能建立起新的理论．这些思想引导爱因斯坦创建了"相对论"．

关于"相对论"的考虑爱因斯坦从 16 岁时就已经开始，那时他考虑过：如果我以速度 c（光速）追随一条光线运动，那么就应该看到这样一条光线就好像一个在空间里振荡着而停滞不前的电磁场．从这样一个观察者的观点来判断，一切都应当像一个相对于地球是静止的观察者所看到的那样按照同样的一些定律进行，因为第一个观察者怎么会知道或者能够判明他是处在均匀的快速运动状态中呢？这一思想经过十年的酝酿，在爱因斯坦 26 岁时，即 1905 年，才结出了丰硕之果．

在爱因斯坦之前，已有人把力学中的相对性原理推广至电磁场中，但出现了矛盾．因为由相对性原理可导出速度合成公式，而光的传播和光源的速度无关，即不符合速度合成．洛伦兹为了使麦克斯韦方程组满足相对性原理，推导出洛伦兹变换．这只是用了数学的巧妙手法，并不知道它的物理意义，更没有涉及时空观的问题．

爱因斯坦敏锐地发现，如果光速不变原理成立，则出现所谓"同时的相对性"，以上问题就可以迎刃而解．假设有一车厢，以速度 v 向右运动，在车厢中点发出光信号．在车中的观察者看到 A、B 两接收器同时闪亮．而地面上的观察者看到 B 先亮，A 后亮（图 11-3）．这说明在一个坐标上观察到两件事是同时发生的，而在另一个坐标上观察同样两件事却不是同时发生的，这就是所谓的"同时的相对性"．而这种现象的解释是以光速不变为前提的．

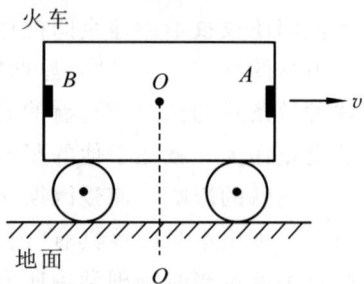

图 11-3 爱因斯坦火车

由此爱因斯坦提出了狭义相对论的两条基本假设．其中包括一个新的概念"同时相对性"．出现了两个现象，长度收缩和时间延迟．洛伦兹变换在这仍然成立．爱因斯坦引进了四维空间（x，y，z，t），不同于牛顿力学的是相对论力学认为时间和运动有关．

从以上可以看出，狭义相对论的提出并不是偶然的，它是对旧理论进行全面的总结、考察的结果，它既产生于旧理论，又不同于旧理论，而有它自己独创的发现．从而提出了新的时空观．

11.3.3　广义相对论的提出

狭义相对论的提出，虽然当时没有被大部分物理学家承认，而爱因斯坦又开始了另一方面的工作.

1907 年，在长篇论文《关于相对性原理和由此得出的结论》中，爱因斯坦提出："是否可以设想，自然规律同参照系的运动状态无关的这一假设，不仅对惯性参照系成立，而且对加速运动的非惯性参照系也成立？即相对性原理是否可能推广到加速参照系？"

爱因斯坦抓住了一个早就被确认的事实：在引力场中一切物体都具有同一加速度，这说明惯性质量和引力质量是相等的. 他曾说过："在引力场中一切物体都具有同一加速度. 这条定律也可以表述为惯性质量同引力质量相等的定律，它当时就使我认识到它的全部重要性，我为它的存在感到惊奇，并猜想其中必定有一把可以更深入地了解惯性和引力的钥匙."并写出以下等式：

（惯性质量）×（加速度）=（引力质量）×（引力场强度）. 可见当惯性质量和引力质量相等时，加速度和引力场强度之间也存在密切的联系. 可以表述为，在均匀的引力场里，一切运动都像在不存在引力场时对于一个均匀加速的坐标系所发生的一样. 即引力场同参照系的相当的加速度在物理上完全等价. 这就是"等效原理". 爱因斯坦还设计了一个理想实验——爱因斯坦升降机实验，证明这一原理. 设想一个封闭在升降机内的观察者，他无法判断升降机是相对于惯性系在作加速运动或是外界有一引力场作用于升降机. 也可以说，一个有恒定加速度的非惯性参照系等效于一个惯性参照系内附加了一个均匀引力场. 这样，可以用一个均匀加速参照系代替一个均匀引力场. 从而把相对性原理推广到均匀加速的非惯性系.

接着是对引力场的探索. 证明了所有电磁现象均受引力场的影响，如光线通过引力场附近时会弯曲. 又证明了，引力场对时钟和量杆的长短都有影响. 因此欧几里得几何空间不能适用，必须寻找一种新的数学工具. 后来发现须采用曲面几何和张量分析.

在广义相对论中，空间、时间和物质运动是相互作用的，它深刻地揭示了四维空间、时间同物质运动的统一关系，彻底地摆脱了牛顿所说的与物质运动无关的绝对空间.

1915 年，爱因斯坦通过复杂的计算，提出了三个可供实验验证的推论.

（1）水星轨道近日点的反常进动问题；

（2）在强引力场中，时钟要走得慢些；

（3）光线在引力场中的偏转.

广义相对论的深奥理论，很少能有实验加以验证. 因此在一段时期内，人们失去了对它的兴趣. 当它在天体物理学和宇宙学上的成功应用逐渐明显时，才又掀起了对它的研究热潮.

11.3.4　爱因斯坦生平

在同样的历史背景和客观条件下，不是别人而是爱因斯坦创建了"相对论"，很重要的因素决定于爱因斯坦本人的品质. 爱因斯坦从小就喜欢沉思,容易被新鲜事物吸引. 当他只有 4~5 岁的时候,父亲送给他一个罗盘. 他拨动指针,发现针尖总是指向一定方位,他非常惊奇,他想这一现象的出现,一定有什么东西深深的隐藏在事情背后. 12 岁时,他的叔父给他出了一道数学题,让他证明两千多年前已经证明的毕达哥拉斯定理,也就是今天的勾股弦定理. 他曾想用尺子测量直角三角形的三个边. 但他意识到一千次的测量也顶不上一次证明. 经过三个星期的思考,终于得出了圆满的结果. 他第一次尝到了发现真理的快乐,这时他的才能已开始显露.

爱因斯坦热爱学习,经常阅读一些课外书籍. 当他 12 岁时,就开始阅读欧几里得几何的小书,并为书中严密而可靠的证明赞叹不已. 12~16 岁,熟悉了基础数学,包括微积分原理、解析几何、无穷级数. 又从伯恩斯坦著的《自然科学通俗读本》中,学习了解到自然科学领域中的主要成果和方法.

爱因斯坦 17 岁时,进入苏黎士工业大学,开始集中学习数学和物理,这时他自己已学过了一些理论物理. 当时有名的数学家闵可夫斯基(1864—1909)是他的老师. 爱因斯坦喜欢经常在物理实验室工作,其余时间用来自学基尔霍夫(Gusrav Robert kirchhoff,1824—1887)、赫姆霍兹(1821—1894)、赫兹(1857—1894)等的著作.

在大学期间,他有自己的一些思想,这些思想决定他的行动,也决定了他的将来. 他重视物理比数学更甚. 认为数学的门类很多,如果研究数学,把一生的时间都花进去,也不会得出什么结果,会像布里丹的驴子一样,不能决定该先吃哪一捆干草. 对于物理学,虽然发现门类也很多,但他已学会了识别出哪种导致深奥知识的东西,而把其他许多东西撇开不管. 因此,在大学里对数学和物理两科之间,他偏重研究物理学.

爱因斯坦不喜欢强制性的考试,尤其反对那种为了考试不管愿意与否,把一些废物统统塞进学生脑子里的做法. 他认为:"用强制和责任感就能增进观察和探索的兴趣,那是一种严重的错误."又认为:"即使是一头健康的猛兽,当它不饿的时候,如果有可能用鞭子强迫它不断地吞食,特别是当人们强迫喂它吃的食物是经过适当选择的时候,也会使它丧失其贪吃的习性的."由此可见,爱因斯坦在大学学习时,掌握了自己的学习主动权,并能用一定时间来研究自己感兴趣的有关问题.

大学毕业后当了一年家庭教师.

从 1902 年开始,通过他的朋友马尔塞耳·格罗斯曼的帮助,担任了伯尔尼联邦专利局的检验员. 这一职务维持了他的生活,解除了他的后顾之忧. 由于工作的性质又无须花更多的时间研究业务,因此有可能使他把全部的业余时间用于进行自己的研究工作.

在 1905 年,爱因斯坦相继发表了三篇文章. 第一篇《关于光的发生和转变的一个新观点》,发表在 1905 年 3 月的德国《物理学杂志》(*Annalen de physik*)上,此文主要内容是对光电效应的解释;第二篇《从热的分子运动论看静止液体中悬浮粒子的运动》,主要对布朗运动从理论上加以说明,发表在同年 5 月的同一杂志上;第三篇题为《论运动物体的电动力学》,发表在同年 9 月的同一杂志上,文中提出了狭义相对论. 对于以上三篇文章的意义和评价,有人认为每一篇文章都能获得一次诺贝尔奖. 当时爱因斯坦才 26 岁，这样年轻就对科学作出了如此重大的贡献.

在这以前，爱因斯坦也曾发表过其他方面的文章，他在 1901 和 1903 年曾发表过关于毛细现象的文章和两篇统计物理和热力学方面论证性的文章.

爱因斯坦在专利局工作的时期也正是他新发现的黄金时期. 专利局的职员这一工作究竟提供了什么有利条件，致使爱因斯坦在这一时期能作出如此重大的贡献，这是值得讨论的问题. 在他的自述中曾谈到这一问题，他说："在我的最富于创造性活动的 1902—1909 年当中，我就不用为生活而操心了."①说明在那样的年代，那样的国家，生活上的保证是第一位的. 有了生活的保证，才可能有全力进行自己的研究.

另外，爱因斯坦也谈到专利局的工作有利于对物理思索的激励，他说："明确规定技术专利权的工作对我来说也是一种真正的幸福，它迫使我从事多方面的思考，它对物理的思索也有重大的激励作用."②当他对比在学院里和在专利局里做研究工作，哪个能得出更大贡献时，他说："因为学院生活会把一个年轻人置于这样一种被动的地位，不得不去写大量科学论文，结果是趋于浅薄，……然而大多数实际工作却完全不是这样，一个只有普通才能的人就能够完成人们所期待于他的工作，……如果他对科学感兴趣，他就可以在他的本职工作之外埋头研究他所爱好的问题. 他不必担心，他的努力会毫无结果."③而专利局的工作，正好给他提供了这样一个有利的条件.

1909 年爱因斯坦离开专利局进入苏黎士大学工作. 1907—1916 年建立了"广义相对论". 1921 年荣获诺贝尔物理学奖. 1933 年因受法西斯迫害而离开德国，移居美国，在美国定居直至逝世.

"相对论"的建立冲破了统治了三百年之久的牛顿时空观，为物理学开辟了一个崭新的领域. 提出这一理论的人必须具有宽广的坚实的理论基础，而更重要的必须有敢于冲破旧理论的束缚而大胆创新的精神，爱因斯坦本人具备了这样的本质. 因此不是别人而是爱因斯坦创建了"相对论".

"相对论"建立后，受到人们的重视，但也有一些人竭力反对，以魏兰德为首的一伙人就是其中最突出的，他们成立了所谓"德国自然哲学研究小组"用以反对"相对论"的观点，其主将有勒纳德（Philipp Lenard，1862—1947）（由于对光电效应的贡献荣获 1905 年诺贝尔物理学奖），另有斯塔克（Johanhes Stark，1874—1957）于 1920 年，他们在柏林街头张贴海报，预告德国各大城市将举行 20 次声讨"相对论"的报告会. 会上也攻击爱因斯坦本人. 同时也有不少物理学家对这些会议进行了反驳. 在所谓第一次的声讨会后，劳厄（Max von Laue，1879—1960）邀能斯特、鲁本斯（Heinrich Rubens，1865—1922）共同登报声明，借以说明爱因斯坦的为人，其中有这样一段："凡有幸和爱因斯坦接近的人都知道，在尊重他人的文化价值上，在为人的谦逊上，在对于一切哗众取宠的厌恶上，从来没有人能超过他."不管反对派如何竭力反对，随着时间的进展，反而更证实了"相对论"的重大意义和作用. 今天被广泛地应用于天体物理和原子

① 爱因斯坦. 爱因斯坦文集：第一卷[M]. 北京：商务印书馆，1976—1979：46.
② 同上书.
③ 同上书.

核物理，而且不断被实验所证实．

列宁说：“爱因斯坦是一个自然科学的大革新家．”只有牛顿才能和他媲美．牛顿和爱因斯坦象征着人类在探索自然的过程中登上的两座顶峰．爱因斯坦的三篇文章中任一篇都可以使他永垂不朽．

对爱因斯坦的工作无须多加评论，就用爱因斯坦在悼念普朗克时曾经讲过的话来作为结束．他说：“一个以伟大的创造性观念造福于世界的人，不需要后人赞扬，他的成就本身就已经给了他一个更高的报答．”因此我们经常回顾爱因斯坦不平凡的科学生涯，以及他对近代自然科学的贡献，并从中吸取应有的教益，这本身就是对爱因斯坦最好的赞扬和纪念．

第 12 章 结 束 语

12.1 历史的回顾

前面阐述的物理学发展史，所包括的时间从公元前 2000 年前开始一直到 1930 年结束．从物理学发展的特点来看，我们把它分为三个时期．第一个时期是从公元前 2000 年前直到公元 1600 年左右，这是古代物理学发展时期或称物理学的萌芽期；第二个时期是从 1600 年到 1900 年左右，是经典物理学建立和完成的时期；第三个时期是从公元 1900 年到 1930 年左右，是现代物理学发展时期．物理学作为一门系统的、定量的学科进行研究，则从 1600 年开始．后来又派生为各分支学科，如力、热、声、电、光等．它们的发展可以用图 12-1 粗略地加以表示：

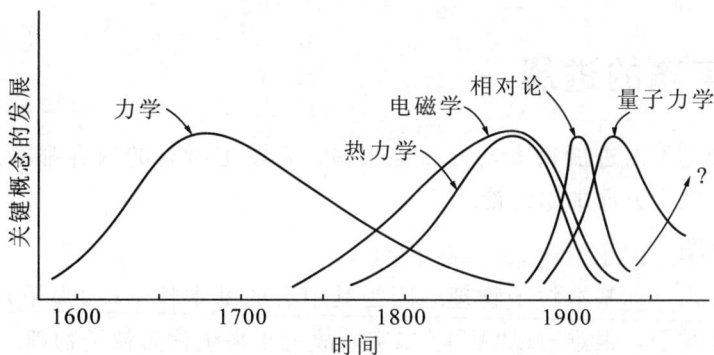

图 12-1 物理学重大理论发展示意图

用横轴表示时间，纵轴表示关键概念的发展．曲线上升表示学科开始建立和发展，最高点表示有最重大的发现，下降部分表示继续发展和完成．

力学的发展起于 1600 年以前，以开普勒的三定律（1597 年左右）和伽利略的工作（1609 年左右）为标准．力学发展的高峰是牛顿的《自然哲学的数学原理》发表的时候．这以后力学在物理学中占统治地位达一百多年．力学的发展有助于 18 世纪丰富的数学的发展．约在 1850 年，经典力学完全建成．

热力学发展的高峰出现在能量守恒和转化定律发现之后及热力学第二定律发现的时期（1860 年）．

电磁学的发展始于库仑的点电荷在真空中的相互作用公式的建立（约 1785 年）．发展的高峰是麦克斯韦方程的建立（约在 1865 年），它把电、磁、光统一成电磁场理论，并在 1888 年由赫兹从实验上加以说明．通过对电磁波性质的研究和光电效应的研究，电磁学才基本建成．

相对论的发展在爱因斯坦于 1905 年发表《运动物体的电动力学》一文达到高峰.

量子力学的发展大约在 1920—1930 年,德布罗意提出物质波,薛定谔建立波动力学,海森伯等建立矩阵力学时达到高峰.

对图线作进一步的分析,可以得出以下一些规律.

(1)从科学史的角度看,一个时期往往有某一个学科带头,继之而来的是另一些学科的兴起. 如天文学是最早兴起的,而接着是数学、物理学、化学、生物学等的兴起. 在物理学中带头发展的是力学,以后相继出现的是热、电磁、声、光学等.

力学从发展到完成,大约用了约两百多年的时间,而在后来的 150 年内却出现了不少学科的相继发生,其周期(指发展到完成所用的时间)变短,说明科学越来越发展.

(2)在相对论和量子力学发展曲线的交汇处,两者都有一些粗糙的边缘. 在这个区域还有待于进一步研究,以便得出更明晰的理论. 因此对于接近光速的微小粒子的运动规律的研究,成为当前科学研究的活跃领域. 而对基本粒子的研究正是属于相对论和量子力学的汇合处. 下一个较大的理论也许会从中发生.

(3)1930 年以后,新兴的学科是什么?也许可能是粒子的内部结构,宇宙学(天体物理)或者是别的什么学科.

12.2 近年来的进展

近年来,物理学的进展很大,方面也很多,企图把所有的内容都阐述清楚是不可能的,这里仅就三个方面加以讨论.

1. 粒子物理

粒子物理原来也称基本粒子物理. 因为其中有的基本粒子(如强子)很不稳定,很容易衰变为其他粒子,很难冠以"基本"二字,故近年来统称为粒子物理.

粒子物理的工作,主要分为两大方面:一方面通过高能加速器所产生的射流轰击,获得各种各样的基本粒子,即用实验手段发现新粒子. 到目前为止,已发现了 300 多种. 另一方面是理论工作,主要是讨论粒子运动所遵循的规律,以及它们之间的相互作用理论.

通过实验近年来有以下重大发现.

1974 年,丁肇中(1936—)发现 J/Ψ 粒子;1975 年发现 τ 子;1977 年发现 γ 粒子;1980 年发现中微子振荡(?);1981 年发现质子衰变(?);1982 年发现磁单极(?)(括号内有?号的表示还没有完全确证,有待于进一步研究).

新粒子的不断发现,同时也促进了理论的发展. 由于 J/Ψ 粒子和 γ 粒子的发现,需要从理论上引入一个新的夸克与其相对应. 夸克是设想为组成基本粒子的更小层次. 例如一个介子由两个夸克组成,一个重子由三个夸克组成等. 夸克一词是由美国物理学家盖耳曼(M. Gell-mann,1929—)于 1964 年提出的. 我国科学家也曾在 1965 年提出层子模型. 但是这种夸克没有在实验中找到(指自由夸克),而夸克的存在却能说明不少现象. 因此人们提出各种假说,借以说明为什么不存在自由夸克.

同时，实验的不断发现，引导人们对物质世界有更深刻的认识. 1980 年 7 月，丁肇中来北京报告他的实验结果，讲到在实验中已观察到电子的半径小于 10^{-16} cm，这是到目前为止，人们认识事物的最小尺度.

粒子物理在理论上的研究大体有以下进展：19 世纪已建成的麦克斯韦理论能很好地运用于电磁波，但对于带电粒子和电磁场相互作用的问题，就必须另辟蹊径. 30 年代狄拉克进行了这方面的研究，取得了一定成就. 1946—1949 年，日本和美国的一些科学家提出重整化方法，把麦克斯韦理论加上量子化，建立了量子电动力学. 这门学科能很好地说明一些高速粒子的运动规律；并和实验结果相符. 近年来，仿照量子电动力学，又提出了描写强相互作用的动力学理论，被称为量子色动力学. 量子色动力学虽然有不少成就，但也存在不少问题，还不能认为是完整的理论.

模仿量子电动力学对带电粒子间相互作用的分析，联想自然界的四种相互作用力，从而加以推广，得出图 12-2. 按照量子电动力学的理论，认为带电粒子间的相互作用是靠交换光子来实现的. 量子色动力学认为夸克之间的相互作用是靠交换胶子来实现的.

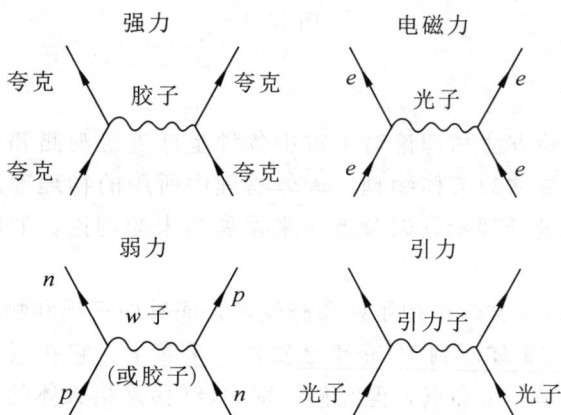

图 12-2

图 12-2 中，只有在电磁相互作用下的光子能观察到，其他的交换子都是一种模仿的设想，但从理论上可以断定它们的存在，这就为实验工作提供了一个课题.

近年来，理论方面的另一个研究是企图把自然界的四种力（①强相互作用；②电磁相互作用；③弱相互作用；④引力相互作用）统一起来. 这就是所谓的大统一理论. 大统一理论的提出似乎有一定的依据. 那就是在历史上天体引力和地球引力已由牛顿和爱因斯坦统一起来；电力和磁力由麦克斯韦方程加以统一. 这些理论给后人以启发，于是在 20 世纪 50 年代，美国物理学家格拉肖（Sheldon Lee Gladhow，1932—　）提出把弱相互作用和电磁相互作用统一起来的理论. 1967 年巴基斯坦物理学家萨拉姆（Abdus Salam 1926—　）和美国物理学家温伯格（Steven Weinberg，1933—1996）进一步指出，可以通过规范场把弱相互作用和电磁相互作用统一起来，由此他们获得了 1979 年的诺贝尔物理学奖. 但是这一理论还不够完善，理论中预言的中间玻色子到目前（1983 年）还没有被实验证实.

鉴于以上统一理论的成功，它诱导一些人去设想建立一个强力、弱力、电磁力统一的理论，美国和印度的一些实验物理学家们还认真地从实验上加以证明，但是还没有做出满意的结论．更有人设想把四种力都统一起来，建立一个广义大统一理论(图 12-3)．至于这个理论是否能建立起来，还需要经过更艰巨的工作，才能作出肯定或否定的结论．

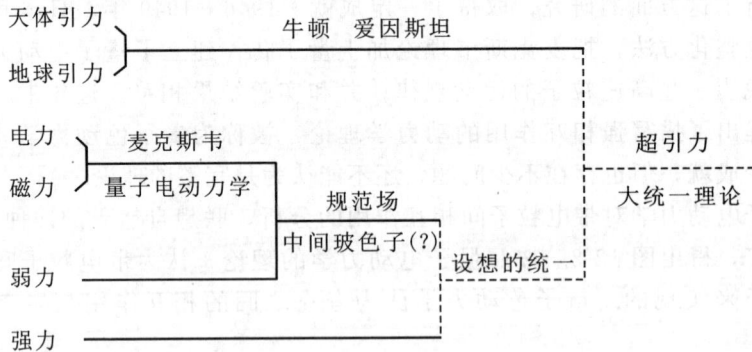

图 12-3

2. 天体物理学

运用物理学的实验方法和理论对宇宙中各种星球进行观测和研究，从而得出相应的天文规律的学科，被称为天体物理．天体物理中所用的物理理论很广泛，可以说是用得上所有的经典和量子理论，以及近年来发展起来的理论，如广义相对论，等离子体物理，粒子物理等．

20 世纪 60 年代，天文学出现了四项新发现，而其中三项和物理学有关．

(1)1963 年发现类星体．到 1979 年已发现一千多个．它在用望远镜拍摄的照片上的影像和恒星一样，是一个亮点，但红移特别大(红移是指天体的光谱线向红端移动)．关于星体具有红移现象的普遍性，是美国科学家哈勃(E. P. Hubble, 1889—1953)在半个世纪前提出的．他还提出星体离我们愈远红移愈厉害)由于类星体的红移很大，表示它离我们很远．但从接受的能量来看，又非常之大．典型的类星体辐射功率为 10^{47} 尔格/秒，相当于 $10^{13} \sim 10^{14}$ 个太阳的辐射功率．从类星体的红移和辐射来看，说明类星体离我们非常远，但辐射能量却如此之大，实在使人难以理解．

(2)1965 年发现宇宙背景辐射(或称宇宙微波辐射)．它的发现有利于宇宙大爆炸理论的建立．20 世纪 30 年代，有人对宇宙起源提出了一种大爆炸理论．认为今天所观察到的宇宙，是由以前的大爆炸产生的．大爆炸所残留下的是整个宇宙温度为 5K 左右的辐射．但是这理论并没有被科学界承认．近年来美国一些科学家在和卫星通信时，发现有一种无法去掉的干扰，在寻找这个辐射源时，发现它就是宇宙背景辐射．这次发现获得 1978 年诺贝尔物理学奖，获奖者是美国人彭齐亚斯(Arnopenzias, 1933—　)和罗伯特·威尔逊(Robert Wilson, 1936—　)．这就为大爆炸宇宙模型提供了一个重要的实验根据．

(3)1967 年发现脉冲星．到 1980 年已发现了 300 多个．它的特点是能发射非常规则的短周期脉冲. 这就是 20 世纪 30 年代预言的中子星. 中子星的半径约为 10 千米，质量和太阳差不多，自转速度很快，有很强的磁场，由中子构成，密度很高，它是在超新星爆炸时形成的. 爆炸也可能形成黑洞，它的引力非常强，致使光子不能逃逸出去，对外界只有能量的吸收而无发射，故名黑洞. 至于黑洞是否存在？它的性质如何？这已成为天文观测中引人注目的问题.

(4)1963 年开始，陆续发现星际分子，到 1979 年底已被认证的星际分子超过 50 种，其中大部分是有机分子. 它的研究和化学关系比较密切.

近年来在天文学的研究中比较活跃、和物理有关的课题层出不穷. 主要有：太阳中微子短缺问题；引力波存在的问题；以及物体的速度能否超过光速等问题.

20 世纪 30 年代，贝蒂(1906—2005)提出太阳的能量来源于热核反应. 1972 年，有人用实验进行太阳放出中微子数目的测定，结果发现中微子的数目只有热核反应理论值的三分之一多一点，这就是所谓的中微子短缺问题. 这一问题的产生引起了对太阳能量来源于热核反应的怀疑. 虽然有人企图用中微子振荡来解释中微子短缺问题，但是关于中微子振荡本身的实验还需作进一步研究，所以中微子短缺问题仍没有解决.

引力波是爱因斯坦于 1918 年根据广义相对论而提出的. 但引力波提出后，经过了 60 年，也没有在实验上加以证明. 1978 年，有人在观察两个高速绕转的致密天体时发现，其绕转周期逐渐缩短，这和广义相对论认为互相绕转的天体要向外发射引力波，致使能量减少而造成绕转周期的缩短是一致的. 并且由实验测定和理论计算的周期缩短相符合，这就为引力波的存在找到了一个间接的证明.

关于有没有超光速的物质存在？近年来也是天文学中常遇到的一个问题. 在天文观测中，发现了超光速现象. 对这一现象的解释，存在不同的观点. 有人认为在爱因斯坦的相对论中，已经指出超光速是不可能的，因此利用几何学的关系得出超光速现象实际上是一种视光速. 而另一些人认为，在现有资料中，并未发现爱因斯坦直接指出过"没有超光速物质的存在"这样的表述，因此天文观测中发现的超光速现象，可能说明超光速物质的存在. 关于这一问题的争论，目前还没有得出最后的结论.

我们相信，随着仪器精确度的提高和大型计算机的出现，可以期望在不久的将来在天文学方面会有更大的进展.

3. 生物物理

近年来，逐渐形成和发展起来一门新兴的学科——生物物理. 它是生物和物理结合的学科，由于生命的参与，使它的规律不同于纯物理学那样简单和有规律，因此生物物理是极端复杂的学科. 也是今天物理学的前沿之一.

近年来，生物物理的进展很大，从目前来看，集中表现在两个问题上.

一方面是对复杂有机体的遗传程序的研究. 人类对生命的起源，遗传的基因等早有研究. 在 1953 年，由于对分子生物学的研究，提出 DNA(脱氧核糖核酸)双螺旋结构模型，这模型像一个很长的螺旋形梯子，而遗传密码就在它上面，这就决定了遗传基因. 基因受外界的作用可以发生变化，如果我们能了解遗传基因本身及其和外界作用的关系，则对延长寿命，改良人种等将具有重大的意义.

物理学为生物的研究提供了理论基础和实验工具. 在理论上，已建立起一套研究微观粒子规律的理论基础，如量子力学．统计物理等．实验方法上，可以用 X 射线衍射，电子谱和核磁共振技术，更有示踪原子、激光、细胞计量器等为生物研究提供了强有力的仪器设备，尤其是目前可供研究复杂问题的大型计算机的出现，估计在不久的将来，在这方面会有更大的发展．

另一方面是非平衡热力学和统计物理的建立和发展．在 20 世纪 40 年代以前，热力学和统计物理所讨论的都是平衡态的问题，它所研究的是某一系统从一个平衡态经过平衡过程到达另一个平衡态，而过程总是向熵增加的方向发展．但在生物过程中，情况就大不相同．例如：西瓜种在较干的土地上，照样能结出西瓜，而没有使西瓜中较多的水分被较干的泥土吸收；又如海洋中的海带和紫菜能集中海水中的碘．以上现象不能用平衡态热力学加以解释．另外，生物的进化，由单细胞到多细胞，是从无序到更高的有序，这是熵减少的过程．它和热力学中的过程总是向熵增加的方向进行相反．对这些反常过程的研究，在 20 世纪 40 年代以后，逐渐建立了非平衡统计学．

1971 年比利时科学家普里高津（N. G. Prigogine，1917—2003）研究了非平衡热力学，提出了耗散结构理论，解释了以上问题．耗散结构理论也称非平衡统计学，现在已作为一般的基础理论加以研究．由于在自然界中除平衡过程外，绝大多数是非平衡过程，例如：流体中的湍流；电子线路的"噪声"；甚至城市建设，交通运输等都属于非平衡过程，都是开放的，非线性的系统，因此都可以用非平衡统计学来进行研究．当前这项研究是科学的前沿之一，如果在理论上有所突破，一定会使人类对自然界的认识大大前进一步．

总的来说，物理学的研究朝着三个方面发展．一个是向极小的领域进军．这一领域的研究比较活跃，着重于新粒子的发现和粒子的运动规律的研究，以及对新粒子的性质和它的演变过程的探讨．这一研究将使人们对物质结构的认识不断深入．第二是向较大的领域进军，如对宇宙、天体的研究，主要是研究宇宙的起源、各种新星的发现、一些物理规律的应用和验证，为宇宙航行、星际旅行创造条件．第三是向比较复杂的方面进军，如生物物理，近年来比较热门的是对遗传工程的研究，这对认识生命的起源、遗传基因的研究大有好处．

20 世纪 80 年代是知识大爆炸的时代，各种分支学科和边缘科学应运而生．如果企图预测物理学发展的下一个内容．的确是十分困难的．但根据历史的发展，我们可以估计物理学发展的总的趋向．

从目前物理学的发展来看，科学之间的大综合是物理学发展的趋向之一．早年的物理学归并在哲学之中，后来才从哲学中分离出来，如分为数学、天文、地学、物理、生物、化学等．再后来大约在 18 世纪物理学又分为力、热、电、光等．到 19 世纪又出现自然界力之统一的思想，法拉第就是在这一思想指导下提出了电磁感应定律；麦克韦斯统一了电磁场和光场；爱因斯坦曾经设想把引力和电磁力统一起来；当发现自然界存在四种力以后，又有人设想把四种力统一起来，即所谓大统一理论．历史的发展说明，随着生产的发展，社会的进步，物理学先是派生各个分支，当各分支学科基本建成后，又向各分支的综合发展，企图找出一个和谐的统一的更普遍的理论，用以解释更多的自然现象．

　　物理学发展的另一个趋向是学科之间相互渗透、结合，从而出现了不少综合学科和边缘学科．如生物物理、生物化学、物理化学等的产生就是其中的一些例子．对这些学科的研究，非单一的物理学或单一的生物学或任何一个单一的学科所能解决，必须把两门或几门学科结合起来，因此对科学家来说，为了更好地开展研究工作必须进行适当的合作．

参考文献

[1]劳厄. 物理学史[M]. 戴念祖，译. 北京：商务印书馆，1978.

[2]丹皮尔. 科学史及其与哲学和宗教的关系[M]. 李珩，译. 北京：商务印书馆，1975.

[3]梅森. 自然科学史[M]. 上海：上海人民出版社，1977.

[4]自然科学史研究所. 中国古代科技成就[M]. 北京：中国青年出版社，1978.

[5]王锦光，洪震寰. 中国古代物理学史话[M]. 石家庄：河北人民出版社，1981.

[6]霍尔顿. 中学物理教程课本和手册：第一册运动的概念[M]. 北京：文化教育出版社，1980.

[7]霍尔顿. 中学物理教程课本和手册：第二册天空中的运动[M]. 北京：文化教育出版社，1980.

[8]霍尔顿. 中学物理教程课本和手册：第四册光学和电磁学[M]. 北京：文化教育出版社，1980.

[9]伽莫夫. 物理学发展史[M]. 高士圻，译. 北京：商务印书馆，1981.

[10]卡约里. 物理学史[M]. 戴念祖，译. 呼和浩特：内蒙古人民出版社，1982.

[11]蔡宾牟，袁运开. 物理学史讲义——中国古代部分[M]. 北京：高等教育出版社，1985.

[12]霍尔顿. 物理科学的概念与理论导论[M]. 北京：人民教育出版社，1982.

[13]李约瑟. 中国科学技术史[M]. 香港：中华书局，1975—1978.

[14]爱因斯坦. 爱因斯坦文集[M]. 北京：商务印书馆，1976—1979.

[15]恩格斯. 自然辩证法[M]. 曹葆华，于光远，谢宇，译. 北京：人民出版社出版，1960.

物理学大事简表

时　间	事　件
公元前 700—前 400	［中国］《考工记》（即《周礼·冬官篇》）成书.
公元前约 468—前 382	［中国］墨翟及其弟子著《墨经》.
公元前 460—前 370	［希腊］德谟克利特提出朴素原子论.
公元前 384—前 322	［希腊］亚里士多德著《物理学》等.
公元前约 330—前 275	［希腊］欧几里得论述光的反射定律，著《几何原本》.
公元前约 287—前 212	［希腊］阿基米德发现浮力定律，证明杠杆定律，研究重心，体积算法等.
公元 87 年（以下"公元"略）	［中国］王充著《论衡》，论述了力、光、热、声、雷、电等物理现象.
132	［中国］张衡发明地动仪等.
约 90—168	［希腊］托勒密著《天文学大全》，提出地心体系，作折射实验.
512—518	［中国］陈遵利用声速、时间测高度.
约 1030	［阿拉伯］阿尔哈桑著《光学》.
1088	［中国］苏颂建水运仪象台.
约 1090	［中国］沈括著《梦溪笔谈》，论述光、磁、共振等.
1103	［中国］李诫著《营造法式》.
1231—1316	［中国］郭守敬创制简仪等天文仪器，利用针孔成像改进圭表测时精度.
1279—1368	［中国］赵友钦著《革象新书》，进行大型光照实验.
1452—1519	［意大利］达·芬奇设计飞行器等，提倡实验.
1543	［波兰］哥白尼《天体运行论》出版.
1584	［中国］朱载堉发明了"十二平均律".
1586—1587	［荷兰］史蒂文著《静力学原理》，进行落体实验.
1600	［意大利］布鲁诺因支持哥白尼被烧死. ［英］吉尔伯特著《论磁》.
1609	［德］开普勒提出第一、第二定律.
1610	［意］伽利略出版《星空信使》.
1619	［德］开普勒提出第三定律.
约 1621	［荷］斯涅耳发现折射定律.
1632	［意］伽利略《关于托勒密和哥白尼两个世界体系的对话》出版.
1637	［中国］宋应星著《论气、气声》（说明发声原理）及《天工开物》.

时　间	事　件
1637—1644	[法]笛卡儿出版《方法谈》《哲学原理》.
1638	[意]伽利略出版《关于力学与位移运动两门新科学的讨论及数学证明》.
约 1650—1654	[德]格里凯发明真空泵,并表演"马德堡半球".
1652	[中国]方以智著《物理小识》.
1619—1692	[中国]王夫之《张子正蒙注》,提出气形守恒原理.
1665	[意]格里马第发现衍射现象.
1666	[英]牛顿用三棱镜发现光的色散.
1658—1673	[荷]惠更斯出版两篇《摆钟》论文,提出复摆、离心力等.
1676	[丹麦]罗麦利用木卫蚀推算光速.
1678	[英]胡克公布弹性定律. [荷]惠更斯提出《光论》阐明波动叠加原理.
1687	[英]牛顿《自然哲学的数学原理》出版.
1695	[德]莱布尼茨 提出"死力"与"活力".
1704	[英]牛顿出版《光学》.
1695—1705	[德]巴本和[英]纽可门等发明蒸汽机雏形,1765 年经瓦特改进.
1724	[荷]华伦海特制成第一个温度计(包括华氏温标).
1736	[瑞士]欧勒发表《力学》.
1738	[瑞士]D. 伯努利在《流体动力学》中提出不可压缩流体能量方程.
1742	[法]达朗贝尔发表其原理.
1743	[瑞士]欧勒用变分法概括出牛顿力学普适数学形式(欧勒-拉格朗日方程)
1744	[法]莫伯丢发表最小作用原理.
1750—1752	[美]富兰克林提出电的一元流体理论及电荷守恒定律,并用风筝实验证明闪电是电的一种形式.
1755	[德]康德出版《宇宙发展史概论》,提出太阳系起源的星云假说.
1785	[法]库仑得出静电力相互作用定律.
1788	[意-法]拉格朗日的《分析力学》出版. [法]库仑将其定律推广到静磁相互作用.
1798	[英]卡文迪许用扭秤测出万有引力常数及地球密度. [英]伦福德用实验证明热之唯动说.
1800	[意]伏打发明化学电源伏打电堆. [英]赫歇生发现太阳中的红外线.
1801	[德]李特尔(J. W. Rittet, 1776—1810)发现紫外线. [英]托马斯·杨提出光波的干涉原理.

时　间	事　件
1811	[意]阿伏伽德罗提出同温同压同体积气体分子数相同的定律.
1816	[英]布儒斯特(D. Brewste, 1781—1868)发现偏振光定律.
1818	[法]菲涅耳建立波的衍射理论.
1820	[丹]奥斯特发现电流的磁效应. [法]安培建立确定电流的磁场方向的安培定则,发现平行电流相互作用,用分子电流解释磁性. [法]毕奥与萨伐尔发现电流元磁场强度定律.
1824	[法]卡诺出版《关于火的动力和火的动力机的看法》.
1827	[德]欧姆建立欧姆定律. [英]布朗(R. Broun 1773—1858)发现液体分子的起伏运动.
1831	[英]法拉第与[美]亨利各自独立发现电磁感应现象.
1834	[英]法拉第宣布电解定律,引入电力线概念. [英]哈密顿发表《论力学的一般方法》,建立哈密顿原理.
1841	[英]焦耳发现电流热效应定律. [德]迈耶建立能量守恒原理(焦耳于1843,亥姆霍兹于1847分别独立发现). [奥地利]多普勒发表频率改变理论公式,后被实验证实.
1843	[英]法拉第作冰桶实验,证明电荷守恒.
1849	[法]斐索首次用转动齿轮法测定光速.
1850	[德]克劳修斯提出热力学第二定律(1851年W.汤姆孙提出自己的表述). [法]傅科用旋转镜法测出水中光速,证实波动说的正确.
1851	[法]傅科用摆证明地球自转.
1857	[德]克劳修斯提出气体动力论.
1859	[德]本生和基尔霍夫发明光谱分析法.
1860	[英]麦克斯韦发表平衡气体速度分布率. [德]基尔霍夫引入黑体辐射概念.
1855—1864	[英]麦克斯韦建立电磁场理论.
1865	[德]克劳修斯提出熵的概念.
1868	[奥地利]玻耳兹曼提出能量分布统计定律.
1872	[奥地利]玻耳兹曼提出H定理,提出熵的统计概率解释,建立热力学第二定律的统计基础.
1873	[荷]范德瓦尔斯发表实际气体的状态方程.
1879	[奥地利]斯忒藩(Joseph Stefan, 1835—1893)提出黑体辐射能量与T^{-4}成正比的经验定律(1884年由玻耳兹曼用理论证明).
1880	[法]居里夫妇(P.居里与M.居里)发现晶体压电效应.

时　　间	事　　件
1884	[瑞士]巴尔末(J. J. Balmer，1825—1898)发表氢原子光谱14条线的波长公式.
1887	[美]迈克尔逊、莫雷重做以太风实验得到零结果.
1888	[德]赫兹公布关于电磁波的实验，证明光波与电磁波同一性.
1890	[瑞典]里德堡(J. R. Rydberg，1854—1919)发现类氢及氢原子光谱波长通用公式.
1892—1895	[荷]洛伦兹建立经典电子论.
1895	[德]伦琴发现 X 射线.
1895—1897	[意]马可尼与[俄]波波夫分别进行无线电传播实验.
1896	[法]贝克勒尔发现铀的放射性. [荷]塞曼发现磁场使光谱线分裂的效应.
1897	[英]J. J. 汤姆逊发现电子.
1898	[法]居里夫妇发现放射性元素钋和镭.
1899	[俄]列别捷夫证实光压的存在. [英]卢瑟福发现铀射线中的 α 射线和 β 射线.
1900	[德]普朗克引入能量子概念，正确导出黑体辐射公式.
1904	[荷]洛伦兹给出时空坐标的洛伦兹变换公式. [法]庞加莱给出相对性原理(包括不可能发现绝对运动，物理定律在各惯性系中相同等).
1905	[瑞士-德-美]爱因斯坦创立狭义相对论，提出质能关系，提出对布朗运动及光电效应的解释.
1906	[德]能斯特提出热力学第三定律.
1910	[美]密立根用油滴法精确测定电子电荷.
1911	[英]卢瑟福通过 α 射线散射发现原子核的存在并提出原子的行星模型.
1912	[德]劳厄发现 X-光晶体衍射， [英]布喇格父子用 X 射线研究晶体周期结构.
1913	[德]斯塔克通过实验发现电场使原子谱线分裂. [丹麦]N. 玻尔提出原子结构的量子化定态轨道和跃迁理论.
1915	[瑞士-德-美]爱因斯坦完成广义相对论.
1916	[瑞士-德-美]爱因斯坦用量子跃迁概念提出受激辐射理论.
1918	[丹麦]N. 玻尔提出量子理论和经典理论之间的对应原理.
1919	[英]卢瑟福首次实现人工核反应(用 α 粒子轰击氮核).
1922	[德-美]斯特恩，[德]盖拉赫利用不均匀磁场偏折原子束测原子磁矩，证明空间量子化的存在.

续表

时 间	事 件
1923	[美]康普顿在 X 射线散射实验中发现波长改变效应，并提出解释. [法]德布罗意提出物质波概念. [瑞士-德-美]爱因斯坦提出统一场论思想.
1924—1925	[奥地利]泡利提出不相容原理.
1925	[德]海森伯提出矩阵力学.
1926	[奥地利]薛定谔提出波动力学. [德-英]M. 玻恩提出波函数的统计解释及算符规则.
1927	[德]海森伯导出测不准关系. [丹麦]N. 玻尔提出互补原理.
1930	[英]狄拉克提出正电子空穴理论.
1931	[奥地利]泡利提出中微子假说.
1932	[英]查德威克发现中子. [美]C. D. 安德森在宇宙射线中发现正电子. [英]狄拉克提出电子和电磁场相互作用的相对论性量子力学.
1934	[法]约里奥·居里夫妇发现人工放射性. [美-意]费米等发现物质中的慢中子并用以制成多种人工放射元素. [苏]切仑柯夫(П. A. Черенков)发现液体在 γ 射线下发光现象.
1935	[日]汤川秀树提出介子理论.
1936	[美]安德森、尼德迈耶(S. H. Neddermayer)发现 μ 子. [丹麦]N. 玻尔提出原子核的复合核模型.
1939	[丹麦]N. 玻尔等提出原子核裂变的液滴模型.
1940—1941	[苏]朗道提出第二种液态氦的超流体量子力学理论.
1942	[美-意]费米在芝加哥大学领导制成热中子链式反应堆.
1945	[美]奥本海默等制成原子弹.
1948	[英-匈牙利]伽伯(Dannis Gabor，1900—1979)发明全息照相术.
1948—1949	[美]施温格(J. S. Schwinger)、[日]朝永振一郎和[美]费曼等分别发表量子电动力学的重整化理论.
1952	[丹麦]N. 玻尔等提出原子核结构的集体模型.
1954	[美]汤斯(C. H. Townes)等制成微波激射器.
1956	[美]科恩(C. L. Cowon)等发现中微子. [美-中]李政道、杨振宁提出弱相互作用下宇称不守恒，1957 年吴健雄等用实验证明.
1960	[美]梅曼制成激光器.
1964	[美]盖尔曼(M. Gell-mann)等提出基本粒子的夸克模型

续表

时 间	事 件
1966	[中国]北京基本粒子理论组提出层子模型.
1967—1968	[美]温伯格(S. Weinberg)和[巴基斯坦]萨拉姆(A. Salam)分别提出弱电统一理论.
1974	[美-中]丁肇中和[美]里克特(B. Richter)独立发现 J/ψ 粒子.